Héritage littéraire
du Dr. Dahesh

Mémoires d'un Dinar

ISBN 0 - 935359 - 02 - 8

The Daheshist Publishing Co. Ltd.
575 Lexington Avenue
New York, New York 10022

Printed by Arnoldo Mondadori Editore, Verona, Italy

Achevé d'imprimer le 1er juin 1988

Dr. Dahesh

Mémoires d'un Dinar

Traduit de l'arabe
par Marie Hadad

The Daheshist Publishing Co. Ltd.
New York 1988

Dr. Dahesh

L'Argent... L'Argent...

Des yeux aux paupières irrévocablement closes

demeurent sous terre, éternellement,

pour toi et à cause de toi !

Ah !... et combien de paupières seront encore fermées

sans miséricorde ni pitié;

par ta main redoutable ?

O tyran de l'humanité,

depuis le commencement de cet univers

jusqu'à l'Eternité,

Détourne-toi de moi,

Je ne suis point du nombre de tes fidèles.

Et je continuerai à te mépriser, à te dédaigner,

jusqu'à l'heure où ma vie s'éteindra,

jusqu'à l'heure de ma mort!

Dahesh
Jérusalem, le 5 janvier 1935
De son livre "Le Cœur Brisé"

Marie Hadad

INTRODUCTION

Parmi les très nombreuses œuvres du Dr. Dahesh, il en est qui ne s'adressent qu'à une élite. Les *Mémoires d'un Dinar,* tout en satisfaisant les plus difficiles, sont d'une portée plus générale.

Ce livre, compréhensible à tous, est le héraut de la justice et de la sainte Vérité.

Suivant le rythme des événements, de nombreuses voix, singulièrement averties, s'élèvent aujourd'hui faisant écho au Dinar, pour prêcher l'universelle fraternité, non seulement évangélique, mais en tant que condition indispensable de durée, pour un monde en danger de périr.

L'auteur déroule à nos yeux, comme dans un film, des tableaux incisifs, révélant le cancer qui ronge les âmes, et divisc éternellement les hommes. Mais qui donc les guérira d'un mal millénaire, dont ils ne veulent point être guéris?

Un geste de ressentiment peut actuellement anéantir la terre. La science l'a suffisamment prouvé. Ce geste, les hommes le provoquent chaque jour, et les événements s'échafaudent dans l'animosité des peuples, comme pour en hâter le dénouement.

* * *

Grand voyageur ici-bas, le Dinar a beaucoup vu, beaucoup appris, tout au long de ses pérégrinations. De plus, il possède le don d'approfondir les êtres; il les juge, point en surface, mais avec une pénétrante vérité.

Il attaque, jusque dans ses fondements, l'édifice du matérialisme, source de tous les maux, qui engendre la haine et la discorde. Il abat les divinités qui y président, dont le veau d'or, symbole de la puissance et de la richesse.

13

L'or est incontestablement le maître du monde; il est l'objet d'un culte universel. Avec une soif insatiable, on le poursuit, comme le but de la vie, comme une fin suprême. On le pourchasse par tous les moyens, car il est le mot de passe, la clef magique qui procure tous les plaisirs de l'existence: le bien-être, l'opulence, l'amour qui s'achète...

Ce conquérant, toujours vainqueur, subjugue les consciences les plus probes. Beauté, jeunesse, vertu, honneur, dignité humaine, rien ne résiste à l'épreuve de l'or; il est la pierre d'achoppement où trébuchent, hélas! presque tous les humains.

Les religions élèvent des temples et des statues aux saints les plus divers, mais la divinité qu'elles honorent par-dessus tout, dont le socle s'érige dans tous les cœurs, c'est l'or. Pontifes et prélats, rois, princes ou simples particuliers, tous, vils courtisans, lui rendent leurs humbles hommages, et lui offrent leurs plus rampantes dévotions. Ils jettent, par contre, leur mépris à la pauvreté, si noble fut-elle.

L'or fut inventé par l'enfer pour la tentation de l'homme. Combien ont pu éviter ce dangereux écueil? Les peuples, comme les individus, piétinent les plus saints principes, s'entre-égorgent en des guerres toujours plus sanglantes, en vue de la conquête de l'or.

Les leçons de l'histoire ne les ont point assagis. Vaine est leur expérience. La génération actuelle, malgré ses prétentions à une civilisation plus avancée, n'a pas amélioré la nature humaine; elle a surtout perfectionné les armes de destruction.

* * *

Le Dinar fait donc le récit de son extraordinaire odyssée depuis l'instant de son extraction de sa mine. Il relate ses multiples contacts avec l'humanité mauvaise, incorrigible. Il se soulève, en maintes circonstances, et sa voix clame au nom de tous les opprimés, pour revendiquer le droit et la justice. Il en appelle au courroux d'un Dieu vengeur. Il frappe d'anathème les hommes de religion, perfides artisans du scandale, qui ne cherchent qu'à s'enrichir et à s'élever en grade, au lieu de remplir dignement leurs fonctions de chefs spirituels. Il jette l'opprobre sur les juges, qui troquent la justice contre la monnaie courante: l'or et la femme décident de leur sentence. Il appelle tous les hommes à s'unir dans un fraternel amour, sans considération de rang, de race ou de religion.

Telle fut la voix de Notre-Seigneur le Christ révolutionnant le monde.

Telle fut la voix de Gandhi, protestant au nom de ses compatriotes, et particulièrement au nom des plus malheureux d'entre eux, les Intouchables, réclamant pour tous, le droit à la vie et à l'indépendance. Et maintenant, telle est la voix Daheshiste, écho de la voix évangélique, et propagatrice de sa renaissance.

* * *

Avec Gandhi — le Dinar stimule le réveil des peuples opprimés; il les engage à se ressaisir et à se réhabiliter, au lieu de subir le joug humiliant, l'orgueilleuse domination des grandes et puissantes nations. Il les pousse à se libérer, au lieu de se courber victimes du despotisme le plus tyrannique. Il condamne les nations, qui, pour leur propre avantage, visent à asservir les peuples.

"Ceux-là qui se courbent sont des peuples morts, ils ne méritent point de vivre", dit le Dinar; et tout le long du récit, gronde comme un orage menaçant, comme un volcan en travail, qui engendrerait une révolution mondiale. Il flétrit le vice, le mensonge et la corruption, partout où ils se trouvent sur son chemin. Il démasque l'injustice qui se camoufle hypocritement.

Il fait très plaisamment intervenir des ânes très sages, et d'une excellente philosophie. Ce sont de mordants critiques qui, dans leurs fréquentes relations avec les hommes, trouvent fort à propos de les juger; ils déclarent en conclusion de leur clairvoyance, qu'ils préfèrent leur esclavage, si dur soit-il, à la triste condition humaine, entachée de honte et de vilenie.

Le Dinar raille les vils accapareurs que le destin se charge de dépouiller de l'or auquel ils s'attachent et se cramponnent vainement. Que ce soit par le geste du brigand ou par la mort qui frappe sans merci, ils doivent bientôt abandonner leur trésor.

* * *

Selon ses nombreuses vicissitudes, le Dinar aborde une multitude de sujets. Habitant tantôt un palais royal, il attire notre attention sur les œuvres artistiques qui en font l'ornement. Il glorifie l'art, source de beauté qui élève l'âme. Tantôt résidant au fond des mers, dans les entrailles d'une baleine, il conte des récits fabuleux, mais empreints, quand même, d'un réalisme très vivant. Il remarque que les mœurs des animaux ne diffèrent guère de celles des hommes, car les forts mangent les faibles.

15

Il nous rapporte ses impressions sur les nombreux pays qu'il visite: L'Angleterre, les Indes, l'Egypte, le Japon, la France... Il s'élève contre la civilisation, qui patronne le vice et la prostitution, et analyse les caractères des peuples, leurs qualités héréditaires, et leurs répercussions sur les événements.

Il décrit Hitler, Mussolini, et bien d'autres personnages particulièrement intéressants. La simple démocratie du roi Fayçal a gagné sa sympathie. Il célèbre également, avec chaleur, l'indépendance et la magnifique liberté individuelle en Amérique, et les souhaite vivement aux pays orientaux, actuellement asservis.

Gandhi, Tagore, jettent ici une note de grandeur. Puis, vient la voix suprême de Notre Seigneur le Christ, le grand révolutionnaire d'un monde esclave et corrompu. Le "Fils du Ciel" est écouté seulement par quelques hommes simples, séduits par ses hauts enseignements. Pour prix de ses luttes et de ses souffrances, il est suspendu au bois de la croix.

Telle est la démence des hommes, qui persécutent Prophètes et Envoyés. Ils leur imputent les pires accusations, les emprisonnent, les expulsent, ou les tuent. En présence de tels spectacles, je dis que tous les Messagers du Ciel devraient être armés d'un glaive, à l'exemple de Mahomet, car la crainte est le seul argument que mérite et comprend la race humaine.

* * *

A l'occasion de la fin de la guerre, en 1945, le Dinar, dans un dernier discours, proclame la révolte contre le mensonge et l'hypocrisie des chartes et des congrès qui promettent l'égalité, la liberté, et pour tous, l'équitable partage des biens de la terre. Il sévit contre l'abus de force, en face du droit. Il dénonce les intentions intéressées des grandes puissances, rapaces de colonies et de pétrole. Assemblées pour édifier la citadelle de la paix, elles aiguisent leurs glaives dans l'ombre, et préparent une nouvelle guerre, où sombrera l'humanité aveugle qui ne se défend point.

Tout a une fin, même la terre. Et les hommes déments forgent le cataclysme de leurs propres mains, plutôt que de vivre en frères, chassant de leurs cœurs la rapacité et l'envie. Le monde sera détruit, après que les laboratoires scientifiques auront mis au point l'infernale invention, en vue de laquelle ils auront dépensé, pour s'exterminer, leur bonheur, leurs énergies, leurs richesses et leurs vies.

Telle sera la conclusion fatale d'une civilisation insensée. La planète sera pulvérisée par le progrès, car les hommes sont actuellement de dangereux aliénés, munis de tous les moyens d'anéantissement. Ils méritent, certes, la réprobation du Dinar.

* * *

Et du globe terrestre, que restera-t-il? Une vision apocalyptique: de gigantesques vapeurs, et des buées bleuâtres, qui se jouent en spirales monstrueuses…

Marie Hadad

CE GENRE HUMAIN...

Les écrivains et les intellectuels orientaux se sont accoutumés, lorsqu'ils envisagent de critiquer l'un des défauts du genre humain, à camoufler ce défaut sous des phrases éloquentes, agrémentées d'un jeu de mots brillant. Ils excellent à construire ces phrases dans une langue savante; ils s'ingénient à les tailler, à les polir et à les mouler avec un art infini.

Leur but, dans la recherche d'un style attrayant, est de dissiper les chocs si durs de la vie, et d'atténuer la mauvaise impression qu'ils pourraient exercer sur les esprits. Ils masquent, ainsi, le terrible drame social par un langage modelé dans la forme la plus parfaite.

Tous ces grands écrivains, malgré leurs bonnes intentions et la noblesse de leurs desseins, malgré qu'ils mettent les hommes en garde contre le fait de s'aventurer dans un océan de vilenies, malgré tous leurs efforts en vue de les diriger dans la voie droite, tous ces écrivains, dis-je, sans s'en rendre compte, pèchent envers le genre humain, et cela en ne lui exposant point ses défauts, tels qu'ils sont, car selon le proverbe: "l'on entre dans les maisons par les portes." La Vérité se montre nue, et ne s'enveloppe point d'un voile dissimulateur.

Leur art, concentré dans la recherche de l'expression, le fait de ne pas étaler les fautes présentées à leurs critiques, de ne point les soumettre au bistouri de leur plume et aux bombes de leur satire pour en désintégrer les atomes, tout cela contribue à égarer ces écrivains du but primordial: éclairer cette humanité sur qui s'acharnent, d'une façon foudroyante, les germes de tant de vices dangereusement graves.

Oui, telle est la vérité; aucune poussière ne ternit sa clarté. Si ces écrivains ont la coutume de ne point dévoiler les réalités de la vie, et se refusent à plonger dans son océan aux ténèbres denses, par compassion pour l'humanité, dont une très minime partie possède la connaissance et l'usage des règles de la vertu, j'ai jugé bon, moi, de faire exception à cette coutume, et de sortir de ce cercle routinier.

La vérité, fille d'une étude approfondie, doit être publiée, malgré le dédain des orgueilleux, et si haut que s'élèvent les cris de ceux qui prétendent à la vertu. Ma bonne intention plaide en ma faveur, et aussi ma ferme volonté de redresser ce qui est tortueux dans les mœurs, cela s'il est donné à ce qui est tortueux de pouvoir être redressé. Malgré ma certitude que ce rêve d'or est loin d'être réalisable, j'ai manifesté mon opinion en toute sincérité, et je la soumets au public sans la masquer.

Telles sont les images de la laideur et de la cupidité du genre humain. S'il arrive que mon livre plaise à l'esprit des lecteurs, j'aurais réussi en ce que je visais; et s'il arrive qu'il ne leur plaise point, cela ne me gêne aucunement et ne changera rien à la vérité constante. Il me suffit d'avoir été agréable au Tout-Puissant et d'avoir satisfait ma conscience.

Tel est l'objet de mes vœux.

Dahesh
16 janvier 1946

1 - LA-BAS DANS LES PROFONDEURS

Des ténèbres denses... Un silence immuable impose en ces lieux souterrains sa toute-puissante domination, et les rayons du soleil sont dans l'impossibilité de transpercer ces couches caverneuses, façonnées par l'Œuvre créatrice.

Telle est notre demeure dans sa farouche majesté. Elle repose dans un calme éternel, dans une muette immobilité. Aucun son, aucun souffle ne l'éveillent jamais. Un sommeil bienheureux déverse sur ce monde son élixir magique; nous sommes livrés à son aimable empire, nous nageons dans son sein miraculeux, nous planons dans ses paradis merveilleux.

Des siècles s'écoulent ainsi, dans la plénitude d'un assoupissement absolu, ininterrompu, sans qu'aucun être ne trouble la paix de notre solitude. Aucune plainte dans notre complet isolement, aucune lassitude.

Notre métal irradie des rayons lumineux qui scintillent prodigieusement, comme scintillent les vers luisants, revêtant ces lieux d'une féerique beauté; ils provoquent en nous un profond émoi. Nous formons une immense masse d'un corps minéral compact, dont les molécules adhèrent les unes aux autres avec une puissance et une force rigoureuses. Nous nous refusons à la désagrégation et à la désunion; en cela, nous suivons les leçons de la sagesse, recueillies dans les récits qui parviennent jusqu'à notre monde aurifère, alors que le destin adresse ses exhortations et ses précieux conseils aux années, déléguées vers la planète terrestre.

Notre surprise est grande, notre étonnement inconcevable, tandis que nous écoutons les propos des ans, lors de leur retour parmi nous, après l'achèvement de leur voyage sur la terre, et la fin des jours de leur règne éphémère. Ils nous rapportent les nouvelles les plus étranges, les révélations les plus captivantes. Ils nous content les plus terribles événements, survenus durant leur passage sur la terre, et qui souvent surpassent, en horreurs et en excès, ceux des précédentes époques.

Mais voici le fait le plus surprenant: des milliers de siècles nous confirment, d'un commun accord, que ce qui attire surtout les hommes, ce qu'ils convoitent le plus âprement sur la terre, c'est la possession de notre métal resplendissant. Oui, les siècles et les ans, contraints à la retraite, nous redisent tous, inlassablement, que notre valeur chez les hommes atteint une importance extravagante; ils dépensent, dans le but de nous acquérir, des labeurs et des peines sans nombre; ils entreprennent les plus durs travaux, pour amasser quelques parcelles de notre or. Telle est pour eux la cause première et suprême de l'existence.

En vérité, nous ressentîmes un vif désir de connaître un jour le monde des humains, et de constater de nos propres yeux, l'exactitude de ces inconcevables révélations. Grande serait d'ailleurs notre satisfaction de contempler un nouveau monde.

Cinq mille et cent années ont passé depuis que naquit en nous ce désir insensé. Après cette longue période, nos souhaits se réalisèrent, hélas!

2 - LE VACARME DES PIOCHES
SONNE L'ALARME

Et voici que s'élève le bruit d'infernales machines humaines. Elles fouillent le sein de la terre et le déchirent en lambeaux, dans le but d'atteindre notre lointaine habitation. Elles arrachent brutalement les entrailles de ces profonds abîmes pour s'approprier notre monde demeuré vierge de toute profanation, car il porte, jusqu'alors intact, le sceau de la divine Création. Et chaque jour qui passe amplifie le vacarme épouvantable, présageant ainsi par sa rumeur grandissante, l'approche de l'invasion, le signal de notre fin.

Six mois entiers s'écoulent. Il semble que les démons géants dansent au-dessus de nous, après s'être évadés de leur enfer. Et tout ce temps, nous sommes frustrés des délices de l'assoupissement, dont nous avons si paisiblement joui durant des siècles et des temps. Finalement, les hommes, ces maudits, atteignent le cœur de notre cité. C'en est fait de notre bonheur.

Nous nous accablons de mutuels reproches, nous jetant le blâme les uns sur les autres, pour le fait de ce désir dément qui s'était emparé de nous depuis cinq mille et cent années. Qu'était donc tout ceci, sinon le châtiment divin, appelé par notre coupable ambition ? Nous nous étions révoltés contre la justice de Dieu, au lieu d'être satisfaits de la part de paix et de bienheureuse tranquillité qui nous était échue. Nous voici maintenant, envahis par la

Les pioches fouillent le sein de la terre

tempête de la rapacité des hommes. Et puisque nous avons provoqué nous-mêmes cette situation, puisque nous l'avons vivement désirée, acceptons-la avec résignation, jusqu'à ce que Dieu nous délivre de ses funestes conséquences.

3 - DES LUMIÈRES FANTASTIQUES
DONT L'ÉCLAT ÉBLOUIT LA VUE

Des lumières fantastiques sont projetées sur nous par d'étranges instruments. Leurs éclairs scintillants l'emportent sur l'éclat de notre métal et aveuglent notre vue. Notre perplexité est à son comble, car nous ne réalisons pas comment les hommes s'astreignent à d'aussi durs labeurs, pour atteindre notre or brillant, alors qu'ils possèdent d'aussi resplendissantes lumières qui annihilent nos rayons. Ces choses étonnantes dépassent notre imagination et notre entendement. Et voici maintenant que ces éclatantes projections chassent les ténèbres de notre souterrain, elles soulèvent le voile qui cache la vérité à nos yeux, et nous apercevons le puits en spirale, d'une impressionnante profondeur, creusé par les hommes dans le but de forcer notre cité interdite.

Les voici ces hommes, ils sont là ! Ils se précipitent vivement, ils saisissent des poignées de notre terre, ils la palpent alors que leurs regards s'y attachent avec passion. L'un d'entre eux, sans doute un technicien, s'exprime ainsi: " Nos labeurs ne seront point vains; il me semble que cette mine est riche en or précieux." Et les yeux de ses compagnons étincellent des feux de la cupidité.

Je le jure par la Vérité, si j'étais de ceux-là, à qui la Providence a fait le don d'une bouche leur permettant de s'exprimer, en cet instant suprême, un cri farouche aurait jailli de mes lèvres, ébranlant les cœurs, jetant la crainte dans l'âme de ces hommes, qui profanent la sainteté de ce lieu par leurs viles ambitions et leurs misérables convoitises.

Ce coup du destin nous convainquit pleinement que l'esprit et le désir des hommes visent constamment notre substance; ils lui consacrent leurs peines et leurs soucis de tous les instants. Quant à rechercher un noble idéal, quant à s'attacher à la vertu, et à élever leurs âmes fatiguées plus haut que les misères de la terre passagère, quant à considérer notre métal doré comme un moyen, et non comme une fin, ce sont là des mots imaginaires, beaux et charmeurs, qui les exaltent inutilement par leurs accents merveilleux mais hélas! mensongers.

Ils la palpent alors que leurs regards s'y attachent avec passion

4 - L'EXODE D'UN MONDE
VERS UN AUTRE

Nous formons maintenant plusieurs blocs compacts, déposés dans l'Hôtel de la Monnaie. Après que furent détruits les liens de notre union harmonieuse, après que fut rompue l'unité de notre concorde, après que les mains de l'homme impitoyable nous eurent arrachés du sein maternel, c'est aujourd'hui seulement que nous ressentons la douleur, et goûtons sa fielleuse amertume; nous avons perdu le bonheur d'une vie heureuse au foyer familial.

Et nous voilà bientôt poussés dans les entrailles d'une fournaise infernale, au milieu de flammes immenses. Notre substance jaune fond et coule dans des récipients, se détachant ainsi douloureusement de la terre des aïeux, avec laquelle elle s'amalgamait intimement. Par cette désagrégation, nous devenons étrangers au monde dont nous avons été brutalement arrachés, comme si aucun lien ne nous avait jamais réciproquement unis.

Quelques individus s'avancent bientôt vers nous, et nous soulèvent avec une grande sollicitude. Ils nous transportent dans une salle spacieuse où se dressent d'étranges machines, aux formes et aux dimensions extravagantes. Ils nous introduisent dans la gueule béante d'un cratère d'acier. Un terrible courant électrique s'abat brusquement sur nous. Par suite de la chaleur intolérable qu'il produit, pour la seconde fois notre métal entre en fusion. Notre matière liquéfiée coule lentement, et remplit des moules petits et ronds, au bas desquels est gravée l'effigie de Saint-Georges terrassant, du haut de son cheval, le dragon terrifiant. Puis se referment sur nous les couvercles, où se trouve, également gravée, la tête du roi Georges V. L'opération se prolonge une heure entière. Finalement, nous apparaissons en longues rangées bien disposées.

Quand la terrible chaleur nous eut abandonnés, et que nos corps se furent refroidis, nous fûmes réunis et entassés séparément par monceaux de cinquante pièces chacun. On nous introduisit alors dans un coffre de fer monumental, d'une solidité inébranlable, et l'on referma sur nous les lourds battants. Les ténèbres nous enveloppèrent à nouveau, mais combien différentes de celles d'antan!

5 - SÉPARATION

Dix mois s'écoulèrent depuis notre emprisonnement dans ce damné coffre. Pendant ce temps, je fis la connaissance de mes compagnons d'infor-

Raffinage

A l'Hôtel de la Monnaie

tune, au poids et aux caractères conformes aux miens propres. Notre nombre s'élevait à vingt-quatre mille pièces; elles provenaient d'une dizaine de mines, toutes situées dans les possessions britanniques, qui s'étendent jusqu'aux confins du monde, et sur lesquelles le soleil ne se couche point. Toutes ces pièces scintillaient magnifiquement, et ma joie fut grande lorsque j'en aperçus un millier provenant de la mine dont je tire ma propre origine.

Les heures du jour et de la nuit se passaient dans d'interminables entretiens sur ce que nous réservait l'avenir, après l'événement foudroyant qui avait abouti à notre triste métamorphose, sous cette forme plate et arrondie.

Des pas répétés frappèrent un jour notre ouïe. Nous tendîmes attentivement l'oreille, et bientôt ces pas s'arrêtèrent devant notre coffre blindé. Les clefs tournèrent dans les serrures, et nous voilà face-à-face avec trois hommes. L'un d'entre eux s'avança, il tendit la main et me saisit au hasard dans l'immense collection. Je fus soudain ravi d'entre mes compagnons; nos adieux furent empreints de lourds regrets et d'une sincère affliction, et ainsi se consomma la séparation.   Tel fut l'arrêt du destin.

Séparation du Dinar de ses compagnons d'infortune

6 - AU PALAIS ROYAL

Le président du Conseil des ministres s'avança vers le roi, et se courbant respectueusement, s'exprima ainsi: " Que Sa Majesté me permette de lui offrir le premier dinar de l'or extrait d'une mine nouvellement découverte, dans l'une des colonies de son Empire. J'ai l'espérance que Sa Majesté daignera l'accepter comme un emblème. Ce geste stimulera le zèle dans le cœur des ouvriers, il exaltera leur ardeur au travail, afin de rehausser, davantage encore, le prestige de son Empire aux confins illimités." Sa gracieuse Majesté me prit entre ses doigts, me considéra longuement et remercia son Premier ministre.

Des délégations de grands et nobles personnages, des processions de princes et de ministres, se succédaient au palais royal. Je les observais avec une attention profonde. Certains d'entre eux s'avançaient fièrement, avec une lente gravité; d'autres, alliaient dans leur démarche, l'orgueil à l'arrogance; quelques-uns semblaient nerveux et agités; quelques visages décelaient la pensée et la méditation. De hauts fonctionnaires apparaissaient, serrant sous leurs bras leurs serviettes emplies de documents officiels, contenant les décrets et les lois, qui attendaient le sceau royal pour revêtir leur forme légale, définitive.

Durant plus d'un mois je fus l'hôte de cette majestueuse résidence. Je fus témoin de cérémonies grandioses, de festins somptueux. J'assistais aux réceptions qui se déroulaient suivant les règles minutieuses du protocole. Je découvris une collection de tableaux et j'admirais les merveilles d'art que possède le palais.

Puis le destin me conduisit dans un magasin de bijoux. Sa Majesté, ayant fait l'acquisition d'un joyau destiné à son auguste fille, en paya le montant au bijoutier et je me trouvais parmi les dinars qui en formaient le prix. J'abandonnais ainsi l'imposant et splendide palais royal...

"Que Sa Majesté me permette de lui offrir le premier Dinar"

7 - DANS LA MÊLÉE BRUYANTE
DE LA VIE

Je demeurai trois mois dans le coffre de ce bijoutier, qui joignait à ses grandes richesses, l'avarice la plus sordide. Tous les matins et tous les soirs, il contrôlait ma présence ainsi que celle de mes compagnons, les autres dinars. Il nous baisait longuement, l'un après l'autre, et de face et de pile; il refermait sur nous sa rude main crispée par crainte que nous n'échappions d'entre ses doigts noueux, comme s'échappe et fuit le tremblant mercure. Il nous replaçait ensuite, avec un soin méticuleux, à l'intérieur du coffre blindé, et en tirait scrupuleusement les six verrous, pour rassurer son cœur toujours inquiet.

Et comme je m'impatientais de la longue durée de mon emprisonnement forcé, l'un de mes voisins me blagua en riant: "Tout doux, tout doux, petit compagnon, fraîchement débarqué! Je suis ici depuis quarante-six ans, prisonnier de ce ladre. A quoi me serviraient d'inutiles lamentations? Il est plus sage de se résigner." Les autres dinars se mirent à compter le nombre des années qui s'étaient écoulées pour eux dans ce coffre. Je me consolais, en m'assurant que j'étais le dernier venu.

Une semaine s'écoula après cet entretien avec mes frères de captivité. Vers la minuit du neuvième jour, un bruit étrange frappa soudain nos oreilles. Notre propriétaire ne nous avait point accoutumés à des visites aussi tardives; nous nous étonnâmes de ce changement dans ses habitudes. Et notre stupéfaction fut grande lorsque les verrous du coffre furent tout à coup brisés. Nous nous trouvâmes, face-à-face, avec trois individus que nous reconnûmes pour des voleurs professionnels. Lorsqu'ils eurent proprement nettoyé le magasin, et qu'ils l'eurent vidé de ses joyaux, ils nous enfermèrent dans une valise en cuir particulièrement robuste, et prirent la fuite en nous emportant.

Le troisième jour de notre arrivée parmi les voleurs, les journaux relatèrent le suicide de Mr. John Smith qui n'avait pu survivre à sa douleur. Il avait été dépossédé d'une fortune édifiée laborieusement dans l'espace de soixante-six années. En apprenant cette nouvelle, Peter, l'un des brigands, partit d'un grand éclat de rire: "Les amis de John, dit-il, lui avaient pourtant conseillé de renoncer aux affaires, et de jouir d'une agréable retraite tout le restant de ses jours. Il aurait, du moins, profité de la fortune, amassée si péniblement dès sa jeunesse et jusqu'en sa vieillesse. Mais il a refusé d'entendre ces sages conseils; il a préféré accumuler l'argent dans son coffre, et finir de cette fin tragique. Les avares profiteront-ils de son exemple?" Il dit, puis il huma en gourmet le whisky qui emplissait son verre. Ses compagnons l'imitèrent en riant triomphalement, et tous s'écrièrent en chœur: "Nous buvons à la santé de ton âme, messire John Smith!"

8 - DANS LA TAVERNE DES APACHES ET DES VOYOUS

Une musique bohémienne s'élève, réveillant les plus vils instincts, en des êtres de la plus basse extraction: assassins, brigands et criminels de tous genres. Ils s'agitent et vocifèrent au rythme de ces langoureuses harmonies. Les hommes s'emparent chacun d'une femme et par couples, exécutent des danses d'une révoltante obscénité, interrompues par de fréquentes querelles.

Les effluves des boissons s'infiltrent dans les narines et empoisonnent l'atmosphère de la salle. Des ivrognes oscillent de côté et d'autre. Le tumulte et le bruit s'entremêlent dans ce café borgne qui réunit la lie de l'espèce humaine: apaches et voyous capables de tous les forfaits, plongés dans les vices les plus dégradants. Tous ces scélérats jettent l'or, sans compter, aux pieds de leurs maîtresses. J'épiais chacun de leurs gestes, frappé par cet aspect et ces couleurs nouvelles de la vie, en cette grande cité où fourmillent des millions de créatures humaines.

Quand s'acheva le premier tour de cette danse folle, Peter revint vers sa table, entourant de son bras la taille d'une svelte jeune fille, et pour lui exprimer son admiration, il retira de sa poche une poignée d'or qu'il répandit sous son regard émerveillé. Elle s'en empara avidement, et la fit instantanément disparaître dans son réticule. J'étais du nombre des pièces qui devinrent la propriété de Ketty: tel était le nom de la jeune fille.

Et lorsque luisit une nouvelle aurore, de combien de spectacles n'avais-je point été témoin tout le long de la nuit: l'honneur bafoué et vendu, la vertu immolée sur l'autel du matérialisme le plus abject, l'immoralité la plus mercantile, étalée sans vergogne, la dignité et la pudeur foulées aux pieds, et échangées, hélas! contre notre métal. Je maudis l'heure en laquelle il me fut écrit de quitter ma paisible patrie; je maudis l'instant où je fus jeté dans cet océan de la vie humaine où pullulent les vices monstrueux qui, par leur horreur, font frémir les démons de la géhenne aux feux éternels.

Dans la taverne des apaches et des voyoux

9 - UN NOUVEAU VISAGE DU CRIME

Mon séjour sous la garde de ma nouvelle propriétaire ne se prolongea pas au-delà de dix jours. En ce temps-là, j'ai vu l'obscénité sous toutes ses formes, mais la pudeur m'interdit d'en faire le récit.

Lorsque je fus enfin transféré dans la maison de commerce d'un joaillier, je respirai profondément; j'étais délivré de la perverse Ketty. Elle avait acheté une bague incrustée de diamants, et par ce moyen, j'échangeai mon ancienne habitation contre un coffre où s'entassaient, jusqu'à déborder, un grand nombre de monnaies de nationalités différentes. Je demeurai là de longues semaines, considérant les clients désireux d'acquérir tel ou tel bijou, dont ils débattaient très âprement le prix avec James, le propriétaire du magasin.

Un jour, l'un des clients fit choix de certaines boucles d'oreilles. A mon grand étonnement, James en demanda vingt dinars. Il affirma, sous la foi du serment, qu'il les avait achetées à dix-neuf, et qu'il ne bénéficiait sur cette vente que d'un seul dinar. Il les avait pourtant acquises, le matin même, après un marchandage fort laborieux, pour la petite somme de cinq dinars. Le client stupide déboursa le montant et disparut en emportant les boucles.

Je n'attendis pas longtemps avant d'apercevoir une fraîche jeune fille, penchée sur la vitrine dans la contemplation des parures qui s'y trouvaient exposées. Elle entra soudain dans le magasin, et fit choix d'une bague qu'elle glissa au petit doigt de sa main droite; puis, s'informant de la valeur du bijou, elle constata que l'argent qu'elle portait n'en remboursait point le prix. Le bijoutier lui dit alors: "Je vous offre cette bague en cadeau…" Et comme elle refusait mollement, il devint plus pressant la suppliant d'accepter son présent. Elle consentit et se laissa prendre.

J'étais stupéfait de cette conduite et de la dépravation des humains. Ils poursuivent, sans relâche, l'objet de leurs grossiers désirs, et pour l'obtenir, ils vendent le plus précieux des biens: leur honneur. Ils vendent les plus nobles des dons que la Providence leur ait accordés. Une heure à peine écoulée, depuis que s'était déroulé ce triste incident, quand pénétra chez le bijoutier un pompeux évêque, revêtu de pourpre et de soie. Il proposa à la vente une croix incrustée de pierreries. Le prix en fut longuement débattu, et après d'épuisantes discussions, acheteur et vendeur, tels deux renards jouant chacun au plus rusé, déclarèrent en jurant qu'ils étaient sacrifiés. Le prélat se retira après avoir encaissé le prix de sa croix, soit vingt-cinq pièces d'or sonnantes. J'étais l'une d'entre elles.

"Je vous offre cette bague en cadeau"
Tels deux renards jouant chacun au plus rusé

10 - A L'ÉVÊCHÉ

En ce jour-là, l'évêque dit à son vicaire et ami, le père Tom: "J'ai certainement déployé plus de ruse que le bijoutier; j'ai soutiré de lui le prix que j'avais en vue." Sur ces mots, il vida une coupe de vin ancien, provenant de l'une des bouteilles fameuses, qu'abritaient les fins fonds des caves et les cachettes mystérieuses de l'évêché.

Le vicaire répondit: "Quand donc ai-je douté de votre astuce, Monseigneur? Si nos supérieurs n'étaient point convaincus de votre habileté consommée, s'ils n'avaient éprouvé votre finesse et votre esprit d'à-propos dans les circonstances les plus difficiles, ils ne vous auraient point élevé à cette haute dignité. C'est ce dont nous témoignons tous sans hésiter."

Le prélat sourit avec assurance et répondit d'un ton protecteur: "Je bois, mon cher Tom, à ta promotion, dans un très proche avenir, au grade épiscopal. Tu te seras perfectionné dans l'art du subterfuge, dans les subtilités du langage; tu auras appris à affubler chaque circonstance du vêtement et de la forme qui lui conviennent; tu seras capable de ruser avec le plus fourbe parmi les fourbes."

A ce moment, les cloches de l'église retentirent, annonçant l'heure de la prière. Les fidèles accoururent, de toutes parts, pour entendre le sermon du saint évêque de leur diocèse. Tel en était le sujet: "Craignez l'hypocrisie, car elle conduit aux enfers." Et Sa Grandeur, animée d'une sainte colère, lança une impétueuse attaque contre ce péché des pharisiens maudits; il épuisa les arguments, noircissant à outrance ce vice qui ose affecter les dehors de la vertu.

Quand le sermon fut achevé, de nombreuses personnes s'empressèrent de baiser respectueusement la main de l'évêque, et même le pan de son vêtement. Elles le supplièrent de ne point les oublier dans ses chastes prières. Plusieurs lui offrirent de généreux dons, destinés à être distribués aux

Sur ces mots, il vida une coupe de vin ancien
Le sermon du Saint évêque

pauvres du diocèse. Mais le saint pasteur jugea bon d'enfouir cet argent dans son coffre, et de grossir ainsi sa fortune personnelle.

Le lendemain matin, on frappa à la porte de l'évêché. La visiteuse était une veuve, mère de six enfants en bas âge. La faim se faisait sentir dans sa pauvre demeure, car depuis un mois elle avait perdu son époux, son unique soutien, et elle implorait un pressant secours. L'évêque la congédia en ces termes: "Le coffre de l'évêché est vide, hélas! Il a grandement besoin d'âmes charitables pour l'approvisionner, mais ne vous alarmez point ma fille, Dieu n'abandonne pas ceux qui le craignent." Et moi Dinar, qui suivais cette conversation, combien je souhaitais qu'un miracle se produisit en cet instant, et qu'il me fut permis de parler et de crier ma révolte jusqu'aux voûtes de l'évêché, pour dire: "Femme, garde-toi d'ajouter foi aux paroles menteuses de ce traître perfide; l'or est entassé dans son coffre, et il en déborde." Mais le miracle ne se produisit point, et la veuve infortunée s'en alla, le cœur brisé, l'âme en peine.

11 - L'ÉVÊQUE SOLLICITE DU GOUVERNEMENT UNE AIDE FINANCIÈRE

Les démons de la fourberie et de la cupidité suggérèrent un jour, à ce noble prélat, l'idée d'accroître rapidement sa fortune. Il mit aussitôt son projet en exécution. Il se rendit auprès du Chef du gouvernement, il lui exposa la situation de sa communauté et l'extrême misère de ses pauvres ouailles. Il assura que le coffre de l'évêché se trouvait entièrement vide. Au terme de sa visite, il emporta, avec satisfaction, la promesse d'un secours immédiat, et se retira en remerciant. "Je l'ai magistralement roulé, se dit-il, et quel homme ne serait-il pas dupé par ma diplomatie?"

Le soir de ce même jour, Sa Grandeur dînait chez l'un des notables de la ville. Le père Tom saisit l'heureuse chance qui se présentait, et quittant son logis, s'en fut à la résidence de l'évêque. Il en ouvrit les portes, puis ensuite le coffre, avec de fausses clés fabriquées depuis un certain temps, en vue de cette circonstance tant attendue. Il s'empara de toute la fortune, amassée par le saint prélat depuis des années, et emporta ce trésor en disant: "N'as-tu point bu à ma prochaine consécration dans la dignité épiscopale? N'as-tu point souhaité me voir acquérir pleinement l'art de la ruse et de l'artifice? Que penses-tu de moi en ce moment, Monseigneur? Je fais sans doute honneur à tes hauts enseignements." Puis le prêtre voleur partit d'un grand éclat de rire qui résonna dans tous les recoins de l'évêché.

A son retour, l'évêque eut l'idée de réjouir ses yeux par la vue et la contemplation de son or tant aimé, avant de plonger dans un bienheureux sommeil. Lorsqu'il eut découvert l'horrible vérité, il poussa un cri désespéré puis il réfléchit, tournant et retournant sous toutes ses faces son affreuse situation: "Il m'est impossible d'alerter la police, pensa-t-il, mon mensonge serait alors divulgué auprès du gouvernement, car j'ai demandé son aide en affirmant que le coffre de l'évêché était entièrement vide, et ce serait pour moi un coup fatal." Et voici notre évêque pleurant et se lamentant amèrement sur les quatre milliers de pièces d'or scintillant qu'il venait de perdre. Mais subitement, pris d'une attaque au cœur, il s'affaissa masse inerte sans mouvement, sans vie, sans retour.

12 - LE PÈRE TOM PRONONCE L'ÉLOGE DE L'ÉVÊQUE TRÉPASSÉ

Les cloches sonnèrent le glas, annonçant le décès de l'évêque rendu à la miséricorde de Dieu. Le peuple fut très surpris de cette mort soudaine; elle frappait Monseigneur alors qu'il se trouvait en parfaite santé et dans la plénitude de la force. On ne découvrit point le mystérieux motif qui la provoqua; il n'était connu que de l'œil de Dieu qui voit toutes choses; il était aussi connu de moi Dinar, à l'esprit toujours vigilant, et du révérend voleur, le père Tom.

Le corps fut exposé dans la cathédrale, et la foule se pressait pour se sanctifier par l'attouchement de cette sainte dépouille. Puis, Tom l'escroc, gravit les marches de la chaire et prononça, avec des mots émus, l'oraison funèbre:

> Mes très chers frères, chaque vie a sa limite; chaque être humain poursuit une fin ici-bas. Heureux celui dont la vie est semblable à celle de notre pieux et chaste pasteur qui, en vue de l'immortalité, s'est interdit les joies et les satisfactions de ce monde éphémère.
>
> Par son détachement des biens illusoires de la terre, ce saint prélat nous a enseigné le sacrifice et la mortification. Il nous a donné l'exemple de l'austérité dans la vertu, et du mépris pour les

L'évêque sollicite du gouvernement une aide financière
Le prêtre, le soir de ce même jour — L'évêque pleurant et se lamentant

Le glas annonce le décès de l'évêque
Tom l'escroc prononce l'oraison funèbre du défunt

vanités de ce monde vil. Par son ascétisme incomparable, il nous a appris le dédain du corps qui est un pesant fardeau pour l'âme, cette émanation de la grandeur divine. L'âme pure de notre prélat est certainement en possession du paradis éternel, de concert avec les saints élus.

Certaines langues méchantes et vicieuses ont à tort avancé que le coffre de l'évêché était rempli du meilleur or. Voici que la mort s'abat subitement sur notre saint pasteur, et qu'avons-nous trouvé dans ce coffre? Nous n'y avons trouvé que la pauvreté et quelques documents officiels concernant les propriétés de l'évêché; rien d'autre pour leur confusion. Cette preuve éclatante est une gifle pour ces calomniateurs impies, qui n'ont d'autre souci que d'imputer de fausses accusations à des êtres nobles et désintéressés.

Mes très chers frères, invoquons le Dieu Tout-Puissant, et prions-Le de guider nos voies et de nous accorder la grâce de suivre l'exemple de notre défunt prélat. En cela sera notre consolation, jusqu'à ce que vienne l'heure où nous nous réunirons à lui.

* * *

Lorsqu'on eut déposé le cercueil dans sa fosse dernière, ce méchant prêtre dit en lui-même: "Que l'enfer soit ton gîte, ô criminel prélat!" Puis en présence du public, il versa sur la tombe d'abondantes larmes, mais ce n'étaient que des larmes de crocodile.

13 - ÉLÉVATION DU PÈRE TOM A LA DIGNITÉ ÉPISCOPALE

Le haut clergé décréta l'élévation du père Tom à la dignité épiscopale en remplacement de l'évêque décédé.

La conduite du nouveau prélat fut des plus scandaleuses. Un jour, une femme demanda à être reçue par lui. Elle lui confessa humblement qu'elle avait péché en se rendant aux sollicitations de l'un de ses admirateurs.

Les yeux de l'évêque brillèrent d'un mauvais éclat : "Ne vous alarmez point ma fille, dit-il, soyez sans crainte, je vais vous donner la sainte absolution." Puis à la grande stupéfaction de cette femme, il entreprit de la courtiser pour son propre compte. Dans son trouble, elle se refusait à croire ce qu'elle entendait pourtant de ses oreilles: "Apaisez quelque peu votre âme inquiète, ajouta-t-il, ne vous souvient-il pas de la parole de Jésus au sujet de la femme adultère: 'Elle a beaucoup péché, mais il lui sera beaucoup pardonné'? Et Marie-Madeleine? Que vous êtes donc loin de lui être comparable! Elle a péché plus que toute autre femme, mais elle fut également pardonnée, et le nom de cette Sainte est glorifié au cours des temps et le long des siècles."

Et ce démon de Tom continua à la tenter, parant son langage de poésie, empruntant les plus belles images de la vertu pour embellir et farder le vice. Encore hésitante, elle se rendait presque à ses suggestions, lorsqu'il paracheva son œuvre en me retirant de sa bourse, moi Dinar. Il me fit reluire aux yeux de la femme et la convainquit définitivement.

Lorsqu'ensuite elle exprima son étonnement de le voir s'aventurer dans un tel sentier périlleux et coupable, lui, homme de religion : "N'as-tu point voué ton âme et ta vie à la conversion des pécheurs, lui dit-elle ?" Il répondit : "Il est un temps pour la religion, et un autre temps pour capter le plaisir capricieux. La sagesse réclame de séparer le premier d'avec le second. Sommes-nous autre chose que de faibles hommes? Comme les autres, nous nous inclinons devant les séductions de la femme." Il acheva ainsi son raisonnement de philosophe : "Notre premier père Adam ne s'est-il point courbé devant cette loi? Il n'y a point fait exception. Comment voudriez-vous que j'y déroge?"

Elle s'en alla perplexe, et quand elle fut parvenue en sa demeure, elle me déposa en un lieu caché pour me dérober aux regards de son époux, et ne point éveiller ses soupçons de mari jaloux.

"Comme les autres nous nous inclinons devant les séductions de la femme"

14 - VIGILANCE DE LA JUSTICE DIVINE

Hilda, ma nouvelle propriétaire, avait pris goût à la vie frivole. Elle ne gardait plus aucune retenue, surtout depuis qu'elle avait entendu les paroles de l'évêque libertin; et ainsi, ce mauvais pasteur, en s'égarant, égarait ceux dont il avait charge d'âme. Pourtant, elle n'était point rassurée en son cœur; elle reconnaissait qu'il était de son devoir de rectifier sa conduite vicieuse; elle comprenait que le discours que lui avait adressé l'évêque, avait pour but des fins personnelles et perverses.

Malgré cela, elle cherchait à se leurrer et à apaiser sa conscience, se protégeant, comme d'un rempart, des paroles coupables du prélat. Qu'était cela, sinon une excuse pour lâcher la bride à son naturel enclin aux plaisirs défendus? Elle fut encouragée, dans cette voie, par l'abandon de son mari; il passait les nuits hors de sa demeure, courant d'une aventure à l'autre. Il épiait les occasions favorables pour s'attaquer aux femmes de ses meilleurs amis, par les moyens et les séductions les plus variés, les plus abjects. Durant ses absences et ses expéditions nocturnes, il laissait toute liberté à sa propre femme.

Hilda visitait un jour l'une de ses plus chères et sincères amies. Elle fut grandement étonnée de l'entendre déclarer tout à coup: "Je dois te confesser ma trahison, Hilda. Oui, je t'ai trahie, toi ma meilleure amie. Ton époux m'a perdue par ses suggestions diaboliques. J'ai succombé à sa funeste influence, je suis tombée dans ses pièges enjôleurs. Mais lorsque la faute fut consommée, j'ai ressenti d'amers regrets; ma conscience, réveillée, a reconnu ma double trahison envers mon époux et envers toi-même." L'amie fut plus encore consternée quand Hilda lui répondit: "J'aurais dû plutôt te devancer pour demander ton pardon. Ce dont tu t'accuses, je l'ai préalablement accompli avec ton mari James."

Et voilà comment s'affirme la Sagesse qui veut que le châtiment soit souvent de la nature de la faute.

Double trahison

L'amie poursuivit: "Ton mari m'a tentée par l'or d'un dinar, le mien t'en a-t-il offert un semblable?" Hilda répondit: "Oh! que la justice divine est vengeresse! Non, point ton époux, mais ce qu'il s'est abstenu de me rendre, l'évêque Tom me l'a remboursé." Elle dit, et de ses deux mains se couvrit le visage.

15 - JALOUSIE MENTEUSE

- Maudite, soyez-vous, femme qui souillez l'honneur conjugal! Je me vengerai et d'une redoutable vengeance.

- Silence! cessez vos fiers discours, vous le plus misérable des hommes. Vous êtes convaincu que votre épouse est pure comme le lys des champs, comme la fleur des prés, et ce que vous m'attribuez de vils soupçons, vous seul le méritez. Vous savez que le vice se confond avec votre âme méprisable, comme se pétrissent la terre et l'eau.

- Pourriez-vous m'expliquer, vile scélérate, d'où provient ce dinar d'or, et comment il se trouve en votre possession? Lorsque vous me donnerez la preuve de votre fidélité, je reconnaîtrais mon erreur et vous en exprimerais mes regrets. Mais comment vous disculper? Votre mensonge éclate avec certitude.

- Et bien, soit! Sachez que ce dinar m'a été donné par votre précieux ami James.

Le mari, profondément bouleversé par cette terrible révélation, s'écria: "Juste Ciel! que la vengeance de Dieu est prompte, et comme il est dur de l'éprouver!" Puis avec fureur, il me lança, moi Dinar, par la fenêtre.

"D'où provient ce dinar d'or?"

16 - DÉGRADATION ET ABJECTION

Le hasard me fit tomber sur le crâne de l'un des passants. Il releva la tête pour injurier celui qui l'avait si adroitement visé, mais il changea brusquement d'opinion lorsqu'il découvrit que le projectile était un dinar resplendissant qui, soudain, éclaira les sombres profondeurs de son cœur endolori. Il avait laissé au logis sa vieille mère, gisant sur un lit de douleur, torturée par la maladie, et malgré la gravité de son état, il ne pouvait lui acheter un remède qui put la soulager, car il ne possédait pas la moindre obole. Tout à l'heure, en franchissant le seuil de sa demeure, il avait exprimé une prière, suppliant la miséricorde de Dieu de l'avoir en pitié. Il s'était mis aussitôt à la recherche d'un travail rémunérateur, qui lui donnerait la possibilité de soigner efficacement sa pauvre mère.

Il se hâta donc vers la pharmacie, et réalisa son vœu filial. Le pharmacien, soupçonneux, m'ayant aperçu entre les mains de l'ouvrier, le considéra avec surprise et le questionna ainsi: "D'où te vient ce dinar? Il y a une heure à peine, tu ne possédais pas le moindre argent." "Ceci ne vous regarde point, homme au cœur dur, répondit-il; prenez le prix de votre remède, et remboursez-moi ce qui me revient du dinar."

Après le départ de l'ouvrier, le pharmacien me tourna et me retourna, à maintes reprises; il me déposa sur le marbre du comptoir en me couvant du regard comme le loup qui se prépare à dévorer sa proie. J'aperçus, en cet instant, une belle jeune fille; son visage revêtait une pâleur craintive. Elle tenait en main l'ordonnance du médecin qui, en présence de son évidente pauvreté, ne lui avait point réclamé d'honoraires. Elle pria le pharmacien de préparer le remède. Il se tourna vers elle, et l'observant attentivement, lui fit remarquer que ce remède était coûteux, et que le prix en était d'un dinar d'or, car il contenait dans sa composition un produit rare et précieux.

Les larmes ruisselèrent alors sur le visage de la jeune fille:

— Ayez pitié de moi, Monsieur, supplia-t-elle. Venez en aide à ma pauvreté, mon unique frère est à l'agonie et nous sommes tous deux orphelins. Il pourvoyait à notre subsistance, mais un jour, alors qu'il travaillait à la construction d'un édifice, son pied glissa, il tomba du troisième étage, et se rompit les os. Alité depuis un mois et demi, il délire aux prises avec le spectre de la mort. Ce qui aggrave notre malheur, c'est l'épuisement des modiques épargnes qu'il avait réalisées à la sueur de son front, et par un constant labeur. Les plus durs travaux, jours et nuits, ne rebutaient point son courage infatigable. Auriez-vous pitié de moi, Monsieur? Je vous promets de vous rembourser cette dette, aussitôt que j'en aurais économisé le montant, et par votre noble conduite, vous sauverez la vie d'un homme.

— Il m'est impossible d'acquiescer à votre demande, répondit le pharmacien, car lorsque j'achète les drogues, je suis dans l'obligation de les payer d'avance. Il ne m'est point arrivé qu'un vendeur me livre sa marchandise à crédit pour que j'en use de même avec vous.

— Je vous adjure, par ce que vous avez de plus cher, de sauver mon frère, reprit la malheureuse. Chaque instant qui s'écoule le rapproche des portes du tombeau déjà béant pour le recevoir.

La beauté de l'adolescente remua cet être abject qui entreprit de la séduire, trafiquant bassement sur ce qui existe de plus noble et de plus sacré: l'amour fraternel. Réalisant qu'elle lui opposerait une résistance farouche, il lui proposa de lui remettre, avec le remède, le dinar d'or. Lorsqu'elle m'aperçut sur le rebord du comptoir, son regard s'immobilisa sur moi. Le pharmacien me saisit alors et me tendant vers elle, lui dit : "Ne soyez pas déraisonnable à ce point; une occasion unique s'offre à vous, elle ne se renouvellera point. Supposez que je vous donne le remède et que vous n'ayiez point de ressources pour acheter ce dont votre frère a le plus pressant besoin: la viande, les fruits et le reste, qu'adviendra-t-il de lui? Apprenez donc, vous qui vous accrochez à des mots vains et chimériques tels que l'honneur, la pureté, la vertu, la noblesse, apprenez que toutes ces pauvres épithètes n'ont pas le pouvoir de sauver votre frère de la menace qui pèse sur lui. L'épée cruelle de la mort est prête à tout instant à trancher le cours de sa vie. Vous le perdrez ainsi sans retour et à jamais."

Fixant alors son terrible bourreau avec des yeux vitreux, d'où s'étaient éteints les feux brillants de la vie, elle dit d'une voix qui semblait venir du sein des tombeaux : "Misérable scélérat, porc impur, chien ordurier, vous, le plus vil et le plus abject des êtres qui existent, voici mon corps, prenez-le, usez-en selon vos criminels désirs, et hâtez-vous avant que la mort ne ravisse l'âme de mon frère; il m'abandonnerait seule dans cette vie maudite, souillée par des pestiférés, profanée par des êtres infâmes qui vous ressemblent!"

Quoique cette leçon fut terriblement dure, il ne se jeta point aux pieds de ce lys de pureté, implorant son pardon. Le démon s'incarna en son corps infernal, il enflamma ses sens des feux brûlants de la passion. Cet homme sauvage sacrifia l'humble colombe sur l'autel de son immonde impudicité, perpétrant ainsi le crime des crimes.

17 - UNE VIERGE PLEURE SON INNOCENCE PERDUE

Je me lamente sur toi, ô pureté virginale!

Je me lamente sur toi, ô chasteté souillée!

Je me lamente sur toi, avec les larmes de mes yeux et le sang de mon cœur meurtri!

Je me lamente, avec les lamentations des mères qui ont perdu leur enfant et ne veulent point être consolées!

Je te pleure, honneur sublime, car le plus immonde des chiens a violé ton portail défendu!

Je te pleure, innocence virginale, avec des gémissements qui sourdent des profondeurs de mon âme endolorie!

Je me lamente sur toi, ô pureté immaculée, car un criminel, rebut des enfers, s'est attaqué à ta sainteté!

Les cris de l'orgueil farouche déchirent mes entrailles, maintenant que j'ai perdu la fleur de ma vertu et de ma fierté!

Gémissements et poignantes complaintes, escortez ce funeste malheur!

La douceur de l'existence est à jamais perdue, et je languis après la mort!

Le loup impitoyable s'est jeté sur la brebis sans défense, il s'en est emparée, il a broyé ses membres avec la force meurtrière des bêtes féroces!

Seigneur! si la misère et la pauvreté livrent ainsi les indigents, tels des proies faciles, aux griffes des riches vils et méprisables, pourquoi ne Te venges-Tu point, ô Père des Cieux?

Pourquoi ne fais-Tu point peser sur eux la terreur de Ton châtiment?

Ton équité se refuse à de telles injustices qui crient la malédiction contre leurs auteurs.

"Ayez pitié de moi, Monsieur," supplia-t-elle
Cet homme sauvage sacrifia l'humble colombe

"Je me lamente sur toi, ô pureté virginale, ô chasteté souillée"

Les faibles et les déshérités, les pauvres, les opprimés, les malheureux et les misérables, n'ont d'autre refuge que Toi qui élevas les cieux et étendis la terre!

Ouvre Tes bras puissants, Seigneur!

Etreins-les contre Ton sein compatissant; ils ont recours à Toi en l'heure sombre de leur épreuve.

Ils se prosternent chaque matin, ils se prosternent chaque soir, devant Ta divine Majesté.

Ils T'implorent avec respect et crainte, ils en appellent à Ta vengeance, contre ceux qui outragent la vertu, ce dépôt très saint, qui est devenu la proie des oppresseurs au cœur dur et sanguinaire!

N'es-Tu donc point le Dieu vengeur?

Je me prosterne devant le trône de Ta justice et de Ta puissance, sollicitant que Tu déverses la coupe de Ton ardente colère sur l'auteur de mes maux, sur le monstre ignoble qui osa porter atteinte à l'innocence et à la sainte pudeur!

18 - LA RÉVOLTE TEMPÉTUEUSE
DU DINAR

Si j'avais du sang dans mon être, il aurait bouillonné dans sa violente révolte! Il aurait fait éclater en lambeaux mon corps si dur, en face de l'énormité de ce crime odieux!

Si je possédais un corps de chair, il se serait déchiré et ses débris, volant en éclats, auraient atteint les hauteurs du firmament!

Si je possédais des mains, elles auraient étranglé et anéanti cet immonde pourceau!

Si je possédais des pieds, j'aurais écrasé et pulvérisé le corps de cette vermine de basse lignée, qui personnifie le crime dans son essence même!

Si je possédais mille langues, j'aurais fait pleuvoir sur lui les malédictions des enfers et de tous les démons qui y demeurent!

S'il était en mon pouvoir, j'aurais réduit en cendres cet individu satanique, qui habite le monde de la terre; j'aurais exposé, aux plus terribles outrages, son corps répugnant; je lui aurais infligé des tortures, dont auraient frémi les siècles futurs dans une terreur toujours renouvelée!

Les démons, qui séjournent dans les bas-fonds des enfers, renient avec dégoût cet être maudit; ils ne veulent rien avoir de commun avec ce monstre chargé de toutes les malédictions du ciel!

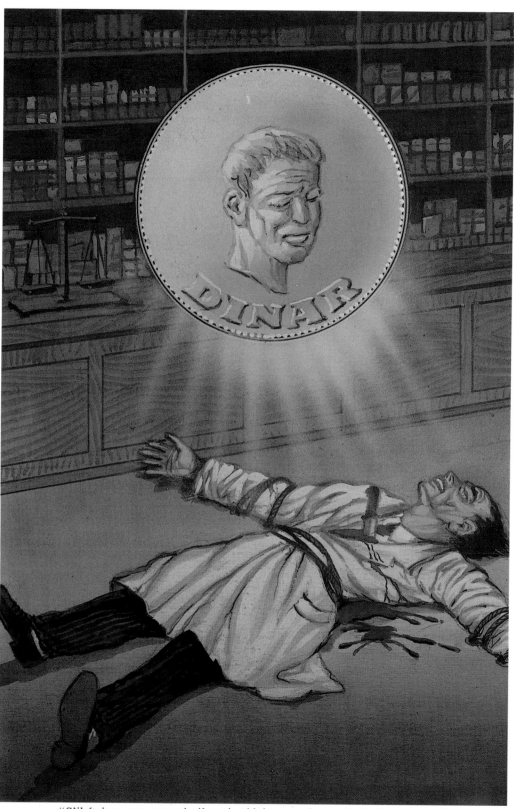

"S'il était en mon pouvoir, j'aurais réduit en cendres cet individu satanique"

Heures de paix bénies dont jadis j'ai joui dans ma patrie, là-bas dans les profondeurs! Heures de paix bénies! je vous ai perdues, lorsque j'ai désiré connaître la surface de cette terre d'abjection. Dès l'instant, où le ciel courroucé me livra au monde des humains, j'ai perdu le repos et la paix; la douceur de la tranquillité fut bannie de mon cœur à jamais!

19 - SENTIMENTS FRATERNELS

- Frère! voici du bouillon bien chaud; ce breuvage te ranimera, frère aimé, il hâtera ta guérison tant attendue.

- Lucy, ô la meilleure des sœurs! Ma langue est impuissante à exprimer l'immense gratitude dont je suis pénétré. Tu as souffert par moi tant de souffrances! Tu as renoncé au repos pour assurer mon bien-être et ma guérison. Tu fais succéder le labeur au labeur, tu peines sans t'accorder la moindre halte, alors que ton pauvre corps est épuisé par d'incessantes fatigues. Tu n'as pas de pitié envers toi-même. As-tu pris un peu de sommeil? Tu en as pourtant un si grand besoin!

- Frère très cher, en ton repos est mon repos, tes souffrances sont ma souffrance. Je veux d'abord être rassérénée à ton sujet. Les difficultés et les tristesses si dures de l'existence seront alors faciles à supporter. Pour l'instant, achève ce qui reste de ce bouillon, il te réconfortera. Voici des fruits bienfaisants, le médecin les a prescrits, ils seconderont ta convalescence. Quant à ces pommes aux joues si rouges, elles vivifieront tes nerfs fatigués.

Il considéra les variétés de fruits qui s'offraient à sa vue, et grand fut son étonnement: "Lucy, dit-il, fais-moi connaître, au nom de Dieu, quel est l'ange miséricordieux qui a été si libéral en nous offrant ces dons exquis; nous en avons été si longtemps privés! Seigneur...que mon crime est grand et terrible! le soupçon avait envahi mon âme; il m'était venu à l'esprit de douter de l'existence de toute noblesse en ce triste monde, et de penser que les hommes ne sont que des loups ravisseurs et des bêtes féroces; qu'ils sont les esclaves de leurs vils intérêts; qu'ils ne s'imposent aucune contrainte; qu'ils n'exécutent aucun acte, de si petite importance soit-il, s'ils ne reçoivent en échange un profit équivalent. Voici maintenant la preuve qui détruit en moi ces pensées diaboliques. Grâces en soient rendues au Ciel ! Ne me diras-tu point, ma Lucy, le nom de ce généreux ami, afin que je lui exprime ma gratitude? Aussi longtemps que je vivrai je lui garderai une reconnaissance infinie."

Les larmes coulaient sur le visage de Lucy. Son frère imagina qu'elles étaient justement provoquées par la reconnaissance, et par la grandeur d'âme de l'inconnu. Levant les yeux au ciel, il dit: "Dieu te bénisse, ô le plus noble des êtres! Toi qui compatis aux souffrances et à la détresse de ceux qu'a trahis cette vie maudite ! Qu'Il t'accorde la rétribution de ta charité!"

20 - DOUBLE ET TERRIBLE MALHEUR

Ainsi, cette jeune fille avait poussé le dévouement fraternel, jusqu'à immoler sa chasteté pour racheter la vie de son frère.

Elle s'assit sur un siège, près du lit où il reposait profondément endormi. Tout en le contemplant, elle chassait les mouches et les moustiques qui auraient pu se poser sur son visage exténué; elle repassait, dans son imagination, les terribles incidents de ce jour fatal, et elle se mit à murmurer: "Maudite soit cette humanité criminelle! Plût à Dieu, que les foudres de sa colère s'abattent sur l'être immonde qui m'a déshonorée! Je n'aurais point imaginé rencontrer un jour un semblable misérable, plus sauvage en vérité que les bêtes les plus sanguinaires. Dieu! que ce monstre est ignoble et vil! Il n'a point eu pitié d'une pauvre fille, cherchant à arracher à la mort son unique frère. Il l'a acculée à consentir à la honte; il l'a acculée à se vendre au vice, qu'elle abhorre avec haine et dégoût; il l'a acculée à consentir un horrible marché pour sauver ce frère tant aimé."

Et pour s'alléger de ce qui pesait tellement sur son cœur oppressé, elle exhala tout bas des lamentations sur elle-même. Elle dit en chuchotant les diverses phases du drame dont elle avait été victime. Et quelle ne fut point sa terreur, quand tout à coup, elle vit son frère ouvrir des yeux immenses, écarquillés par les terribles révélations qu'il venait de surprendre. Il la contempla d'un regard étrange où s'exprimaient l'adoration la plus sublime et l'épouvante la plus profonde. Il lui dit d'une voix entrecoupée, déjà agonisante: "J'ai tout compris, ma sœur, tu t'es sacrifiée impitoyablement et au-delà de toute limite, par ton incomparable dévouement." Puis, sous le coup du choc insoutenable, son âme l'abandonna soudain; il ferma les yeux à la vie, trouvant enfin le repos dans la mort.

Quant à sa sœur, elle ne pleura ni ne gémit. Son malheur, et la perte de son frère, étaient au-dessus des sanglots et des larmes. Avec un calme résolu, elle prit une feuille de papier qui se trouvait à portée de la main, elle y inscrivit ce qui agitait tout son être, et les sentiments tumultueux et farouches qui en débordaient. Puis elle absorba, d'un seul trait, vingt tablettes de celles que son frère malade utilisait pour trouver le sommeil.

Elle repassait dans son imagination les terribles incidents de ce jour fatal

Ainsi mourut cette noble fille; elle ferma ses beaux yeux aux teintes violettes. Ils ne s'ouvriront plus qu'au jour du Jugement, qu'au jour de la justice.

En présence de cette terrifiante tragédie, dont j'étais témoin, moi pauvre Dinar, je me trouvai tout à coup accablé et vieilli; je sentis mon être s'anéantir dans la douleur mortelle. Je souhaitai ardemment dormir d'un éternel sommeil, comme s'était endormie cette pure jeune fille, et finir comme elle avait fini. Je souhaitai, comme cette adolescente, ne plus jamais voir de mes yeux les monstrueux spectacles de cette vie, et tout ce qu'elle renferme de bassesses et de crimes. Mais, hélas! tout ce que souhaite un dinar ne se réalise point; l'impitoyable destin a décrété que je serai, plus d'une fois, broyé et pétri, avant que la paix d'autrefois ne me soit rendue.

21 - COMÉDIE MACABRE

"Ouvrez la porte, ô la plus misérable des femmes. Votre silence hypocrite ne nous fera point abandonner ce lieu, avant de vous avoir arrêtée et conduite au poste, pour y répondre du vol dont vous êtes coupable." Et les coups de poing des gendarmes s'abattaient sur les battants de bois, les cognant avec rage mais sans résultat.

L'inspecteur de la police éleva alors la voix : "Ne croyez pas, scélérate, qu'il vous soit possible de nous leurrer, et de nous faire accroire que vous êtes hors de votre domicile. Nous connaissons parfaitement ces procédés; il y a longtemps déjà que nous les avons expérimentés. Ouvrez donc, pour ne point aggraver votre cas; votre compte serait encore plus dur à régler."

Mais il n'y avait point d'oreilles pour entendre, point de bouche pour répondre à ces appels réitérés. Harcelés par le marchand de fruits qui n'arrêtait point de stimuler leur zèle par la promesse d'une gratification, les deux subalternes, sur un signe de l'inspecteur, enfoncèrent enfin la porte. Ils pénétrèrent, et se trouvèrent devant un horrible spectacle. Ils demeurèrent figés d'effroi, et comme pétrifiés à la vue de ce qui s'offrait à leurs regards. Mais le chef se ressaisit promptement, et se mit à fouiller tous les recoins de la pauvre chambre, pour y découvrir un indice qui put lui faire pénétrer le mystère de ce drame étrange. Ses yeux tombèrent sur le papier plié devant la jeune fille; il se hâta de s'en emparer. Paul, le fruitier, s'approcha, et lui demanda de faire des recherches pour dénicher son précieux dinar. De fait, la main de l'inspecteur me découvrit dans la poche de la défunte; il me remit à Paul, qui me serra avec l'émotion de celui qui se consume après l'être aimé.

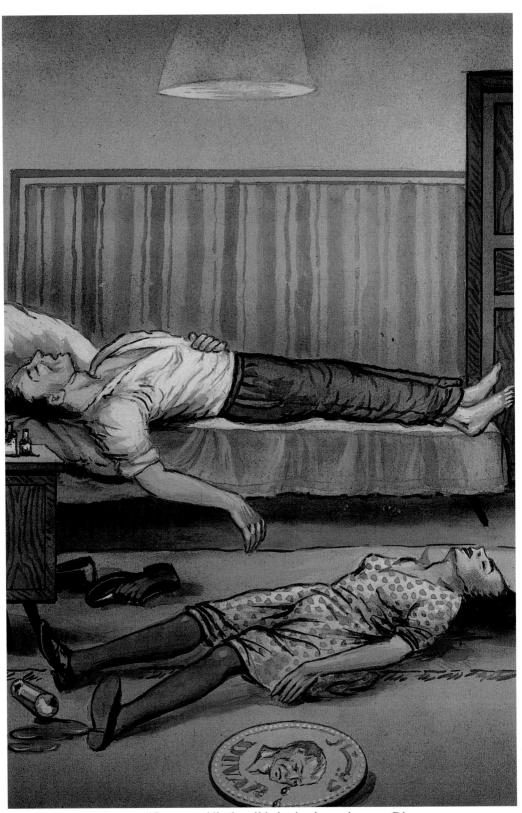

Cette terrifiante tragédie dont j'étais témoin, moi pauvre Dinar

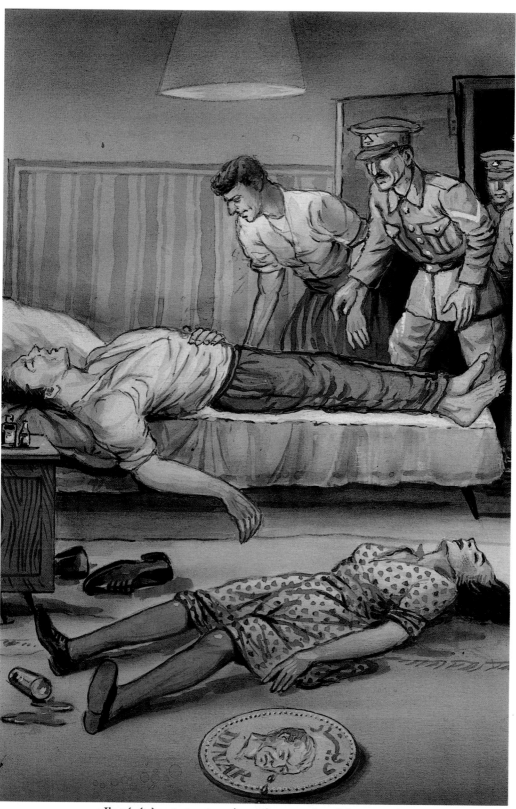

Ils pénétrèrent et se trouvèrent devant un horrible spectacle

J'aurais été, alors, heureux de posséder des dents aiguës et tranchantes, pour les enfoncer dans la main de ce maudit, les plonger dans sa chair et broyer ses os. Mais à quoi serviraient de tels souhaits, puisque Dieu ne m'a point accordé de pareils instruments? Je me réjouis grandement, quand l'inspecteur de la police me reprit de la main du fruitier: "Je remettrai ce dinar au procureur général pour la régularité de l'enquête, dit-il, il vous sera rendu plus tard."

"Que prétends-tu réaliser, pauvre misérable dinar? pensai-je, il en est de toi comme de l'homme, le destin te raille et se joue de toi. Tu n'es point libre de choisir ta voie, ni de réaliser tes souhaits."

22 - LE PROCUREUR GÉNÉRAL
ENQUÊTE

L'inspecteur de police, s'avançant vers le procureur général, lui présenta la feuille qu'il avait trouvée près du cadavre de la jeune fille, et lui remit également le dinar d'or. Avant de lire le message de la morte, le magistrat demanda que lui fut narré l'événement tragique. L'inspecteur lui dit alors:

"Hier, vers deux heures de l'après-midi, le sieur Paul, commerçant en fruits, connu dans le quartier, se rendit au poste et déposa la plainte suivante: Une jeune fille, nommée Lucy, était venue en son magasin; elle y avait acheté des fruits en abondance pour la somme d'un dinar en or. Paul avait été stupéfait de la fortune subite que l'acquisition de Lucy faisait présager. Elle avait fait un choix de ce qu'il y avait de plus beau dans son magasin, alors qu'il était connu de tous qu'elle était dans une situation de pauvreté extrême, particulièrement après la récente maladie de son frère. Ce qui accrut les soupçons de Paul, ce fut de remarquer le trouble de la jeune fille, la pâleur de son visage, son regard désemparé. Comme son magasin débordait de clients qui l'accaparaient, Lucy, profitant de l'occasion s'était esquivée, elle avait disparu sans payer le montant de ses achats. Dès que Paul se fut aperçu du larcin, il se hâta vers le poste de police, et y déposa sa plainte. Trois hommes lui furent adjoints et se rendirent, en sa compagnie, au domicile indiqué. Après avoir vainement frappé à la porte, ils l'enfoncèrent et se trouvèrent devant un spectacle des plus émouvants. L'enquête nous révéla le double malheur qui s'était abattu sur cette pauvre fille. Elle avait été victime du vil propriétaire de la pharmacie "La Charité"; celui-ci, par sa conduite criminelle, l'avait entraînée dans d'irréparables calamités. Le même jour,

Le Procureur général reçoit le message de la défunte

elle était accusée de vol, parce qu'elle n'avait point remboursé le fruitier. En vérité, son trouble extrême, et les terribles circonstances qu'elle traversait, avaient déterminé cet oubli. Présente par le corps, absente par l'esprit, elle était surtout pressée d'arriver auprès de son frère pour lui prodiguer ses soins. Nous l'avons soupçonnée de tous les soupçons, mais en cela, nous avons péché." Et il acheva : "Soyez assuré, Monsieur le procureur, que ce drame est ce que j'ai vu de plus poignant dans ma carrière, pourtant féconde en spectacles de misères et de malheurs. Oui, depuis que je suis dans l'exercice de mes fonctions publiques, je n'ai point encore été témoin d'une aussi émouvante tragédie."

Il dit, puis salua le magistrat et disparut.

23 - UNE VOIX DE L'AU-DELA

Le procureur général déplia le message de la défunte. Voici ce qu'il contenait:

Aux législateurs chargés d'élaborer et de promulguer les lois, pour l'avantage de la société!

A ceux, à qui leur ministère enjoint de veiller à l'application de ces mêmes lois, qu'ils déclarent saintes, parce qu'elles établissent l'égalité entre le chef et le subordonné, entre le pauvre et le riche, entre l'oppresseur et l'opprimé, afin que tous vivent à l'ombre de la justice!

Vous, hommes de la législature, éminents dans la connaissance des codes, et éloquents à professer la nécessité de créer un monde nouveau, où règne une justice totale, universelle! Vous excellez dans l'art de rédiger des constitutions et des chartes de liberté, d'égalité, de fraternité. Sachez tous, que vos législations ne sont en fait qu'une des nombreuses comédies de ce monde, une de ses grotesques mascarades!

Les travaux auxquels vous vous livrez sans réserve, auxquels vous accordez toute votre attention, sont de vaines chimères, car les lois ne sont pas des lois lorsque les détenteurs de l'autorité les appliquent aux faibles et point aux forts, aux indigents et point aux riches!

La femme libre et fière, parce qu'elle est dans la misère, vous la contraignez à se nourrir du trafic de sa chair, et vous l'entraînez ensuite devant les tribunaux!

Et celui qui vole du pain pour apaiser sa faim, vous le jetez dans l'obscurité des sombres prisons, après l'avoir rassasié de honte et abreuvé de vos offenses et de votre mépris! Mais le voleur de millions, vous vous associez à lui dans le partage du butin, et vous le libérez en lui accordant tous les droits!

La femme riche et influente, qui se prostitue sous les apparences de l'honorabilité, vous l'entourez d'une auréole d'admiration, car elle peut servir vos mesquines ambitions! Mais la femme pauvre et noble, la femme inaccessible, vous la poursuivez de vos langues venimeuses, raillant sa vertu et l'accablant de votre dédain, parce qu'elle n'est point à la portée de vos basses convoitises!

Votre maître, vils esclaves, est celui-là qui l'emporte sur vous dans les voies de l'intrigue et de la dissimulation. Et le plus versé dans la science du crime, celui-là est le chef suprême qui vous dicte sa loi et décide de tous vos actes; il vous tient et vous mène sous la menace de sa force!

Vos constitutions n'atteignent point le puissant, qui arrache la bouchée de pain d'entre les lèvres du faible; elles n'atteignent point les riches, qui piétinent les pauvres et les plient sous le joug de leur volonté, pour les exploiter au service de leurs intérêts! Vos constitutions sont, de même, incapables de mettre, au banc des accusés, ceux de l'espèce du misérable pharmacien, car vos lois ne les touchent pas, elles leur abandonnent toute liberté, et de nouveau, le crime qui se joue aujourd'hui se répétera demain! Je reconnais que vous avez rempli de vos lois de lourds volumes; vous avez promulgué d'innombrables décrets aux titres pompeux, au langage choisi; vous avez édifié des œuvres grandioses, basées sur de belles et nobles conceptions! Si seulement vous en aviez réalisé avec sincérité une minime partie, la terre serait transformée en paradis!

Mais, je ne puis que confesser l'amère réalité. Vos lois demeurent et demeureront toujours de l'encre sur du papier. Pouvez-vous le nier?

Telle est l'histoire de vos lois, ô maîtres et auteurs des lois! J'ai cherché vainement la justice sur votre terre corrompue, et je résolus de la chercher dans la mort, car j'ai l'espérance de la trouver là-bas, en Dieu!

* * *

24 - D'UN TROU A UN GOUFFRE

Lorsque l'instruction de cette affaire fut close, le procureur général convoqua Paul et lui restitua le dinar. Pour la deuxième fois, je souhaitai de pouvoir déchirer la main de ce misérable bandit qui, avec le concours des trois policiers, avait envahi la funèbre demeure de Lucy, comme s'ils s'élançaient à l'assaut d'un repaire de dangereux brigands, fléaux du pays qu'ils dévastent de leurs forfaits.

L'homme s'empara de moi. Malgré sa corpulence, il aurait pu voler, tant sa joie était grande. Il s'arrêtait de temps en temps, et ramassait une pierre contre laquelle il me faisait tinter, pour éprouver ma sonorité et acquérir la certitude de mon authenticité. Et chaque fois qu'il entendait le tintement musical de mon métal, il tressaillait d'allégresse; il m'élevait devant ses yeux, et repaissait sa vue du spectacle de mon visage scintillant, sans parvenir à rassasier son insatiable avidité.

Nous passâmes bientôt devant un magasin, où se trouvaient exposées de belles variétés de roses. Je souhaitai ardemment qu'il m'échangeât contre ces fraîches fleurs dont on tresserait une couronne merveilleuse; elle serait déposée sur la tombe de Lucy qui, maintenant, dort de l'éternel sommeil. Mais il dépassa la boutique, sans y jeter un regard. Ma douleur s'en accrut et ma rancune s'exaspéra. Ainsi, j'étais condamné à souffrir par les mesquineries de cet homme avare, et j'étais impuissant à le châtier.

A ce moment, l'un de ses amis vint à passer, et s'avança pour le saluer. Paul eut un brusque réflexe, il m'introduisit machinalement dans sa poche, et me lâcha dans le fond; puis il serra la main de son ami, et ils conversèrent de différents sujets. J'examinai la place où je venais de choir; je remarquai que je me trouvais sur l'ouverture d'un trou fort étroit. Pesant alors de tout mon poids, je m'acharnai à vaincre ce passage, et après de prodigieux efforts je réussis à m'évader.

Il advint que je tombai, heureusement, sur une pelure d'orange. Le bruit de ma chute en fut amorti et ne parvint point à l'oreille du fruitier. Un ânier passa; il conduisait sa bête. Paul et son ami se rangèrent pour livrer passage à l'animal, qui engloutissait tous les déchets de légumes et les pelures de fruits qu'il trouvait sur son chemin. Il me happa, et quelques instants plus tard, je me trouvai dans le gouffre de ses entrailles.

Il me faisait tinter pour éprouver ma sonorité
Il me happa

25 - DANS L'ÉCURIE EN LA
SOCIÉTÉ DES ANES

Je prêtais attentivement l'oreille aux aimables propos que tenaient les ânes en ce lieu-ci. Les derniers venus discouraient, s'adressant aux plus anciens. Puis, venait le tour de ceux-ci qui narraient, dans une conversation fort plaisante, ce qui leur était advenu. Ils occupaient, de la sorte, les longues heures de la soirée, énumérant les événements de la veille, ou ceux de la journée qui s'achevait.

L'âne, dans les entrailles duquel j'étais tombé si inopinément, s'adressa à son voisin qui grignotait quelques herbes mêlées de paille: "Comment te sens-tu?" lui dit-il. L'autre se trouvait mal en point, malade à un degré extrême. C'est ce que je concluais, en entendant sa voix essoufflée; elle était prise d'un enrouement point du tout musical qui, vibrant sur les cordes de son gosier rugueux, indisposait sérieusement les oreilles les plus insensibles.

— Ma journée, répondit-il, fut aussi mauvaise que la précédente, car Jesseb, notre tyrannique propriétaire, ignore totalement la pitié. Voici de longs jours que je souffre d'un mal douloureux; il persiste à me faire avaler de l'herbe qui ne lui coûte rien; il y joint une stricte mesure de paille tous les trois jours, alors qu'il serait de son devoir de me nourrir d'orge.

— Calme ta peine, ami, reprit l'âne au dinar d'or. Ton cas est tout de même préférable au mien. Je serais déjà mort de faim, si je n'épiais constamment l'occasion de remédier à la disette de mon ventre creux, en happant les moindres rebuts du chemin.

Ici s'éleva la voix d'un troisième baudet: "Il y a de cela plus d'un an, dit-il, je fus pris en location par un agriculteur, pour le transport de dix charges de légumes. Il me conduisit en son champ, et voici des centaines de choux gisant à terre, attendant d'être expédiés au marché. Je ne sus point maîtriser mon envie de mordre à pleines dents à ce mets savoureux. J'avais à

En la société des ânes

peine introduit un petit chou entre mes mâchoires excitées par l'appétit, quand je fus soudain surpris par une volée de coups fort douloureux qui me firent instantanément oublier la délicieuse saveur du légume succulent. L'agriculteur, au cœur sauvage, continua ainsi à me battre avec son dur et lourd bâton, sur le sommet de mon crâne, sur mon dos, sur mes jambes et mes flancs. Je sentis mes os se pulvériser, et se transformer en une pâte molle; de graves blessures ensanglantèrent mon cou; quatre de mes côtes furent défoncées. Le goût du chou, qui flattait tantôt mon palais, se changea en fiel amer, telle la méchante coloquinte. Ma colère éclata, et dans l'excès de ma douleur, perdant tout contrôle sur mes esprits, je me ruai sur ce scélérat, broyant son bras, enfonçant mes dents dans sa chair. Je le piétinai, lui assénai de nombreux coups de pied, et prenant la fuite dans une course éperdue, je réintégrai l'étable, laissant mon tyran aux prises avec les affres de l'agonie. J'avais administré à cet homme, en cette circonstance, une correction telle, qu'il n'oubliera plus jamais de se conformer aux préceptes de la civilité en usage parmi les ânes."

Le baudet, si judicieux, acheva son récit, disant: "Lorsque Jesseb, mon propriétaire, m'aperçut revenant seul au logis, il fut saisi d'étonnement, et se hâta vers le champ de choux, pour s'informer de ce qui était advenu. Il tomba sur des lamentations et fut reçu à coups de bâtons par les habitants de la plantation, puis assommé avec de lourdes massues aux têtes cloutées et menaçantes. Et n'était-ce le passage providentiel d'un gendarme, il aurait été certainement massacré. Transporté à l'hôpital, plus mort que vif, il y passa quatre longs mois, gisant sur un lit de souffrance. Finalement, il demeura défiguré par une difformité irrémédiable, que la science des médecins se trouvait impuissante à réparer; il nous revenait avec un seul œil. C'est pour cette raison, mes chers camarades, qu'il me lance, de cet œil-là, les dards de sa colère, chaque fois qu'il visite l'écurie."

A ce moment, s'éleva la voix d'un ânon aux modulations harmonieuses: "Il est regrettable que tu n'aies point dérobé un autre chou, dit-il, cela lui aurait probablement causé la perte du second œil." Et poursuivant son badinage railleur: "Et peut-être serait-il trépassé, nous délivrant de sa ladrerie pour jouir du repos le plus parfait, le plus justement mérité."

Ce genre de plaisanterie aimable eut l'heur de plaire à la tribu des ânes, et provoqua un tumulte de braiments joyeux. Il suscita ma propre admiration, et si cela eut été possible, moi Dinar, je me serais volontiers associé à leur allégresse. Mais où trouver un gosier pour me permettre le rire et la joie bruyante?

"J'avais à peine introduit un petit choux entre mes mâchoires"

"Je lui assénai de nombreux coups de pied"
Et je pris la fuite dans une course éperdue

Plus mort que vif…

Une voix grave et bien équilibrée parvint à mon oreille. Je jugeai d'après la subtilité et l'éloquence des tournures, que celui qui s'exprimait était un patriarche expérimenté, ayant éprouvé la vie, ayant été éprouvé par elle dans la bonne et mauvaise fortune du destin.

— Quant à moi, dit-il, avant de devenir la propriété de ce nouveau maître, lequel est borgne par ta grâce, illustre confrère, j'appartenais à l'un des lords les plus célèbres du pays. Il avait la manie d'organiser des réjouissances publiques; l'une des principales attractions en était la course aux ânes, dont il avait la passion. Il m'acheta à un villageois, quand je n'avais encore qu'une année, et me confia aux soins des entraîneurs. J'excellais dans l'art de courir, je triomphais sur toutes les pistes, et je fis remporter à mon propriétaire six grands prix. Cela fut cause qu'il usa de grandes libéralités envers moi; il m'accablait de ses dons, m'offrant les mets de choix les plus exquis, jusqu'au sucre précieux qu'il me donnait de sa propre main.

Douze ânes se trouvaient avec moi dans cette écurie. Lorsqu'ils s'aperçurent que j'étais l'objet de tant de sollicitudes et d'égards, la jalousie envahit leurs âmes et mordit leurs cœurs. Ils organisèrent un complot et résolurent ma perte. Ils avaient puisé cette inspiration, et l'idée du crime, dans leurs fréquents rapports avec les hommes. Ils étaient témoins des manœuvres de ces derniers, de leur dissimulation, et de leurs constantes intrigues, dans le but de se nuire les uns aux autres, le frère à son frère.

En cette grave circonstance, je fus contraint de m'improviser orateur. Craignant de voir mes frères se comporter comme les hommes et tomber dans le crime, craignant de les voir oublier les nobles traditions de la noble lignée des ânes, je les conseillai et réprimandai avec sincérité. La grande sagesse qui domine l'esprit de notre race, et les principes solides qui, dès notre plus tendre enfance, président à notre formation, l'emportèrent sur l'idée du crime puisée chez les sauvages humains. Mes frères me prêtèrent une oreille fort attentive; ils avouèrent leur faute, s'en repentirent amèrement, et jurèrent de ne plus revenir à leur erreur. Je leur pardonnai et les remerciai.

Et que vous dirai-je maintenant, chers camarades, à propos des tristes et laides choses dont nous étions témoins? Que vous dirai-je des drames affreux qui se déroulent parmi cette classe de la société que l'on appelle "classe noble"? Cette classe, qui se prétend plus élevée que les classes humbles et pauvres, qui se flatte et s'enorgueillit d'être issue d'un sang noble, alors qu'elle ne connaît de la noblesse que le nom!

Voici donc, qu'une nuit d'entre les nuits, s'ouvrit la porte de l'écurie.

Il était neuf heures, le printemps se parait d'un beau clair de lune. Le lord s'avança vers moi, ayant à ses côtés une femme de la fameuse caste de la noblesse. Elle arrivait récemment d'Ecosse, pour passer une quinzaine de jours en l'hospitalité du maître de ces lieux. Je fus l'objet de son choix avec un jeune grison, et sa main, se promenant sur ma nuque, me caressait et me flattait par de petites tapes fort expressives. Lorsque le valet nous eut conduits hors de l'écurie, le lord m'enfourcha, et la dame se hissa sur le dos de mon camarade. Nous nous dirigeâmes vers les bois. Les arbres touffus étreignaient de leurs vastes branches les rayons de l'astre argenté; les nobles cavaliers que nous portions désiraient, sans doute, jouir de la beauté de la soirée.

Je n'attendis point longtemps pour comprendre leurs intentions, et je ne dissimule point, que je fus consterné par les étranges propos que surprenaient mes longues oreilles, toujours aux aguets, propos et manège de coquetterie exprimant des mœurs dissolues. Le lord s'adressait en termes obscènes à cette femme, dont le rire explosait à la joie d'entendre ces insinuations honteuses, que s'interdirait tout être qui respecte l'honneur et les lois de l'hospitalité.

Les rires provocateurs de sa compagne enhardirent le lord. Rejetant toute pudeur et toute retenue, il s'exprima en un langage qui froissa vivement ma vertu. Je ne pus me retenir alors de manifester mon blâme; je donnai libre cours à mon gosier sonore, pour braire hautement en signe de réprobation, et de la sorte, empêcher la voix du vieux libertin de parvenir aux oreilles de la jeune hôtesse. Le lord, vivement contrarié, saisit sa canne à poignée d'argent incrusté d'or fin, et fit tomber sur mon postérieur une pluie de coups. J'exhalai alors un braiment d'un timbre particulier, dont nous autres ânes entendons la signification, et vous le connaissez comme moi, amis. Mon camarade comprit mon avertissement, il regimba aussitôt, et jouant à l'âne rétif, il demeura en arrière, se refusant à me suivre. Je m'élançai alors de toutes mes forces, perçant la forêt aux branches emmêlées. Vainement le lord usa d'astuces et de stratagèmes pour suspendre mon ardeur; j'étais comme sur la piste d'un champ de course.

Je m'arrêtai enfin après que se fut écoulée une demi-heure. J'avais ainsi permis à mon camarade de réintégrer le château, et j'avais fait perdre à mon cavalier sa belle occasion de divertissement et de débauche. Il était furieux; il m'injuriait, et me maudissait dans ses transports de colère; moi, je faisais le naïf, pour ne point l'exciter à vider sa vengeance sur mon pauvre dos.

"Je donnai libre cours à mon gosier sonore…"

Enfin, il se mit à la recherche de sa partenaire dans les profondeurs du bois. Après avoir longtemps fouillé sans résultat, il revint au château; la nuit était déjà plus qu'à mi-chemin de son parcours. Il trouva sa noble dame allongée sur sa couche, immobilisée par la terreur qui l'avait saisie, lorsque son âne, bondissant avec elle par sauts démoniaques, l'avait ramenée à l'écurie. A peine ses yeux eurent-ils reconnu le lord, qu'elle partit en invectives et jurons, maudissant les ânes, ceux qui entretiennent les ânes, et ceux qui les montent. Le lord cherchait à l'apaiser: "Je suis stupéfait de ce qui est advenu, lui dit-il. Si les ânes raisonnaient, comme raisonnent les hommes, j'aurais soutenu qu'il y a là un complot fort bien réussi contre nous. Mais les ânes sont l'emblème de la sottise, inaccessibles à la compréhension."

Au matin du jour suivant, je reçus la visite de notre lord. Armé d'un lourd bâton, il l'abattit sur mon postérieur en une avalanche de coups qui m'endommagèrent douloureusement. Il me repoussa du pied à maintes reprises, cognant de toutes ses forces, toujours sur ce maudit postérieur, pour assouvir sa vengeance et calmer les feux de sa colère, car j'avais anéanti les joyeux projets de sa promenade nocturne. Je frémissais de rage et brûlais du désir de me venger, mais j'étouffai ma révolte par crainte des dures représailles qui seraient retombées sur mes flancs en coups redoublés.

Avant de quitter l'écurie, le lord sortit de sa poche une poignée de sucre, et l'avançant vers moi d'un air menaçant: "C'en est fait de toi, stupide baudet, dit-il; plus de sucre exquis, jamais!" Et pour exciter mon envie, il se mit à croquer quelques morceaux, tout en me fixant avec des yeux rouges qui ressemblaient à de brûlants tisons. Pour la seconde fois il me gratifia de plusieurs coups de pied, il cracha sur moi et s'en alla.

Ici, notre âne poussa un profond soupir au souvenir des conséquences de ses relations avec les grands de ce monde. Puis, s'adressant à ses compagnons: "J'achèverai de vous conter demain, dit-il, ce qui advint de moi et de ce lord dans la suite". Mais, voici quatorze ânes, élevant la voix en un chœur unique, ils le prièrent et le supplièrent d'achever son récit sur l'heure. J'étais moi-même très intéressé, et je lui fis intérieurement la même requête, quoique certain que ma voix muette n'arriverait point à ses longues oreilles. Il condescendit heureusement à notre commun désir et continua ainsi:

— Les aventures galantes et les épisodes de la vie débauchée de ce lord, nécessiteraient de gros volumes s'ils devaient être relatés. Et plût au ciel, que ces faits scandaleux se fussent limités à ce lord cynique! Car il avait une fille adolescente formée d'après l'exemple des mœurs paternelles, dont elle était le constant témoin. Il lui arriva de s'éprendre du chef des valets, et

"Au matin du jour suivant…"

comme il lui était impossible de le rejoindre dans l'une des pièces du château, ou de se faire accompagner par lui dans ses promenades, elle le retrouvait secrètement dans les écuries et nous étions les spectateurs forcés de leurs honteux ébats.

Et voici la pièce finale, comédie de hautes mœurs qui provoqua mon congé définitif, non sans que fut châtié par moi le méchant lord, aussi durement qu'il le méritait. En ce temps-là, il convia dans son château le président de la Société Protectrice des Animaux, ainsi que son épouse. Les deux hommes étaient liés d'une amitié fort ancienne et se visitaient de temps à autre.

Le lord, avec la femme de son ami, convinrent un jour d'une excursion à dos d'ânes, et le soir même, vers la huitième heure, ils pénétrèrent ensemble dans l'écurie. Je fus très étonné de les voir fermer la porte avec soin, et en fixer solidement les verrous. J'eus bientôt l'explication de ce mystère. Le lord jeta effrontément à la femme les propos les plus osés, et se permit certaines libertés fort inconvenantes. Je compris, par leur conversation, qu'une ancienne liaison traîtresse se poursuivait ici au détriment du cher président qui nous protège, nous autres ânes.

Je ressentis un profond mépris envers les vils humains, qui profanaient notre respectable écurie. Je protestai contre cette conduite infâme en élevant ma voix, et je lançai un braiment ininterrompu, des plus bruyants, dans l'intention d'ameuter les habitants du château. Les deux complices furent terrifiés. Le lord, furieux, se précipita sur moi; il m'administra tant et plus de violents coups de pied, et de ses deux poings il me frappa durement sur la tête. Je me révoltai contre un si grand outrage. Je me ruai sur le misérable, et lui envoyai, en plein visage, un fameux coup de sabot qui lui brisa la mâchoire et fit rouler à terre plusieurs de ses dents. La femme, épouvantée, poussa un cri sinistre et tomba évanouie.

Les habitants du château accoururent; à leur tête se trouvait l'époux trompé, l'hôte trahi. La terrible vérité leur apparut, quand ils contemplèrent la femme du président à moitié nue. Tous étaient consternés, le scandale était énorme. Le plus âgé des serviteurs s'avança vers moi avec une barre de fer qui faillit s'abattre sur ma tête; mais le président de la Société Protectrice des Animaux lui octroya une gifle bienvenue, qui me délivra de sa méchanceté. Puis, ce cher homme se dirigea vers moi et dénoua mes liens; je le suivis aussi docilement que la brebis suit son berger, appelant sur lui les bénédictions du Tout-Puissant.

Avant de quitter l'écurie, il se tourna vers sa femme qui, en retrouvant

"… avec la femme de son ami …"

ses sens, commençait à réaliser la grotesque situation où elle se trouvait: "Cette écurie est en vérité le lieu qui vous convient le mieux", lui dit-il. Et se tournant avec mépris vers le lord: "Quant à vous, ajouta-t-il, vous avez mérité le juste châtiment qui vous frappe."

Lorsque l'âne philosophe eut achevé sa captivante histoire, l'aurore jetait ses premiers rayons. Il se tourna vers ses camarades et leur adressa ces paroles: "En maintes circonstances, j'ai entendu quelques-uns d'entre vous se lamenter et blâmer le destin, qui ne les a point créés 'hommes', pour vivre dans les douceurs de l'existence, pour goûter la volupté du sommeil sur des lits moelleux et somptueux, toujours douillets et chauds, pour jouir de certains plaisirs matériels, indignes d'être énumérés. Frères très chers, persévérez-vous dans cette opinion?"

Un cri, semblable au grondement du tonnerre, fut poussé par tous les ânes, ébranlant les murs de l'écurie. Et ils braillèrent en chœur: "Nous rendons grâces à la Providence qui, dans sa grande miséricorde, nous a créés ânes, tels que nous sommes, et ne nous a point maudits en faisant de nous des hommes. Oui, nous les ânes, ne marcherons jamais dans leurs voies criminelles! Oui, nous les ânes, les réprouvons hautement!"

26 - LE MONDE ENFIÉVRÉ PAR LA FOLIE DE LA GUERRE SE CONVULSE SUR LE CRATÈRE D'UN VOLCAN EN ÉBULLITION

Nous sommes en l'an 1914. Les nouvelles annoncent le déclenchement possible d'une guerre mondiale. Les cœurs tremblent, envahis par l'inquiétude et l'effroi. Les dirigeants des grandes nations menacent de terribles représailles les chefs des pays adverses qui s'opposent à leurs ambitions politiques.

La terre ressemble à un globe posé sur la paume d'un génie maléfique, en proie à une agitation trépidante. Les nerfs, surexcités, sont au paroxysme de la tension. D'instants en instants, la presse communique les informations sur l'évolution de la crise, dont les phases s'enchaînent et se déroulent rapidement.

De brillants orateurs haranguent les foules et soulèvent l'opinion publique. Ils jettent l'alarme dans les esprits, et mettent les populations en garde contre les dangers qui planent sur la patrie, héritage des pères et des aïeux, car l'envahisseur menace leur patrimoine, la terre sainte où reposent les cendres de leurs ancêtres!

Une fièvre guerrière gagne le peuple tout entier. Jeunes et vieux, exaltés par un ardent patriotisme, sont prêts aux plus héroïques dévouements. De minute en minute, les lignes télégraphiques transmettent les nouvelles mondiales, d'un caractère toujours plus alarmant.

La terrible bombe éclata en un jour néfaste. Dans les capitales européennes tous les efforts concentrés pour éviter le cataclysme avaient été vains. Il était écrit, que ce monde misérable serait la proie de la plus effroyable destruction, et que s'écroulerait la civilisation acquise si chèrement par la race humaine le long des âges immémoriaux.

L'ambition d'une poignée d'hommes, dont le nombre se compte sur les doigts, avait fait table rase de toutes les leçons des siècles, et la sagesse millénaire avait été impuissante à freiner les orgueilleuses aspirations qui

De brillants orateurs soulèvent l'opinion publique
La déclaration officielle de la guerre

agitaient leurs cœurs. Ces hommes, maîtres de l'heure, savaient pourtant, que la conséquence de leur guerre insensée, c'était la mort de millions d'êtres, qui tomberaient inutilement fauchés par les rafales de la mitraille, broyés sous l'acier des canons.

La mobilisation générale fut décrétée. Le flambeau lumineux de la paix vit ses feux s'éteindre. L'Allemagne déclarait officiellement la guerre à la France le 3 août 1914 à six heures et quinze minutes du soir. Ainsi s'acheva l'ère de la concorde, et ce fut l'ère des hostilités, des haines et des armes fratricides.

27 - ENTRE DEUX FIANCÉS

Tous les hommes, aptes à faire la guerre, avaient revêtu l'uniforme militaire, et engagé leur vie au service de la patrie. Les préparatifs se poursuivaient activement. Il ne se trouvait pas une demeure en Grande-Bretagne, dont les jeunes gens ne s'étaient apprêtés au départ pour le front, attendant leur tour d'être désignés par le sort. Les vaisseaux de guerre, aussi bien que les navires marchands, s'emplissaient de soldats, d'armements et de munitions, et par groupes de plusieurs unités, ils quittaient les rivages de l'Angleterre.

* * *

Le jeune fils de Mr. Jesseb devait s'embarquer le lendemain soir; il conversait avec sa fiancée de ce que leur réservaient les jours futurs, lorsque l'horloge sonna, annonçant que le temps avait atteint la troisième heure après minuit. Ils se séparèrent, se promettant de se rejoindre le matin à neuf heures.

Ils se retrouvèrent donc pour les derniers adieux et parcoururent ensemble le jardin et ses allées fleuries, humant l'arôme embaumé des roses et les senteurs des dahlias. Madeleine s'arrêtait de temps à autre pour donner quelques soins à ses plantes préférées. Elle se courbait, étalant le fumier autour des tiges vertes, et son fiancé penchait déjà l'arrosoir, quand soudain, elle poussa un cri: "Gilbert! Gilbert!"

Ce dernier la considéra, étonné de s'entendre appeler d'une manière aussi inattendue: "Qu'avez-vous, ma chérie", dit-il? "Etes-vous meurtrie par les épines de ce rosier?" "Tout au contraire, ami, j'ai découvert ce dinar d'or dans le fumier." Et elle me fit reluire aux yeux de son fiancé.

Elle me fit reluire aux yeux de son fiancé

"Cette trouvaille est de bon augure, dit-il, j'en présage un heureux avenir." Il prit ensuite une lime qu'il utilisait pour polir ses ongles, il la frotta légèrement contre moi, Dinar, et me rendit à sa fiancée. Madeleine me considéra attentivement, puis s'adressant à Gilbert: "Je te l'offre en souvenir de moi, conserve-le avec soin, Gilbert, et lorsque tu y fixeras ton regard, tu te remémoreras ce jour de joie qui nous réunit, et tu ne m'oublieras point."

Les signes d'une émotion intense se répandirent sur les traits du jeune homme. Il me prit entre ses doigts tremblants, et répondit: "Sois assurée, seule aimée de mon cœur, que je conserverai ce souvenir très saint, jusqu'à mon dernier souffle; je le placerai contre mon cœur, qui ne bat que pour toi et pour ton amour, et si le destin décrète ma mort pour la cause de la patrie, là-bas dans les sombres tranchées, les dernières paroles de mes lèvres exprimeront ton nom, et ton visage sera la dernière vision de ma pensée."

28 - LE DÉPART

Les sifflements ininterrompus des sirènes déchirent les airs de leurs longs gémissements. Les cheminées du vaisseau crachent de blanches volutes de fumée, qui s'élèvent en colonnes vers le ciel; elles se dispersent bientôt et se dissipent dans les vastes espaces du firmament. La rumeur grandissante des gigantesques machines en activité envahit l'atmosphère. Les ancres sont levées, une sirène lance son dernier appel, puis un premier navire fend les eaux à la garde de la Providence.

Il était alors onze heures et demie de la nuit. Afin d'empêcher la nouvelle d'arriver à l'ennemi, et de prévenir ainsi les surprises traîtresses, le haut commandement avait communiqué ses ordres, pour tenir secrète l'heure du départ. De même, des avis sévères avaient été lancés au public: il était strictement interdit aux parents et amis des militaires de les accompagner pour les adieux. Ces derniers avaient reçu l'ordre formel de se trouver à bord, dès six heures du soir.

Maintenant, le navire glisse et s'éloigne lentement du port. Debout, les soldats fixent d'un regard immobile le rivage de la patrie. Les brumeux espaces le voilent graduellement, et bientôt la terre s'évanouit à leurs yeux.

29 - EFFROYABLE BATAILLE NAVALE

Un navire avance, enveloppé des ombres de la nuit. Il est protégé par quatre unités de guerre. A la portée d'un coup de fusil, suit un convoi de

Le départ des soldats

bateaux géants qui transportent des milliers de soldats, équipés d'armes les plus modernes; il est escorté par quatre croiseurs, sept contre-torpilleurs, trois torpilleurs, deux puissants cuirassés et un porte-avion.

Vers la troisième heure après minuit, le silence est soudain déchiré par une formidable explosion, immédiatement suivie par une série d'impressionnantes détonations. Les différents bâtiments de guerre entrent en action, crachant le feu par les gueules de leurs canons de tous calibres. Les projecteurs dirigent leurs faisceaux lumineux, fouillant les vastes étendues de la mer que les denses ténèbres recouvrent d'un noir manteau. Le grondement tempétueux de l'artillerie marine se prolonge longtemps, ébranlant et sapant les fondements des eaux.

Une pluie de projectiles est lancée contre l'audacieux sous-marin ennemi. Une grande tache d'huile nage bientôt à la surface de l'eau; c'est le signe certain que le sous-marin a sombré dans l'abîme. Quelques minutes s'écoulent, et l'on aperçoit des hommes luttant contre les vagues monstrueuses, s'acharnant dans un corps à corps dramatique avec la mort. Un canot se dirige vers eux et les recueille. Ce sont des Allemands qui, par une effroyable torpille, ont réussi à couler un vaisseau surchargé de soldats.

L'opération de sauvetage se prolongea durant des heures. Elle était achevée quand le soleil fut en son midi. On dénombra les noyés; leur chiffre atteignit cent vingt-cinq. Ceux qui se trouvaient atteints de blessures graves, étaient au nombre de soixante, et ceux dont les blessures étaient légères, leur nombre s'élevait à douze. Notre vaisseau, qui fermait alors la marche du convoi, demeurait indemne.

30 - PHILOSOPHIE DE LA GUERRE

Gilbert, à l'écart avec Mackenzie, l'un de ses frères d'armes, conversait de la guerre et de ses funestes calamités. Tous deux passaient en revue le terrifiant combat de la nuit. Ils s'arrêtaient longuement au nombre élevé des disparus, et touchaient ainsi du doigt l'effroyable réalité de la guerre. Ils discutaient sur les causes de cette boucherie, où tant d'êtres humains, sacrifiés dans une folie incompréhensible, avaient trouvé la mort dans l'abîme des mers, sans être coupables d'aucun crime qui mérite ce châtiment. "Si le destin, disaient-ils, avait décrété que nous soyons parmi les victimes du combat d'hier, quels seraient les effets de cette nouvelle s'abattant soudain

Effroyable bataille navale

sur nos familles? Et les centaines d'hommes qui ont sombré dans le carnage, proies faciles pour la mort, ont tous des mères et des familles, ils n'ont point commis le moindre délit. Chose horrible et révoltante!"

Moi Dinar, je les écoutais avec intérêt. Leur opinion était différente de celle de milliers de leurs camarades, et j'étais heureux de ce qu'ils comprenaient la vérité.

Mackenzie poursuivait:

— Les politiciens, et les orateurs qui partagent leurs principes et leurs idées, nous ensorcellent par leur verbe éclatant; ils soulèvent notre enthousiasme par leurs discours exaltés. Leur éloquence nous subjugue et nous grise, comme le vin grise les cerveaux; nous perdons tout contrôle sur nous-mêmes, et tels des insensés, nous courons aux armes, nous nous ruons vers les champs de bataille, pour y combattre nos frères en l'humanité. Si nous étions sages, nous n'aurions point agi aussi aveuglément. La raison nous prescrit d'exiger des comptes de ceux-là dont l'intérêt est de faire la guerre. Nous devrions, longuement, discuter leurs doctrines subversives, opposant nos arguments à leurs arguments. La victoire se rangerait du côté de la vérité, qui ne se dissimule point et rayonne de par son essence même. Celui dont il serait prouvé que les idées et le jugement sont faux, devrait s'incliner devant son adversaire.

Et Mackenzie continua son discours, basé sur l'indiscutable vérité:

— Tous ceux qui ont provoqué les guerres au cours des siècles passés, et jusqu'à nos jours, ont essayé de se justifier en prétextant des causes toujours identiques malgré leur ancienneté. Ils proclament leur lutte sainte, ils affirment qu'ils ne l'entreprennent que pour défendre le droit, faire régner la concorde, supprimer la crainte et étendre la paix sur la terre, après avoir terrassé tyrans et despotes. La sécurité a disparu, disent les provocateurs de la guerre. L'arche de la justice n'est plus; une bande d'hommes, ambitieux et cupides, l'ont conduite au désastre et précipitée dans l'abîme. Nous prétendons établir la suprématie d'une justice universelle, nous annonçons le partage équitable des richesses, et réclamons pour tous, sans exception, l'application des lois. Ni seigneurs ni esclaves, mais une égalité parfaite entre tous. Le fort ne se risquera plus à opprimer le faible, car l'épée vengeresse de l'équité et du droit lui inspirera une salutaire terreur, elle préviendra de sa part tout abus.

Mackenzie acheva son raisonnement, disant:

— Une propagande, aussi bien menée, produit sur les esprits les mêmes effets que l'opium. Les hommes sont grisés, et facilement leurrés par des paroles telles que: patrie, patriotisme, défense de droits sacrés, les âmes des ancêtres vous appellent au combat, honte à ceux qui reculent!... Le peuple entier est fanatisé. Hommes et femmes s'enrôlent pour servir cette noble cause; ils lui offrent généreusement leur sang. Par milliers et milliers, ils font le sacrifice de leur vie, consentent à l'existence la plus dure et endurent les plus terribles souffrances, avec la patience des prophètes. Les enfants deviennent orphelins, les femmes perdent leurs époux, les sœurs, leurs frères. Les mères perdent leurs enfants, chair de leur chair; les lamentations s'élèvent dans les foyers, et pour que triomphe le droit, et que règne la justice, ces mères se sont résignées, elles se sont soumises à la douleur.

Finalement, la patrie est victorieuse et les drapeaux apparaissent triomphants. La guerre est terminée, mais elle laisse sur son sillon la pauvreté générale, la désolation universelle. La misère en haillons s'est établie aussi bien dans les palais que dans les chaumières; fondant sur les demeures, elles les a ravagées de ses plaies, ployant les nuques, fauchant les vies.

Et le peuple est toujours dans l'attente de la justice qui lui fut promise. Il comprend bientôt que cette justice n'est qu'un vain mot, un leurre. Où donc se trouve l'abondance qui semblait une réalité certaine? Les gouvernants l'avaient annoncée, à grand tapage, aux oreilles des indigents, et cette abondance s'est transformée en famine mortelle, qui envahit villes et villages; elle fait plus de victimes que n'en a fait la guerre insensée avec ses puissantes armées.

Et le fort demeure toujours le fort, et comme par le passé, il accable le faible et le domine. Le riche continue à abuser despotiquement du pauvre, comme il y était accoutumé avant la guerre.

Ainsi s'évanouissent les rêves et s'anéantissent les mirages; ils n'ont engendré que la détresse. La nation endeuillée pleure; elle se lamente sur les tombes des fils innombrables qu'elle a perdus. Ils ont combattu au nom de principes sublimes, mais leur sang fut inutilement versé. Ils ont quitté la terre, et ils en appellent au seul Juste. Ils dénoncent l'homme coupable, coupable d'iniquité envers l'homme son frère.

31 - VÉRITÉS CONSTANTES

Gilbert, la tête appuyée sur sa main, écoutait les réflexions de Mackenzie sur la philosophie de la guerre, sur les dirigeants qui en sont les auteurs et les porte-bannière.

Lorsque Mackenzie eut achevé d'exprimer ses idées et de les analyser en psychologue, Gilbert lui répondit:

— Je te parlerai ouvertement, mon ami. La défense de la patrie est un devoir sacré si l'ennemi tente de l'abattre dans sa fierté et de conquérir son sol. La sauvegarde de la terre des pères et des ancêtres est en ce cas une obligation. Le ciel nous a promus, nous et nos enfants, à la dignité de défendre ce patrimoine. Se refuser à ce devoir impérieux, entache l'honneur d'une souillure que n'effacera point le cours des ans, cela si nous avons la certitude que l'ennemi violera nos frontières, dans le but de nous enchaîner dans la honte et l'infâme servitude.

Mais, si nous provoquons une agression, dans le dessein arrêté d'assujettir nous-mêmes une autre nation, si notre but est de subjuguer cette nation et de l'avilir, afin de nous approprier ses richesses et d'assouvir nos ambitions démesurées, si nous recourons aux intrigues et aux subterfuges, pour susciter les motifs qui déclenchent le conflit, et si, trompant le peuple par l'appât de paroles illusoires et trompeuses, nous le poussons vers les champs de bataille, comme proie à la mitraille et à l'acier des canons, nous sommes grandement coupables, et devant le Juge Suprême nous répondrons de notre conduite.

Et même dans la victoire, si nous comparons nos profits et nos pertes et ce que nous perdons en vies humaines, notre bilan est, sans contredit, désastreux. L'expérience millénaire et les leçons de la vie, auraient dû assagir les hommes, et leur enseigner que la guerre n'engendre que des maux, tant pour le vainqueur que pour le vaincu.

Et plus que cela, Mackenzie, la nation vaincue porte en son sein une rancune immense, et tel un lion blessé et terrassé, elle souffre patiemment dans ses blessures sanglantes. Les années passent, elle épie l'occasion qui lui permettra de surprendre l'ennemi. Frappée à mort, humiliée dans son orgueil, condamnée à la déchéance, piétinée à la face de tous les peuples, elle attend. Et quand sonne l'heure tant désirée, tel le lion maintenant debout et plein de vie, elle fond sur l'adversaire, elle déchire, de ses griffes, le peuple abhorré qui l'a méprisée et dégradée; elle l'écrase et l'égorge, pour enfin s'enivrer du sang de la vengeance. Ainsi s'accomplit la revanche dans le ressentiment et la haine, car les ans, si long que soit leur cortège, n'ont pu les apaiser.

Puis, tourne la roue du changeant destin, puis s'élève à nouveau l'autre plateau de la balance. La dernière vaincue des nations se venge à son tour, et c'est un perpétuel recommencement: guerres, victoires, défaites, représailles...

Ces tristes comédies, mon cher Mackenzie, m'ont profondément ému et désemparé. Les nations n'ont-elles point acquis quelque peu de sagesse, par toutes les leçons du passé? L'histoire des siècles révolus remplit les pages de nombreux et lourds volumes où sont exposées les véritables causes des guerres: l'ambition et la cupidité. Elle dénonce les maux terribles qu'ont engendrés les convoitises des agresseurs et les tristes conséquences de ces agressions. L'humanité chancelle sous leur poids jusqu'à ce jour.

Il incombe actuellement aux dirigeants des quatre parties du globe, d'édifier un monde unique et indivisible, s'ils aspirent à faire régner la paix universelle sur cette terre maudite. Ils doivent prendre à tâche d'organiser une collaboration générale entre les chefs de toutes les grandes nations. Ils doivent faire appel à des hommes justes et compétents, et recueillir leur opinion pour la réalisation de cette œuvre, si grande par son importance, si noble par sa portée. Et que l'on écarte impitoyablement l'avidité insatiable, l'égoïste intérêt et les ambitions démesurées, en vue du bonheur de toute la famille humaine.

Enfin, les dirigeants doivent procéder à l'élaboration d'une charte mondiale, qui régirait tous les continents. Ils y rallieraient les petits peuples qui dépendent de leur influence; ils exigeraient une entente générale: même sort, mêmes lois, mêmes visées, même idéal, et que cette charte soit appliquée dans un esprit pur, dans un désintéressement entier.

Tels sont les facteurs qui peuvent conduire à la concorde et à l'universelle harmonie. Je présume pourtant que cette conception est peu facile à réaliser, et je ne crois point qu'elle se réalisera dans le temps présent, car, en ce siècle, l'or est l'idole de tous, et par les passions qu'il suscite, il domine, de sa puissance souveraine, le cœur et la raison de tous les hommes. Il en résulte, que les principes les plus élevés, les ambitions les plus hautes, lui sont assujettis.

Suis-je blâmable, Mackenzie, si je reconnais qu'il est mal d'exposer nos vies sur les champs de bataille dans l'expectative de songes chimériques qui ne se réaliseront jamais?

Mackenzie répondit: — Ce sont les idées mêmes que j'exprimais tout à l'heure, mon cher Gilbert. Ton opinion est la mienne, mais je te mets en garde: n'en souffle point mot à âme qui vive, car les balles te transperceraient dc part en part, et fermeraient à jamais ta bouche trop éloquente.

32 - SUR LA LIGNE DE FEU

Les projectiles jaillissent et s'entrecroisent, tels des démons échappés des enfers et pourchassés par l'ange de la géhenne. Ils sifflent, frappent, fauchent parmi les troupes aux casques de fer, et l'écho répercute, aux alentours, les mugissements déchaînés de la mitraille qui sème l'horreur et l'effroi.

Les champs de guerre se couvrent et s'entassent de cadavres. Les canons tonnent et grondent; ils font tressaillir les montagnes, ils les ébranlent jusque dans leurs bases. L'ardeur des héros s'est évanouie, leur vaillance et leur audace ont fui.

Et l'ange impétueux de la mort passe à travers le front de feu, recueillant le dernier souffle des agonisants, pour les transporter vers un monde de solitude, de froid et d'oubli; là-bas, dans la ville qui n'a point de nom, ils reposeront.

Gilbert combattait côte-à-côte avec Mackenzie; tous deux n'y étaient poussés que par la contrainte. Ils avaient la conviction que la guerre, où ils se trouvaient engagés, ne tendait point vers un noble but en vue du bonheur de l'humanité. Ils n'étaient point soulevés par l'enthousiasme irréfléchi qui animait un grand nombre de leurs camarades. Ces derniers, exaltés par leur patriotisme, et dans l'ivresse du combat, se précipitaient sous le feu avec des cœurs d'acier.

Tout à coup, un soldat allemand perça les lignes ennemies, armé d'un engin redoutable, il se lança brusquement dans la mêlée. Le feu jaillit dans de terrifiants éclats, et le bataillon, presque en entier, fut décimé. Mackenzie et Gilbert se trouvaient parmi les morts.

Les Allemands, gagnant ainsi une avance, occupèrent un vaste terrain qu'ils fortifièrent sur-le-champ. Ils le cernèrent de fils de fer barbelés, pour empêcher une contre-attaque de l'ennemi.

33 - LE MORT-VIVANT

Une fosse profonde fut creusée; les corps y furent précipités par monceaux, pour que leurs émanations vicieuses n'empoisonnent point l'atmosphère. Mais au moment où l'on s'apprêtait à jeter l'un d'entre les cadavres, celui-ci ouvrit les yeux et reprit ses sens; ce mort-vivant se trouvait être le jeune Gilbert. Une heureuse chance l'avait favorisé, et le projectile qui

Gilbert à l'écart avec Mackenzie

Proies faciles pour la mort

lui était destiné, ce fut moi, Dinar, qui l'intercepta. Il me frappa en plein centre, puis ricocha, y laissant une légère éraflure.

Gilbert avait perdu connaissance sous la violence du choc. Son réveil s'effectua au moment propice, et lorsqu'il apprit qu'il me devait son salut, il me saisit entre ses mains et me pressa contre ses lèvres, avec autant de ferveur que s'il touchait le visage d'un saint; puis il prononça le nom de sa fiancée chérie, et remercia le Ciel de l'avoir conservé dans la plénitude de la santé et de la vie. Gilbert devint ainsi prisonnier des Allemands.

Quant à moi, spectateur de la comédie humaine, j'étais dans la consternation en présence de l'égarement de ces êtres, qui s'entretuaient avec cette violence folle. Il est impossible de croire à de telles atrocités si on ne les a point vues de ses propres yeux.

Les hommes ne sont-ils point tous d'une même origine?
Ne se trouve-t-il point de sages parmi eux pour s'opposer à ces démentes boucheries?
N'ont-ils point de plus noble idéal que cet idéal sauvage?
Est-ce là le but qu'ils recherchent dans leur monde enfiévré par le feu de leurs misérables ambitions?
La plus grande victoire vaudrait-elle de tels sacrifices?

Dans le délire des combats, dans le feu des mêlées, je me sentais pris de vertige. Ne rêvais-je point? Mais, puis-je me mentir à moi-même? J'étais le témoin muet de la plus effroyable, la plus monstrueuse tragédie des temps. Elle se déroulait entre des frères, tous créés d'une seule et même essence.

Il ne nous est point donné, à nous monde de l'or, de comprendre les causes des événements. A quoi nous servirait d'ailleurs la connaissance de ces mystères? Mais, puisque telle est la volonté des hommes, qu'ils récoltent le châtiment de leurs crimes! Ce châtiment sera réglé à la mesure de leurs actes.

34 - LA MORT DE GILBERT

Notre sommeil et notre réveil s'accompagnaient sans répit du fracas des obus que se lançaient les camps adverses. Les mois passaient, et ce vacarme assourdissant qui ébranlait les nerfs, devenait bientôt pour nos oreilles une routine familière. En vérité, l'habitude joue un rôle prédominant dans la vie des êtres et des choses; elle commande souvent les pensées et détermine les actes.

Une fosse profonde fut creusée
Son réveil s'effectua au moment propice

Le destin voulut l'explosion d'une bombe dans le camp où se trouvait Gilbert. Il fut atteint d'un éclat, qui le blessa mortellement. Cette fois, il m'avait été impossible de le protéger. Alors qu'il agonisait, et près de rendre l'âme, il prit un crayon et écrivit à sa fiancée:

Madeleine adorée!

Je me trouve dans un camp allemand, prisonnier depuis un an et quelques mois. Ma pensée n'a point un seul instant perdu ton souvenir.

Les gouvernants de notre pays nous ont leurrés; ils nous ont poussés sous les feux ennemis pour être la proie des balles et des bombes.

La guerre est une chose terrifiante. Je ne pourrai jamais t'en décrire les atrocités, ni t'en exprimer l'horrible réalité. Les vies, ma chère Madeleine, s'y débitent en gros, telle une vile pacotille au marché des enchères. Aux champs de guerre, les vies se vendent encore à meilleur compte. Mais, sois assurée, Madeleine très chère, que les hautes visées, et les plus grands profits qu'ambitionnent les détenteurs de l'autorité dans notre pays, les terres qu'ils espèrent conquérir et ajouter aux vastes terres qu'ils possèdent, tout cela ne vaut pas les moindres souffrances du plus humble soldat qui tombe dans la mêlée, perdant l'espoir de réaliser ses vœux, quand viendra l'heure de la paix.

La guerre s'achève un jour et l'on dépose les armes. L'ennemi est vaincu, subjugué. Et que représentent alors tous les avantages de la victoire, et toutes les conquêtes, comparés aux larmes des mères? Placées dans le plateau de la balance, la douleur d'une mère, ses lamentations sur l'enfant qu'elle a perdu, l'emportent de leur poids sur toutes les conquêtes des chefs insatiables. Oui, toutes ces conquêtes sont viles et vaines comparées à la douleur d'une mère.

Malheur à ceux-là qui provoquent la guerre! Madeleine, ô sœur de mon âme! Mon espérance d'hier! Dans quelques instants je serai mort, et bientôt dans la tombe. Ils m'ont privé de la bénédiction de vivre à tes côtés.

Malheur à ces hommes aux cœurs insensibles! Ils incendient le monde tout entier, pour allumer leur propre cigarette. Que leur importe l'humanité et les misères d'autrui, pourvu qu'eux-mêmes soient heureux!

Peu importe que le malheur et la détresse, avec leur funeste cortège, s'abattent sur tous les hommes, que les afflictions enfoncent leurs ongles sanglants dans leurs chairs vives, et que le messager de la mort se hâte de moissonner les existences!... Peu importe à ces potentats!... Sur leur âme ils ont prêté le serment de danser sur les membres de leurs victimes, de lancer comme des jouets les cadavres des morts.

Maintenant je meurs, Madeleine, loin de mon pays, loin de mon père, loin de toi, dépouillé des rêves et des espérances pour lesquels je vivais, et qui entretenaient ma vie de leur flamme joyeuse.

Ils m'ont tué, comme ils ont tué des milliers de jeunes gens dans la fleur de la jeunesse. Ils nous ont dupés par leurs paroles mensongères. Ils nous ont jetés dans la fournaise, pour en alimenter le sinistre foyer.

Quant à eux, ces êtres lâches et misérables, ils sont demeurés sur le sol de la patrie, sans oser s'aventurer dans les contrées lointaines, où ils nous ont conduits en victimes, comme des brebis.

Ils sont demeurés au pays, jouissant, eux, leurs familles et leurs complices, des bienfaits de la sécurité, et de l'abondance qui déverse sur eux tous ses dons.

Ils se raillent de nous ouvertement comme dans le secret de leurs cœurs; ils ne s'inquiètent point de notre triste sort.

Ils ne se préoccupent nullement de notre massacre certain, de l'inévitable fin qui nous attend.

La guerre est un crime redoutable, et Dieu ne pardonne point à ceux qui en sont les auteurs.

La paix universelle est mon rêve merveilleux; se réalisera-t-il jamais sur la terre? En seras-tu un jour le témoin, ma bien-aimée? Je le souhaite avec ardeur.

Oui, un jour viendra peut-être où l'ange de la paix planera dans le firmament aux horizons infinis.

Un jour... un jour peut-être, il étendra les ailes de la justice sur les continents de la terre, maintenant noyés dans un débordement de malheurs.

"Ma pensée n'a point un seul instant perdu ton souvenir"

Un jour, les politiciens du monde, et les puissances ambitieuses, aux tentacules avides, un jour... un jour peut-être, tous les rois et tous les gouvernants, marcheront la main dans la main; ils rejetteront pour toujours les convoitises orgueilleuses, et prêteront le serment de la sagesse qui se plaît à un partage fraternel, car la paix ne peut régner que sous l'égide de la sagesse qui est l'une des formes de la justice.

Un jour peut-être, l'on verra la réalisation du songe merveilleux qui me hante en mon heure dernière; alors mon âme tressaillira d'allégresse, ô mon ange tutélaire!

Alors, s'accomplira le rêve de l'humanité égarée dans la lutte des ambitions fratricides.

Alors, mon esprit sera vivifié dans la joie, et reposera dans la sérénité.

Adieu, mon ange! Et puis encore, adieu!

Gilbert

35 - LA FIN DE LA GUERRE

L'armistice est proclamé, puis suivi d'un traité de paix. Le monde est délivré de la guerre, mais exténué par quatre longues années de désastres.

Aujourd'hui sonnent les cloches de la victoire; leurs carillons joyeux annoncent le triomphe des Alliés. Après avoir conjugué leurs forces et leurs efforts, après de gigantesques sacrifices, ils ont enfin vaincu les puissantes armées allemandes.

La victoire est le motif de cet appel à la joie et à l'apaisement des cœurs. Les peuples vainqueurs fêtent l'heureuse issue de la guerre, et s'enivrent du vin de leur triomphe.

Mais cette joie, factice et masquée, n'ose point forcer le seuil des demeures. Elle s'arrête honteuse, tremblante de crainte et d'effroi devant chaque foyer, chaumière ou palais; en vain essaye-t-elle de pénétrer: elle recule aussitôt épouvantée, car dans le château, et dans l'humble logis, on pleure des morts: un père, un frère, un époux, un fils, un fiancé, un être aimé.

Oui, la joie n'est qu'un masque, car la douleur habite les âmes. Elle gonfle les poitrines oppressées; elle endeuille les cœurs désespérés.

Les gouvernements ont failli aux promesses qu'ils ont faites au moment de la déclaration de la guerre. Ils n'avaient en vue que le bonheur et le bien-être des peuples, disaient-ils. Mais où sont la prospérité et le bonheur si souvent promis, si longtemps attendus?

Les torrents de lait et de miel ne débordent point sur le pays comme ils l'avaient annoncé.

L'apaisement ne répand point, sur les esprits, son baume bienfaisant; mais la confusion et le trouble bouleversent le monde, y semant de nouveaux désastres et ruines.

Dans les foyers se déroulent des épisodes douloureux, tel le tableau suivant, image réduite d'une situation générale, des conséquences de la guerre effroyable et impitoyable:

Le jeune Henri, tristement assis devant sa mère, la questionne ainsi: — Mère, où donc se trouve papa? Quand reviendra-t-il vers nous?

— Ton père, mon enfant, s'en est allé bien loin, il ne reviendra plus.

— Et pourtant, le père de mon ami Rob est de retour. Rob m'a confié que mon père se trouvait aux côtés du sien au front.

— Oui, mon enfant, le père de Rob est de retour, mais son fils aîné a accompagné ton père dans l'éternel voyage.

— Mère, le père de Rob travaille dans une maison de commerce et pourvoit aux besoins de sa famille, mais nous, qui pourvoira à nos besoins? Qui nous fournira les vêtements et les aliments maintenant que nous n'avons plus de père? Ne m'as-tu point promis, il y a de cela plus d'une année, que nous vivrons dans l'aisance lorsque la guerre sera terminée? Ne m'as-tu point promis de beaux vêtements, une abondante nourriture, de beaux fruits, un lit et un matelas bien chaud? Où sont donc les promesses tant attendues? Etait-ce une ruse pour m'apaiser? Je sais pourtant, mère, que jamais tu ne dévies de la vérité.

— Mon fils, j'ai promis ce qui me fut promis; pourquoi aurais-je douté de nos dirigeants? J'ai cru en leurs paroles, je n'ai point imaginé qu'elles étaient un piège trompeur.

— Les paroles prometteuses, mère, ne peuvent nous nourrir de pain, ni faire taire notre ventre affamé et malade par suite des privations. Ne nous suffit-il point d'avoir perdu notre père, pour souffrir encore de la faim et des difficultés de l'existence?

— Je suis une femme, mon fils, et tant fatiguée par les

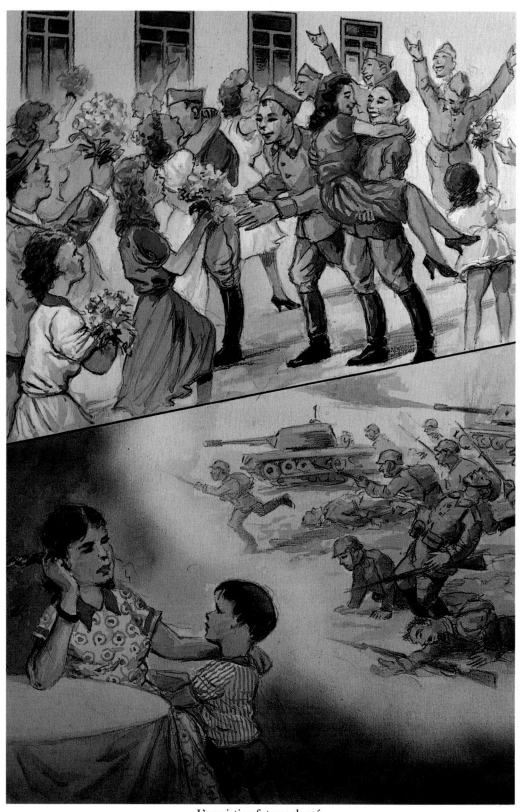

L'armistice fut proclamé
"Mère, où donc se trouve papa?"

labeurs de la vie! Je ne puis assumer des tâches trop pénibles. Quant à toi, tu es encore un jeune enfant aux membres fragiles, tu ne peux supporter de trop durs travaux. Pour tes petites sœurs, leur âge ne permet point non plus de les envoyer dans quelque usine.

— Mère, pourquoi donc mon père est-il parti pour le front? Comment a-t-il consenti à nous abandonner, livrés au hasard du destin, le jour où, se soumettant aux désirs de ses bourreaux, il s'est précipité vers la mort?

— Ton père, mon enfant, a accompli ce que lui commandaient l'honneur et le devoir. Il s'est enrôlé librement et avec ardeur, pour défendre, contre l'envahisseur, le sol sacré de la patrie. Apprends, mon fils, que l'amour de la patrie doit prévaloir sur tout autre sentiment en ton cœur; il doit remplir ton âme, autant que ton amour pour ton Dieu et pour ta mère.

— Mon père a beaucoup aimé son pays, il lui a fait le don de sa vie, et voici que, pour prix de son sacrifice, nous demandons vainement du pain, mère. Pensent-ils à nous, ceux-là qui gouvernent notre patrie? Ont-ils songé à pourvoir à notre subsistance, en attendant que je grandisse et puisse subvenir à nos besoins?

— Je me suis rendue, depuis près d'un mois, aux bureaux du gouvernement, j'y ai exposé notre état de pauvreté et de misère. J'y ai reçu la promesse d'une aide. Patientons un peu, mon petit enfant les préoccupations et les affaires des grands leur font oublier ceux qui, comme nous, attendent.

— Mère, puisqu'il en est ainsi, apprends que jamais je ne porterai un fusil, pour le diriger contre celui qu'on appelle mon ennemi, et qui est mon frère dans l'humanité. La terre que Dieu a créée, toutes les richesses dont Il l'a comblée, suffisent à faire vivre, dans l'opulence, tous les êtres vivants, et leur enlèvent tout prétexte d'agression. Elles suffisent à tous leurs besoins, si les hommes sont justes et bons et chassent le démon des convoitises qui habite en eux, comme les serpents habitent les crevasses et les ruines. Alors, les chefs des gouvernements ne pourraient point allumer la guerre à des intervalles réguliers, et pousser nos pères vers les champs de bataille, comme des moutons vers l'abattoir. La guerre et moi sommes deux ennemis qui ne s'accorderont jamais. Et lorsque ceux-là, qui visent à la conquête de la terre, pour en asservir les habitants, essayeront à nouveau de déchaîner les conflits et les massacres, sois assurée, toi par qui j'ai vu le jour, que je consacrerai mon âme, et vouerai mon sang à faire échouer leurs entreprises, par tous les moyens dont je disposerai. La guerre est la plus grande des trahisons, ne le comprends-tu pas, mère?...

36 - HOMMAGE A LA MÉMOIRE DE CEUX QUI SONT TOMBÉS SUR LES CHAMPS DE GUERRE

Le Conseil des ministres britanniques décréta qu'une députation des plus hautes personnalités du pays, ainsi que des plus grands dignitaires de l'armée, serait déléguée vers l'ancien front de guerre, pour déposer des fleurs et s'incliner devant les restes des héros tombés au champ d'honneur. Ils avaient offert leurs vies, ils étaient morts, pour affirmer le prestige de la Grande-Bretagne, pour faire rayonner son nom et son drapeau, au-delà des océans et des mers, pour assurer la prospérité de leurs concitoyens, et leur suprématie sur les autres peuples.

Au jour indiqué, les délégués prirent place dans un avion géant qui, bientôt, s'éleva, et déchirant hardiment le ciel de ses ailes métalliques, s'élança vers les hauteurs, dépassant les altitudes, où s'aventure le vol de l'aigle. Son vrombissement grondeur lui faisait cortège, et quelques heures plus tard, il atterrissait au lieu qui, la veille encore, était un enfer flamboyant, ensanglanté par la bataille. Les débris de milliers d'obus, à perte de vue, jonchaient le sol.

Les délégués mirent pied à terre. Ils marchèrent avec prudence pour ne pas trébucher et tomber dans les fossés, creusés par les bombes. Ils côtoyèrent les tranchées, encore intactes, telles que les avaient creusées les bras des combattants des différentes nationalités. Lorsqu'ils atteignirent le terrain, d'où montait en une vaste moisson un champ de croix, ils s'arrêtèrent silencieux et recueillis. Ils déposèrent des fleurs, en semèrent sur les tombes. Ils remarquèrent, en un lieu, des ossements qui émergeaient d'un squelette, à moitié enfoui sous la terre; l'un d'entre eux fit un geste au commandant de la troupe qui les avait précédés, et lui demanda de le faire recouvrir de terre.

Le commandant s'avança vers le lieu indiqué; une croix s'y dressait, marquant la présence d'un corps humain; elle portait un signe particulier, que les Allemands traçaient sur les croix plantées au-dessus des cadavres

Une députation déléguée vers l'ancien front de guerre

ennemis. Pendant qu'un homme recouvrait de terre les ossements dénudés, le regard du commandant tomba sur moi, Dinar, qui scintillait entre les côtes du squelette. Il fit achever la besogne, puis se tint immobile dans la position militaire.

37 - L'ESPRIT PARLE

Les canons grondent, ils jettent les foudres de leurs voix mugissantes. La musique militaire retentit à la gloire des héros immortels. Elle salue les restes des nobles et valeureux martyrs. Instantanément, tous se découvrent, tous s'inclinent et rendent hommage à leur mémoire sainte.

Le chef de la délégation s'avança, et au nom de Sa Majesté le roi, il salua les morts-vivants. Il exprima la gratitude de la mère patrie pour leur héroïsme, pour leur sacrifice sanglant.

Tandis qu'il poursuivait la lecture de son long discours, je fus témoin, moi Dinar, d'un spectacle étrange et saisissant; tout mon être en fut bouleversé. L'esprit de Gilbert, dont j'avais été la propriété, m'apparut soudain. Le jeune homme était mort, depuis plus de cinq années, des blessures provoquées par un éclat d'obus. Maintenant, son esprit se trouvait là, en face de ces troupes, de ces délégués.

Des milliers d'esprits, dont les corps avaient été tués durant la guerre, entouraient l'esprit de Gilbert. Ils se trouvaient là, devant ces misérables gens qui ne pouvaient les apercevoir.

Un fait attira particulièrement mon attention, tout en m'étonnant profondément. L'esprit de Gilbert et tous les autres esprits ne s'inquiétaient nullement de leur dépouille mortelle, ils ne jetaient pas le moindre coup d'œil sur ce qui avait été leur corps. Il semblait qu'ils n'avaient point la moindre attache, pas la moindre relation avec ces corps qui les avaient accompagnés les jours de leur vie sur la terre.

Alors que le chef de la délégation prononçait son traditionnel et glorieux discours, aussi bruyant que menteur, la voix vibrante de l'esprit de Gilbert retentit soudain à mon oreille:

O peuple hypocrite!

Votre vie est un enchaînement de comédies qui se suivent inlassablement. Mais la plus grossière d'entre ces comédies est celle-ci même que vous jouez à la mémoire de nos esprits.

Croyez-vous nous leurrer, comme vous vous leurrez les uns les autres? En ce moment même, êtes-vous convaincus de la vérité

"Il me retira des côtes entre lesquelles j'avais glissé"

de toutes les paroles sublimes que vous exprimez? Non, vous n'êtes que des menteurs!

Vous, chefs, vous avez déclaré la guerre après avoir trompé la nation entière. Le Créateur des cieux et de la terre nous avait tout donné. La joie et la tranquillité n'étaient point les moindres de Ses dons magnifiques; vous nous en avez brutalement dépossédés. Vous nous avez arrachés à nos parents, à nos familles.

Vos harangues se sont élevées dans vos conseils suprêmes. Vos discours ont tonné dans les édifices publics et dans les carrefours de la cité, y jetant des foudres d'éloquence. Jusqu'aux plus humbles quartiers, sont parvenues vos réclames mensongères. Vous étiez alors très généreux de promesses mirifiques. Où sont tous ces engagements trompeurs?

Vous annonciez, à tous, la liberté la plus large, la plus entière. Vous décidiez d'emplir de grains et d'abondance les greniers vides, et de nous délivrer de l'inquiétude des lendemains, et des mortels soucis de l'existence.

Vous faisiez luire, à nos yeux, tant et tant de perspectives lumineuses, telles la justice, la fraternité, l'égalité! Quel fut le résultat de la victoire? Une comédie honteuse et vile, hélas! Les rois, les ministres, les généraux, les politiciens, après qu'ils nous eurent poussés dans les tranchées de la mort horrible, considèrent avec dédain les anciens combattants survivants, qui se trouvent dans la nécessité de leur adresser des requêtes; ils les repoussent avec mépris.

Oui, hypocrites! La guerre est terminée avec toutes ses atrocités.

Un an et demi ont passé, depuis que les canons sont muets, et que la dernière balle fut tirée par un fusil. Vous, les adeptes de la vérité, avez-vous réalisé vos nombreuses promesses?

Les peuples opprimés, ont-ils enfin obtenu la liberté? Les avez-vous soutenus et raffermis dans les moyens de se gouverner eux-mêmes, selon vos engagements? Ils ont cependant tenu les leurs. Avec une entière sincérité, ils vous ont prêté toute leur aide.

Avez-vous approvisionné les greniers vides?

Après nos sacrifices immenses, les soucis et les inquiétudes ont-ils disparu de la terre? Vous déclariez une impitoyable guerre, disiez-vous, contre les avides accapareurs de terres et de richesses, et cela par compassion pour les indigents et les malheureux, victimes d'un monde injuste. Ces victimes ont-elles été dédommagées?

Les détresses et les misères, les avez-vous soulagées, depuis que vous avez gagné la guerre?

Nous, esprits immatériels, maintenant dans la communion des sphères diaphanes et sublimes, préalablement sur la terre, issus de toutes les nationalités que les ambitions ont inventées, pour diviser les pays en ennemis irascibles, et les séparer par d'infranchissables frontières, - nous, esprits immatériels, nous sommes unis dans l'union la plus parfaite; nous avons rejeté, de nos êtres, les vilenies et la malignité de votre monde.

Grande fut notre consternation, lorsqu'après ce que vous appelez la mort, nous découvrîmes la vérité!

Comment avions-nous été les esclaves de vos convoitises?

Comment avions-nous consenti à l'inimitié des races?

Comment avions-nous consenti à nous haïr mutuellement, sans cause raisonnable?

Mais hélas! Les intérêts aveuglent les yeux et les cœurs.

Hier ennemis, nous ne formons maintenant qu'un tout, d'une même essence spirituelle.

Les cœurs, jadis envahis par la haine, se sont transformés, et l'amour absolu règne dans les âmes. L'Allemand ou l'Anglais, le Français ou le Turc, le Belge, le Yougoslave, le Bulgare, le Russe, l'Africain, l'Américain ou l'Australien, le nègre, le rouge, le blanc, le jaune, et tous les autres, se rapprochent ici et se fondent en un seul et même esprit. Tous regrettent les égarements de la terre et les petitesses de la vie humaine.

En ce lieu, point de nobles, point de seigneurs, point de serviteurs. La divine harmonie a tout unifié entre tous; la céleste vérité a déchiré le voile de l'ignorance.

La terre est une émanation de l'enfer.

Apprenez, hommes changeants, bouffons de comédie, que notre félicité est parfaite, infinie.

Ne vous suffit-il point des maux dont vous nous avez accablés sur la terre, pour venir troubler nos esprits dans le monde sublime de la sérénité?

Croyez-vous nous rendre hommage, en déléguant ici des hommes titulaires de grands noms, issus d'authentique noblesse?

La mise en scène de ces bouffonneries nous est une grave offense, et de plus, elle arme contre vous la colère divine.

Le monde, où nous demeurons, ne connaît ni personnages élevés, ni rois, ni dignitaires d'aucune sorte, ni chamarrures emblématiques, ni de vains insignes, et si vous possédez une abondance de cette marchandise, conservez-la avec vigilance pour des circonstances opportunes, si fréquentes sur votre terre.

Usez de ces supercheries flatteuses les uns vis-à-vis des autres, et ne nous importunez point de démonstrations grotesques.

Quant à cette musique burlesque, que vous faites éclater en notre souvenir, je vous affirme, en vérité, que nous préférons à ces résonnances symphoniques l'aboiement des chiens de votre terre.

Quant au message royal, il ne nous gonfle point d'orgueil, il ne nous inspire aucune fierté, il est loin de nous communiquer la moindre allégresse, puisque nous sommes les élus du Roi de la vérité et de l'immortelle justice.

Soyez assurés, hommes trompeurs et trompés, que le jour où vous serez libérés de votre corps matériel, et affranchis des chaînes du mensonge, le jour où Dieu accomplira en vous Sa grande rédemption, enveloppant de Sa grâce vos âmes, maintenant assujetties à un corps terrestre, livrées, tels des otages, aux forces du mal, alors vous réaliserez combien sont mesquines vos tristes comédies.

Vous réaliserez, que vous vous égariez dans les ténèbres de l'ignorance.

Mais nous avons acquis la certitude qu'il est vain de songer au redressement de vos âmes fausses, vain de songer à bannir l'ambition et les convoitises de vos cœurs ici-bas.

Vous repentirez-vous dès aujourd'hui, ô fils de mon ancienne patrie! Ou bien ne vous amenderez-vous jamais, insensés! Demeurerez-vous toujours dans votre fange impure, dans votre aveuglement coupable?

38 - PSYCHOLOGIE DES NATIONALITÉS

Après que furent accomplies les diverses cérémonies de cette parade, à la mémoire des immortels héros de la patrie, les troupes se retirèrent au pas, les étendards se replièrent.

Seul, un homme demeura et revint vers le champ des morts. Il repoussa la terre peu profonde qui recouvrait un squelette, inspecta attentivement les côtes entre lesquelles j'avais glissé, moi Dinar, et me retrouvant enfin, me retira de mon gîte, puis en hâte, le commandant revint vers le lieu d'où il était venu.

Le temps, aux inlassables ailes, entraînait les jours dans sa fuite éperdue.

Un peu plus d'un an s'était écoulé. Le général Hudson était désigné au poste d'attaché militaire, auprès du vice-roi des Indes. Le train luxueux qui l'emportait aujourd'hui vers sa nouvelle destination, rampait, comme un serpent géant, qui glisse droit devant, sans dévier de sa ligne. De temps en temps, il lançait des sifflements aigus et perçants; les oiseaux, brusquement effarouchés, prenaient leur envol; les animaux de la forêt, dans leur effroi, s'enfuyaient en jetant de longs cris.

Du lieu, où le général m'avait placé, bien à l'abri dans le couvercle de sa superbe montre, je surveillais les voyageurs, j'écoutais leurs différentes conversations. Ils étaient nombreux, et de toutes nationalités. J'observais leurs traits pour y découvrir les empreintes de l'hérédité des races, et déchiffrer les âmes sur les visages. Je remarquai un groupe d'Anglais des deux sexes, leurs physionomies impassibles, leur indifférence marquée pour leurs voisins, attestaient le flegme imperturbable de leur nature. Ces traits de caractère leur ont valu la prédominance dans les conflits et démêlés politiques, aussi bien que la victoire sur les champs de bataille. Ils triomphent toujours, ils ont toujours gain de cause. Il n'est pourtant point aisé à l'homme de contrôler et dominer ses nerfs aux heures de la colère et de la révolte.

Tel un serpent géant

Ces Anglais, hommes et femmes, tranchaient sur les autres voyageurs. Ils semblaient d'une race différente. Les uns s'absorbaient dans la lecture d'un livre ou d'un journal; d'autres se perdaient dans la contemplation des vertes prairies, que traversait le train dans un vertige de vitesse. Ils pouvaient bien fumer, méditer, ou se livrer à d'autres occupations, mais ils ne prêtaient nulle attention à leurs voisins pour eux inexistants. Plusieurs de ces messieurs allongeaient confortablement leurs jambes, incommodant les voyageurs qui exprimaient par des yeux véhéments leurs muettes protestations, mais nos Anglais ne s'en inquiétaient point.

Je compris que l'Anglais ne se préoccupe que de lui-même, et dans le secret de son âme, tel est son principe: "Après moi le déluge." Ce caractère et cette attitude m'étonnaient. Les Anglais sont-ils fiers à ce point d'appartenir à leur grande nation? Sont-ils si fiers de ce que le soleil ne se couche point sur leurs vastes possessions?

Je tournai mes regards vers un Allemand, un officier sans doute. Le courage, la force, l'opiniâtreté émanaient de sa personne. Sa structure et son visage étaient le vivant symbole d'une vitalité indestructible. Il advint que l'un des voyageurs s'enquit auprès de lui d'un sujet qui l'intéressait; l'Allemand lui répondit d'une voix rude et martiale, sur le ton qu'il aurait eu pour jeter des ordres de guerre. Malgré sa défaite, malgré la perte de plusieurs millions de ses fils, tombés sur tous les fronts, ce peuple n'est pas vaincu, car sa race a conservé une volonté de fer. J'ai la conviction profonde, qu'un peuple animé d'une telle vitalité ne peut mourir. La Nation allemande ne sommeille point dans l'oubli, et si mes prévisions se réalisent, je dis, moi Dinar, qu'aussitôt que les circonstances le lui permettront, l'Allemagne proclamera une guerre de représailles.

Mes yeux se dirigèrent alors vers un groupe de Français. Leur sang est toujours en ébullition; il ressemble à une constante explosion de dynamite. Le charme découle des visages, des lèvres, et des causeries ensorceleuses de leurs femmes. La beauté est leur apanage. Cela porte à la réflexion, et je songeai: cette nation dont les hommes possèdent cette ardente nature, et les femmes de si brillantes qualités, ne peut demeurer stagnante.

Mon regard s'étendit plus loin vers un autre groupe. Un Italien dessinait, sous l'inspiration du paysage fuyant et sans cesse renouvelé. Une jeune fille, peut-être sa fiancée, se tenait à ses côtés, appuyée sur un violon; elle suivait des yeux le crayon du dessinateur, et manifestait sa satisfaction et son approbation par un continuel mouvement de tête. Je songeai: Italie! Nation créée pour l'art, foyer des artistes, patrie de Raphaël, gloire mondiale; et de

Michel-Ange, sculpteur géant, qui anima la pierre, le marbre, et légua à son pays une richesse impérissable, une richesse que les fortunes accumulées de tous les rois ne peuvent acquérir, une richesse incomparable qui donne un rayonnement et jette un réseau d'enchantements sur l'Italie tout entière!

Italie! inspiratrice de l'illustre Dante, de tant de célèbres écrivains, peintres, musiciens, sculpteurs, architectes, tu n'as point été destinée à ceindre l'épée et à t'aventurer sur les champs de guerre! Tes fils s'étaient accoutumés à planer dans le monde de l'art, parmi les muses. Plût au Ciel que tu ne les eusses point jetés dans le sein de la mort! Plût au Ciel que tu te fusses contentée de ton somptueux héritage, pays de la beauté, de la poésie, de la musique, et des rêves enchanteurs!

* * *

A ce moment, semblable à une forteresse roulante, le train bruyant arrivait à la gare de Calcutta, capitale de l'Inde. Il exhala un long sifflement et bientôt s'immobilisa.

Les wagons répandirent des flots de voyageurs; ils se pressaient dans une mêlée inextricable. Parents et amis accouraient à leur rencontre; on s'embrassait, on se serrait les mains dans un brouhaha général. Les cris retentissaient, et aussi les encourageants appels des portefaix interpellant les voyageurs, s'emparant de leurs valises, et réclamant les noms des hôtels où ils séjourneraient.

Quant au nouvel attaché, dont j'étais actuellement la propriété incontestable, la luxueuse automobile de la résidence britannique l'attendait. A peine y était-il installé qu'elle démarra, fendant les voies publiques de l'étrange capitale de l'Inde.

39 - ASSERVISSEMENT ET SOUMISSION DANS LA DÉCHÉANCE

Aux Indes, mes jours s'écoulaient dans les divertissements. Je circulais dans les environs de Calcutta, je parcourais la cité dans toutes ses directions. J'admirais les magasins où s'étalaient les plus belles marchandises, fruits de l'artisanat et de l'industrie nationale.

J'étais stupéfait et de fort méchante humeur, lorsque mon propriétaire Hudson se rendait en mission politique dans les diverses régions du pays, car j'étais témoin de son prodigieux mépris envers les pauvres Hindous.

Le sieur Hudson dédaignait ces humbles gens. Son visage se rembrunissait lorsqu'ils levaient leurs maigres et tremblantes mains dans le but de le saluer; il ne répondait guère à leurs gestes respectueux.

Un fait ajoutait encore à la conduite criminelle de ces colonisateurs. Ils n'autorisaient point les indigènes, véritables propriétaires du pays, à occuper la première classe dans les trains; cette classe luxueuse étant réservée aux seuls Européens, interdite aux Hindous.

Moi Dinar, si petit entre les êtres inanimés, créés par le Tout-Puissant, je me révoltais, et quoique privé de mouvement et de parole, je manifestais une vive indignation.

Que dire de cette pauvre population, et de la dure servitude à laquelle la réduit le conquérant? Elle doit se plier à une condition de vie et à des traitements, contre lesquels regimberaient les animaux mêmes. Malgré cet esclavage, les Hindous courbent le front devant le colonisateur inhumain. Ne se couvrent-ils point de honte en agissant de la sorte?

L'Inde s'est étrangement dégradée sous la redoutable influence qui la domine. Ce vaste pays compte pourtant des centaines de millions d'êtres. Ils se sont résignés aux humiliations, qui leur furent infligées par les procédés d'oppressions les plus subtils. Le peuple qui consent à un traitement aussi ignominieux, et ne se révolte pas, ce peuple est un peuple mort, il ne mérite point de vivre.

40 - TELLE EST LA JUSTICE

Nous passâmes une dizaine de jours circulant dans la ville de Calcutta, puis nous la quittâmes pour Lahore. Cette ville possède de superbes palais, de même qu'elle contient les plus misérables taudis. Les plus belles, les plus opulentes demeures, véritables merveilles de l'art, forment le quartier européen.

Tous ces étrangers exigent, dans ce pays, les conditions les plus luxueuses de l'existence. Pourquoi n'en serait-il point ainsi? Pourquoi se priveraient-ils des avantages de la vie? Pourquoi ne seraient-ils point servis par des esclaves et de nombreux serviteurs? Ils en usent et en abusent.

Puisque les fils de l'Inde consentent à ces chaînes, puisqu'ils se laissent traîner la corde au cou, pourquoi ces étrangers ne jouiraient-ils point des meilleurs produits du pays, des primeurs de ses dons? J'eus grande peine hier à dénombrer les services de la table de Hudson, mon propriétaire; je finissais par en compter seize, et des dizaines d'hors-d'œuvre, qui ressemblaient à un

Cet Anglais fort arrogant

jardin en miniature; ils formaient un cortège de mets savoureux autant qu'agréables à la vue. Les boissons étaient de tout premier choix. Quant aux fruits merveilleux, ils se côtoyaient en masses variées, charmantes autant qu'exquises.

Détournons-nous de ces fruits, interdits aux pauvres indigènes. Eux, se nourrissent, tout le long du jour, d'un pain rassis et noir. Ils varient ce pauvre menu par quelque peu de piment. Les céréales, pois, fèves, lentilles, se vendent pour un prix modique, il est vrai, mais le peuple misérable ne s'en procure que fort rarement, par suite de sa pauvreté.

Telles sont mes observations, tels sont les différents spectacles dont je fus témoin, moi Dinar, très véridique en mes paroles. Telles sont les choses que j'ai vues en ce pays étonnant.

41 - SEULS LES FAIBLES TOMBENT SOUS LE COUP DE LA LOI, QUANT AUX PUISSANTS...

Je me trouvais très incommodé dans l'intimité constante de cet Anglais fort arrogant. Je souhaitais d'en être délivré, et cela semblait difficile. Il avait peut-être oublié ma présence, car il ne s'abaissait pas à me visiter. J'avais été pour d'autres l'objet d'un culte fervent, mais le sang de cet homme était de glace, et s'il devait ouvrir le couvercle de sa montre, il ne m'aurait donné qu'un froid coup d'œil. Aussi, préférais-je son oubli.

Hudson se dirigea vers sa voiture, et demanda au chauffeur de le conduire chez Bahadurkhan, magasin très connu. Il avait l'intention d'acheter quelques objets de luxe, et il enjoignit au chauffeur de se presser. L'auto, devançant le vent léger, partit à toute vitesse.

A ce moment, un vieillard traversa la route, dans le but de gagner le côté opposé. La voiture le renversa, et roulant sur lui, elle l'écrasa le défigurant hideusement. Les signes de la colère apparurent sur les traits de Hudson, car cet accident lui causait un retard. Il ne descendit point de sa voiture, et au lieu de s'enquérir de la famille du malheureux, pour la dédommager, matériellement du moins, comme le prescrivent la conscience et l'honneur, il poursuivit sa route vers sa destination première. Il fit les achats qu'il avait en vue, et revint tranquillement dans sa demeure.

Cela peut sembler étrange, mais la police ne fit aucune enquête sur l'accident, sachant que l'attaché militaire du vice-roi était en cause. Et le plus étrange encore, est le fait suivant: quelques jours auparavant, une voiture

121

… et des dizaines d'hors-d'œuvre…
… interdits aux indigènes

ayant renversé un jeune homme, le chauffeur, un malheureux indigène cette fois, fut conduit sur-le-champ au poste de police. Il fut jugé et condamné à un mois de prison, et à payer cinq cent soixante roupies de dommages-intérêts. L'accident ne présentait pourtant aucune gravité.

42 - CROYANCES RELIGIEUSES DES INDIGÈNES

Notre voyage à Bombay fut en vérité très agréable. Cette ville immense est surpeuplée de milliers et de milliers d'habitants. Je remarquai, dès notre arrivée, les vêtements d'un blanc de neige qui drapent noblement les indigènes. Ils circulent, ainsi vêtus, dans les rues vastes et nettes.

Les jardins publics ondulent au mouvement des foules, où s'entre-croisent toutes les classes de la société. Ils offrent un spectacle étrange et fort divertissant au profit de tous.

Mon étonnement s'accrut encore à la vue des vaches qui se promènent, libres et sans gêne, dans les rues, se mêlant aux gens, sans que personne ne les écarte jamais. Je ne compris ce mystère que plus tard, longtemps plus tard. J'appris alors, que ces animaux sont dans l'Inde l'objet d'une grande vénération; on ne les touche qu'avec respect, on les encourage à pénétrer dans les magasins et entrepôts; ils happent et dévorent, avec une inconcevable voracité, ce qui se trouve à portée de leur museau gourmand. Celui qui reçoit la visite de l'animal sacré, s'estime heureux, et considère cet événement comme un signe certain de la protection des dieux.

Il existe dans l'Inde différentes religions, dont les principales sont l'hindouisme, le brahmanisme, le bouddhisme, le mahométisme, le parsisme et le yogisme. Leurs préceptes sont aveuglément suivis par leurs adeptes. Il est une secte, particulière aux pauvres; cette secte renonce à la vie sociale et s'isole dans les forêts, dans le but de se rapprocher de la Divinité. Les individus qui en font partie procèdent aux rites les plus étranges; ils font endurer à leurs corps les supplices les plus savants, étant assurés, qu'ainsi, leurs âmes éternelles seraient plus près du Dieu Tout-Puissant; l'un d'eux, par exemple, fixe le soleil inlassablement et sans défaillance, sans détourner un seul instant les yeux de ses rayons éblouissants, jusqu'à ce que, finale-ment, il perde le don si précieux de la vue. Celui-là s'ensevelit dans la terre, jusqu'à la hauteur du cou; il n'abandonne point cette demeure d'élection jusqu'à ce qu'il y laisse la vie. Cet autre, s'attache le corps contre un arbre, auquel il adhère autant que cela est possible; un frère serviable lui fixe les

Il ne descendit point de sa voiture

Libres et sans gêne

Dans le but de se rapprocher de la Divinité

deux oreilles dans le tronc, au moyen d'énormes clous; il demeure immobilisé de la sorte jusqu'à ce que l'ange de la mort dérobe enfin son âme aux souffrances qui la martyrisent.

43 - GANDHI OU LA PERFECTION

Ce que l'Inde possède de plus surprenant, parmi tous ses mystères, c'est l'innombrable caste des Intouchables, qui se chiffre à des millions d'êtres. Les Intouchables sont exclus de toute autre société; leurs compatriotes, fils d'une même patrie, ne les fréquentent point, et n'ont avec eux aucune alliance, aucun contact. Au sein même de l'Inde, ils forment un monde à part.

Les Intouchables sont spécialisés dans les métiers les plus misérables, les plus humbles. Ils font profession de balayeurs de rues, ils recueillent les ordures, et s'adonnent enfin aux plus répugnants travaux. Mais la Providence vigilante s'est souvenue de ces malheureux. Elle a destiné et choisi, pour leur venir en aide, le philosophe de l'Inde, le saint lutteur, le noble défenseur, Gandhi!

Ce sage a compris la vanité de ce monde éphémère. Il méprise son corps, et voue sa vie à son idéal. Cet homme, chétif par sa constitution physique, mais géant par son esprit et par ses hautes visées, fait trembler la plus puissante nation de la terre.

Des millions d'êtres le vénèrent, parce qu'ils connaissent la qualité de son âme, son désintéressement entier, sa pureté d'intention. Ils sont convaincus qu'il n'a qu'un seul but: leur venir en aide.

La corruption ne peut rien entamer de sa conscience intègre, les procédés d'intimidation accroissent sa force, et les menaces, il les méprise totalement.

La vie de cet homme parfait est un prodige digne d'être narré par la plume d'un céleste chroniqueur, sur un parchemin du Paradis.

Durant la plus longue partie des nombreux jours de son existence, il fut emprisonné, pour être l'otage de ses inébranlables principes. Captif des prisons au nom de sa foi, captif de l'honneur et de la justice, il prétend relever, de leur déchéance, ses frères, les fils de sa patrie, et leur rendre le bonheur et la liberté.

D'immenses efforts furent dépensés, dans le but de réduire sa résistance; ils demeurèrent vains et se brisèrent contre le roc inébranlable de sa foi.

Pour leur venir en aide

J'aime Gandhi, et je l'aime d'un amour constant, éternel. Il est, en ce monde perfide et éphémère, le symbole de la perfection dans l'homme spiritualiste.

44 - COMPARAISONS

Simla fut le terme de nos pérégrinations. La vie bruyante, l'activité la plus intense caractérisent cette ville, à l'époque où s'y transfère le vice-roi. Mon propriétaire Hudson s'y plaisait. Il était d'ailleurs émerveillé par toutes les splendeurs de l'Inde, flatté de sa propre importance, et fier de partager la puissance du vice-roi dont il était l'ami.

Les plus hauts personnages du pays se courbaient devant lui. En diverses circonstances, j'eus l'occasion d'apercevoir les rajahs, princes hindous, en la compagnie du vice-roi, car Hudson assistait souvent à ces entrevues. J'en profitais, pour écouter attentivement les divers sujets de conversation. Je compris, que le puissant rajah Hyderabad, l'un des hommes les plus riches du monde entier, était l'allié fidèle de la Grande-Bretagne. Les trésors et les joyaux emplissent ses palais qui s'élèvent dans l'orgueil et la magnificence.

En l'une de nos visites à ce rajah, il me fut donné de contempler ses richesses somptueuses, et ses inestimables pierres précieuses. Ceux de sa suite les exhibaient sous les yeux étonnés de Hudson, qui avait exprimé le désir de les admirer. Je l'épiais, pour juger de la réaction de son esprit au spectacle de ces merveilles. Ses lèvres écumèrent, sous le choc de la convoitise, lorsque ses yeux tombèrent sur les amas de diamants, de rubis, d'émeraudes, et autres joyaux qui scintillaient de feux resplendissants. Ces pierreries, les plus belles qui puissent être, non seulement aux Indes, mais dans le monde entier, fascinaient et troublaient exagérément Hudson. Je songeai en moi-même: "Où est ton flegme, où est ton calme sang-froid, ami Hudson?" Il sembla qu'il pénétra ce que ma pensée frémissante ne pouvait exprimer, et sur-le-champ, il reprit le contrôle de ses nerfs affaiblis.

Je fus donc assez favorisé du sort, pour être admis dans les palais des princes les plus puissants de l'Inde. Je les observais minutieusement. Leur contact provoqua en mon esprit, en manière de réaction, un seul sentiment, aussi ferme qu'inébranlable: un respect très profond, une admiration extrême pour Gandhi et la mission sublime à laquelle il a voué son existence.

Admis dans les palais des princes les plus puissants de l'Inde

45 - VOYAGE EN ORIENT

Le vice-roi des Indes, prévenu par un télégramme du ministre des Affaires étrangères, attendait l'arrivée du Duc de Chesterham et de sa fille. Un avion britannique les amenait, ils atterrirent le lendemain, au jour indiqué. Un délégué accueillit le respectable voyageur, et mit à sa disposition la voiture qui devait le conduire à la résidence comme hôte du vice-roi.

Le Duc fut grandement surpris, car il voyageait sous un nom d'emprunt, dans le but d'éviter les contacts officiels. Il venait aux Indes dans le seul dessein d'accompagner sa fille. Elle était son unique enfant et déjà marquée, hélas! du sceau de la souffrance. Son fiancé avait disparu au cours de la guerre, et son nom ne s'était point trouvé sur la liste des morts, non plus qu'au nombre des blessés ou disparus.

Plusieurs années s'étaient écoulées, et l'on avait finalement acquis la certitude de son décès. Sa fiancée se vêtit de noir, et donna libre cours à sa douleur. Son fragile printemps s'épanouissait en souffrances; sa jeunesse en fut toute meurtrie. Elle tomba malade, et son état s'aggrava. Face à l'inquiétude paternelle, les médecins conseillèrent au Duc d'accompagner sa fille dans un long voyage, qui lui rendrait la santé.

Un voyage en Orient fut décidé. L'on débuta par les Indes, et ce fut l'imprévu.

46 - IRONIE DU DESTIN INSOLENT ET MOQUEUR

Je ne concevais point que les événements se précipiteraient avec cette étrange rapidité. Je n'aurais point songé, que la femme est à ce point oublieuse, et qu'elle s'abandonne à son penchant à la première occasion où l'entraîne son cœur. Je ne puis personnellement formuler un jugement sur les femmes, en m'appuyant sur la conduite de l'une d'entre elles. La femme, autant que l'homme, a des aspirations, des droits, des devoirs; peut-être est-elle plus impressionnable?

S'il existe des femmes perfides et légères, il se trouve également des hommes qui les surpassent en ruse et félonie. La loyauté, la vertu, peuvent être également l'apanage des deux sexes, et si nous devions les analyser, et

Il venait aux Indes dans le seul dessein d'accompagner sa fille

comparer leurs qualités réciproques, nous devrions affirmer, qu'ils se valent, et que la femme parachève l'homme. Telle est l'œuvre du Ciel, telle est la volonté du Tout-Puissant.

Quant à la croyance ridicule, qui prétend que la femme est plus faible que l'homme, lorsqu'il s'agit pour elle d'arriver à ses fins, je me ris d'une telle ineptie. L'expérience de tous les temps prouve, que le caractère de l'homme, dans maintes circonstances, est plus faible que celui de la femme, et si nous sommes parfois témoins d'un cas particulier, il ne faut certes pas en profiter, pour attaquer l'un ou l'autre sexe. Mais l'épisode de la fille du Duc m'a surpris et embarrassé; elle m'a fait avouer très spontanément, que la femme oublie.

Cette jeune personne arrivait aux Indes pour y chercher la guérison, car la perte de son cher fiancé l'avait profondément atteinte. Mais à peine avait-elle mis pied dans la ville de Simla, à peine ses yeux s'étaient-ils posés sur mon propriétaire Hudson, qu'elle était de nouveau conquise par l'amour. Elle oublia Gilbert, elle m'oublia, moi Dinar, qu'elle avait déposé de ses mains sur la poitrine de Gilbert, au jour des adieux. Oui, tel est le destin ironique et railleur.

47 - TAGORE LE GÉNIAL PHILOSOPHE ET POÈTE DE L'INDE

La cérémonie des fiançailles de Hudson, avec la jeune Madeleine, s'accomplit selon les rites coutumiers. Elles furent l'occasion de fêtes et de brillantes réceptions, réunissant les hauts fonctionnaires et l'élite de la société. Les vins les plus renommés coulèrent à flots, les coupes se choquèrent et se vidèrent au mutuel bonheur des fiancés.

Ils étaient heureux. Le charme exotique de l'Inde ensorcelait leurs êtres de ses envoûtements surnaturels; il unissait et liait leur commun destin. Ils cheminaient quotidiennement sous les arbres touffus, parmi les fleurs des jardins clos, et goûtaient particulièrement les heures émouvantes du crépuscule. L'ombre glissait lentement dans la magie des songes. La nuit envahissait sourdement le ciel; bientôt, ses sombres rideaux tombaient sur l'Inde, pays des temples et des doctrines, seuls demeuraient les rêves infinis comblant leurs cœurs d'une joie immense.

Madeleine témoigna un jour son désir de visiter Tagore, le génial philosophe et poète de l'Inde. Il habitait, en ce temps-là, dans la province du Bengale.

… à peine avait-elle mis le pied dans la ville de Simla

Au mutuel bonheur des fiancés

Le charme exotique de l'Inde ensorcelait leurs êtres

Hudson, se trouvant dans l'impossibilité de se permettre une absence, pria Mrs. Brown, l'une des amies de Madeleine, de l'accompagner. Elles se rendirent donc à Bénarès, et le lendemain de leur arrivée dans cette ville, une voiture les conduisit vers la demeure du poète, qui les accueillit avec son habituelle courtoisie.

Il apparut au-devant d'elles, et sa barbe, extraordinairement belle, ajoutait à la noblesse et à la séduction de son visage. Elle l'enveloppait d'une gloire majestueuse, alors que l'antique génie de sa race couronnait son front superbe.

Madeleine avoua avec simplicité, au grand poète, le saisissement que sa vue avait provoqué en son âme:

— Je suis profondément émue, dit-elle, le Dieu généreux vous a comblé de Ses dons, ajoutant encore la magnificence du port à la grandeur de l'âme. A cela, s'ajoute votre œuvre, qui rayonne sur tous les pays de la terre.

Toutes les lèvres, et les langues de tous les peuples, redisent avec joie vos poèmes, enveloppés du mysticisme de votre esprit.

Vous êtes, ô poète! le symbole et l'âme de la Nation indienne. Vous la réveillez et l'interrogez, et vous dites ensuite, dans votre langue sublime, les misères et les souffrances de son peuple. Vous éclairez, d'une grande lumière, les cœurs de ses fils, vous élevez leurs aspirations à la hauteur de votre inspiration, vous leur donnez l'espérance.

Et voici, qu'encouragée par mes propres paroles, j'ose faire une requête au plus grand poète de l'Inde: me serait-il accordé, d'entendre de vos lèvres, l'un de vos immortels poèmes? Votre pensée ailée me transportera de notre monde engourdi et souffrant, vers les mondes merveilleux où demeure la joie, où la douleur est une inconnue.

— Je vous offre ma gratitude, ô jeune fille! mon amie et ma sœur dans l'humaine fraternité. Je dirai pour vous un poème; c'est le rêve d'un idéal, que vous découvrirez lorsque vous m'aurez écouté:

POÈME DE TAGORE

Lorsque tu me demandes de chanter,
Mon cœur frémit d'orgueil et de fierté.
Mes yeux te contemplent et s'emplissent,
De la lumière qui rayonne sur ton visage.
Mes larmes coulent,

137

"Vous êtes, ô poète! le symbole et l'âme de la nation indienne"

Elles débordent de mon cœur,
De mon cœur épris d'amour.
Ma rigueur se transforme en douceur et mansuétude.
Mon austérité s'évanouit sur le sillon de tes pas.
Ma ferveur et ma passion pour toi,
Déploient soudain leurs ailes;
Comme un éblouissant oiseau paradisiaque,
Qui plane avec les vents, au-dessus des mers azurées,
Puis jette son chant le plus glorieux.
O reine de mon cœur!
Oui, je sais que mon hymne désempare ton âme.
Mon cantique sera quand même,
Le messager de mes espérances;
Elles effleureront, dans leur envol léger,
La trace de tes pieds charmants, de ta libre jeunesse.
Si je chancelle à la vision de ta beauté,
C'est que le poète qui te chante,
S'enivre aux mots qui disent ton charme,
Car ses yeux ont contemplé tes yeux noirs,
O ma gazelle!
Il glisse dans l'oubli de son être,
L'oubli de tout.
Puis, se retrouvant dans ce monde matériel,
Il t'appelle dans les sources mêmes de son cœur,
Tout épris de ton amour.
Tu es la divine et l'adorée!

48 - CHANTS MYSTIQUES

Madeleine était toute remuée. Un doux émoi la grisait, et propageait en elle comme la thériaque, ce don qu'offrent les dieux dans des coupes de lumière, à ceux-là qui ont mérité d'être introduits dans l'immortelle patrie de la béatitude, dans les paradis merveilleux.

Son amie partageait ses impressions et son exaltation. Elles ne songeaient, toutes deux, qu'à goûter la joie et la poésie de cette heure. Elles considéraient Tagore, comme s'il était un dieu égaré par hasard sur la terre. Elles implorèrent un autre poème, et de nouveau il chanta pour elles:

"Lorsque tu me demandes de chanter"

JE SUIS LE SERVITEUR
DE TON DÉSIR

O divinité de l'esprit!
Par toi je deviens l'infini.
O mon âme!
Fais éclater ta joie et tes transports,
Car les harmonies de la flûte enchantée,
Célébreront la joie de t'approcher.
O divinité de l'esprit!
Cette flûte aux nœuds charmants,
Fut taillée dans un roseau,
Qui, là-bas, gémissait dans un bois.
Ce bois se répandait en rameaux touffus,
Sur les rives du fleuve, aux eaux cristallines.
Maintenant, cette flûte puise l'harmonie et la beauté,
Dans ton harmonie, dans ta beauté;
Elle exhale ses plus beaux chants,
Et ses vibrations les plus sublimes!
De concert avec ses symphonies,
Les esprits planent, là-haut, dans les sphères divines,
Ils pénètrent dans les demeures des anges immaculés,
Ils trouvent enfin la sainte Vérité,
Et l'allégresse envahit leurs cœurs.
Les hommes de la terre,
La cherchent vainement cette Vérité,
Inconnue dans leur monde impur!

* * *

Madeleine le fixait avec des yeux emplis de rêve: "Que l'impression de vos poèmes est magique! dit-elle. Au nom de l'amour très pur, ô maître! dites-moi un poème qui chanterait la Pureté." Tagore de nouveau improvisa:

LA PURETÉ

O Pureté!
Mes ferventes aspirations tendent à te conserver dans un corps chaste, sans souillure.

141

O Pureté!

Le frôlement de tes mains m'a purifié, il anime et fait vibrer mon
être, il me communique sa puissance.

Et je triomphe des forces du mal, qui jetaient leur sombre trouble
en mes esprits.

O Pureté divine!

Tu es un rayonnement de cette Vérité, égarée en notre monde!

Tu es le flambeau qui illumine mon entendement!

Tu chasses les ombres, qui altèrent la clarté de mon âme!

J'ai gardé mon amour en une fleur sans tache,

Car tu m'as enseigné la signification de l'amour immaculé,

Cet amour qui est l'apanage des purs!

49 - ENTRETIEN AVEC TAGORE

Madeleine et son amie Mrs. Brown, exprimèrent alors leur émotion au
poète, qui revêtait sa pensée d'une spiritualité sublime, et restituait le goût de
l'innocence à la chair impure.

Madeleine ajouta, en lui disant son admiration: "Lorsque le gouvernement de Sa Majesté britannique, en l'an 1915, vous honora du titre de 'Sir', il
honorait la civilisation. Il honorait l'esprit universel qui, par votre esprit,
cultive les sentiments les plus nobles, et propage la fraternité humaine, la
justice, la bonté, la sagesse. Cet esprit, riche en images, resplendissant en
couleurs, Tagore le symbolise au nom des poètes et des écrivains de sa race.
La Grande-Bretagne, sans considérer la nationalité, a voulu rendre hommage
à l'homme qui honore l'humanité toute entière."

Tagore lui répondit:

Le Gouvernement britannique avait pris l'engagement solennel, de demeurer dans l'Inde une période de temps prévue. Il avait
pris l'engagement, de diriger et former les hommes de mon pays
dans les voies du progrès, dans l'étude des codes et des lois en
usage en Europe. Il s'était engagé à leur remettre les rênes du
pouvoir, aussitôt qu'ils seraient aptes à se gouverner eux-mêmes.

Les ans ont passé et les promesses ne sont encore que de
l'encre sur du papier. Le mécontentement et la révolte des
nationaux, en furent les suites naturelles. Leurs démonstrations se
déroulèrent au Punjab; ils réclamaient la réalisation des promesses. Que fit la Grande-Bretagne? Par sa conduite despotique,

Elles considéraient Tagore comme s'il était un dieu égaré par hasard sur la terre

elle réprima avec une dureté et une cruauté surprenantes les démonstrations qui n'étaient que trop justifiées. Il y eut d'innocentes victimes. Si l'on avait usé de douceur et de conciliation, le sang n'aurait point été versé.

En 1919, en présence de cette impitoyable et sanglante répression, pour exprimer mon indignation, je fis parvenir une missive au vice-roi me désistant du titre de "Sir", qui m'avait été concédé par le gouvernement de Sa Majesté britannique. Depuis, je ne crois plus aux promesses, tant en paroles qu'en engagements écrits, fussent-ils scellés de tous les sceaux du gouvernement.

La Vérité est errante sur la terre. Nul n'a le courage de l'appeler, pour lui donner l'hospitalité sous son toit. Elle chemine solitaire, vagabonde, sans abri dans le désert de ce monde trompeur. Nul n'a consenti à lui donner son amitié, à en faire son compagnon de route. Pour des causes nombreuses, tous les hommes craignent la Vérité; elle les épouvante, plus qu'un spectre terrifiant, plus qu'un monstre redoutable.

Quoique nos contes populaires glorifient la Vérité, et lui donnent des noms aimables et poétiques, qui la rendent attrayante à l'esprit, c'est finalement le mensonge qui l'emporte.

Madeleine écoutait, perdue dans une méditation profonde. Elle répondit: "La force et la vérité de vos arguments, me réduisent au silence, maître, et que dirai-je? Je ferai encore une requête, celle d'entendre par vous le récit de l'un des contes indiens qui glorifient la Vérité. Sont-ils comparables aux contes si fameux de la Grèce antique?"

Et Tagore lui narra le conte indien:

LÉGENDE DE LA VÉRITÉ

Le soleil disparaît sur les rives occidentales du Gange, entre les arbres des forêts touffues. Quelques enfants d'ermites rentrent chez eux avec leurs troupeaux. Ils se réunissent autour d'un grand feu, questionnant et écoutant le maître Jomaya.

A ce moment, apparaît un jeune étranger; il vient saluer le maître. Il porte des roses et des fruits, qu'il dépose à ses pieds. Après s'être courbé jusqu'à terre, il parle d'une voix, pareille à un chant mélodieux:

"Maître, je suis venu pour que tu m'indiques le chemin de la Vérité"

"Maître, je suis venu pour que tu m'indiques le chemin de la Vérité sublime. Mon nom est Satiakama."

Le maître lui dit: "Que les bénédictions tombent sur toi, mon fils. Quelle est ton origine? Apprends, que nul ne peut atteindre la perfection spirituelle, s'il n'appartient à la descendance des brahmanes."

Le jeune homme répondit: "Je ne sais, maître, de qui je suis le fils; j'irai, et m'en informerai auprès de ma mère."

Et lorsqu'il eut exprimé ces mots, il prit congé, et longeant la route, sur l'un des embranchements du fleuve, il marcha, jusqu'à ce qu'il parvint à la chaumière maternelle. Elle était construite à l'autre bout des terrains sablonneux et déserts, sur les frontières d'un village profondément ensommeillé.

La mère, debout sur le seuil de sa demeure, attendait le retour de son fils. Dans la petite chambre, la lueur de la lampe à huile faillit s'éteindre. Elle pressa son fils contre son cœur, sa main se posa sur ses cheveux, elle embrassa maintes fois son visage, puis elle le questionna sur le succès de son entrevue avec le maître.

Mais le jeune homme déjà l'interrogeait: "Mère, quel est le nom de mon père? Le maître m'a appris, que nul ne pouvait atteindre la sagesse et la perfection spirituelle, s'il n'est un descendant des brahmanes."

La mère, gravement, abaissa ses paupières, puis elle dit, d'une voix faible et troublée: "Aux jours de ma jeunesse, la pauvreté et la faim m'ont souvent mordue de leurs dents aiguës. Des amis heurtaient ma porte, et quand tu naquis à ta mère Jabalah, je n'avais point de mari connu."

Lorsque le soleil étreignit de ses rayons les cimes des arbres altiers, lorsqu'il déchira de sa lumière les enchevêtrements de la forêt sainte, les disciples environnèrent le maître, le vénérable ascète, et se tinrent sous le sicomore séculaire; et les gouttes de l'eau du Gange sacré perlaient sur leurs cheveux, encore mouillés après le bain de l'aurore. Satiakama se dirigea vers eux, et se courba devant le maître sans prononcer une parole.

Le maître le questionna: "De quelle caste es-tu, ô jeune homme qui demande la sagesse?"

Le jeune homme répondit clairement: "Je ne le sais point,

"Mère, quel est le nom de mon père?"
"Je n'avais point de mari connu"

maître, ma mère m'a dit, qu'au temps de sa jeunesse, elle avait de nombreux amis, et lorsque je naquis, elle n'avait point de mari connu."

Une rumeur s'éleva parmi les assistants, en signe de désaveu, rumeur semblable au bourdonnement d'une ruche d'abeilles. Quelques-uns fixèrent le jeune homme d'un regard de mépris et de réprobation; d'autres maudirent cet être, que la société rejette, quoique innocent.

Jomaya, le saint, s'avança alors. Ouvrant ses bras, il pressa le jeune homme contre sa poitrine, et l'embrassa avec amour: "Mon fils, dit-il, tu es de beaucoup plus élevé par ton âme que tous les brahmanes du pays, car tu as hérité de la vertu la plus noble, la plus divine. Elle se nomme la Vérité!"

50 - PHILOSOPHIE DE LA VÉRITÉ ET DU MENSONGE

Le train, de retour à Simla, roulait dans le vertige de la vitesse. Madeleine et son amie étaient encore bouleversées par ce qu'elles avaient vu et entendu. L'ombre du grand Tagore les accompagnait: "Les idées qu'il a exposées en notre présence sont d'une précision rigoureuse, dit Madeleine. La vérité est rebutée de tous les hommes qui la redoutent; elle est méprisée de tous. Nous prétendons l'entourer de respect et de vénération, alors que nous nous attachons au mensonge, indivisible de notre être. Lorsque l'un de nous se laisse aller à mentir, la chose n'est connue que de ceux-là, à qui notre mensonge a porté préjudice; mais si les gouvernements manquent à la vérité et à leurs engagements, ils causent de graves scandales; la presse les dénonce au public. Les nations sont, dans ce cas, atteintes profondément dans leur renom et dans leur honneur."

- Que voulez-vous dire, Madeleine?

- Prenez en exemple, amie, les paroles du poète Tagore. Il adresse une missive au vice-roi, et rend fièrement le titre de "Sir" dont l'a honoré notre pays. Il le rend en signe de protestation contre le Gouvernement britannique, qui se refuse à tenir ses engagements. Les adversaires de notre Empire s'emparent de tels faits, qui sont pour eux des armes d'attaque. Leurs journaux les propagent dans le monde entier, les agences télégraphiques les divulguent, et les annoncent partout, et il n'existe point une personne qui puisse les ignorer.

Cet être, que la société rejette, quoique innocent
"Mon fils … tu as hérité de la vertu la plus noble"

- Vous êtes excessive dans votre opinion, Madeleine. Vous considérez les choses avec des yeux chimériques, point faits pour s'accorder avec les éléments qui édifient ce monde. Si le Gouvernement britannique adoptait votre point de vue, et dirigeait sa politique, selon vos principes, la prépondérance de la Grande-Bretagne n'existerait plus, son influence s'écroulerait. Elle s'évanouirait, sans laisser de trace, et sans espoir de se relever jamais. Chère amie trop jeune encore, et inexpérimentée, la loi de la vie édifie des bases sur le mensonge, elle n'a point d'autres fondements.

Les hommes qui ont réussi en ce monde, ont réussi par le mensonge. Mais, ceux qui s'attachent à la vérité, n'ont aucune chance de succès. Telle est la loi de la vie, telle est sa constitution; elle ne peut dévier de cette voie tracée par l'expérience des siècles. Les grandes nations, les états puissants, les peuples civilisés, aussi bien que les tribus, qui dressent leurs tentes dans le sein des forêts, loin de toute civilisation, n'édifient leur société qu'en amalgamant le mensonge à la vérité. Et le succès n'est écrit qu'à la force qui établit une parfaite entente entre ces deux éléments. S'ils se désagrègent, les colonnes de l'édifice s'ébranlent et s'effondrent, l'équilibre est rompu. Il est impossible à l'homme d'édifier son succès sur le seul mensonge; de même, la vérité ne peut porter d'heureux fruits, qu'en s'appuyant sur le mensonge. Entre deux éléments de la vie: l'air et l'eau, tu ne peux vivre sans le premier, quant au second, tu peux t'en priver mais pas pour longtemps; les deux éléments permettent la continuité de la vie de l'homme. Je te citerai un exemple banal: Il est en Orient des boissons fort piquantes, et difficiles à absorber pures de tout mélange; si l'on y ajoute un peu d'eau, elles deviennent savoureuses et glissent agréablement dans la gorge, sans irriter les plus sensibles palais.

Les écrivains et les poètes, amie Madeleine, usent du même stratagème. Ils ne peuvent conquérir les cœurs s'ils ne mêlent, à l'aridité de leurs écrits, le piment de l'imagination qui les charge d'une intensité de vie, toujours renouvelée. L'écrivain qui joint l'imagination à la vérité, qui les pétrit et les module toutes deux, sous une forme aimable, avec la grâce savante de son art, subjugue les cœurs et se voit bientôt couronné de lauriers.

Souviens-toi des légendes grecques et romaines, ces monuments de la grande culture antique. L'imagination y joue le rôle le plus brillant. La sagesse, et la philosophie même, n'y sont représentées que sous des couleurs radieuses; l'écrivain les revêt de tuniques fleuries, toutes incrustées des rubis de sa brillante imagination. Elles apparaissent alors, comme des divinités, dans une apothéose de beauté et de gloire. Les manuscrits enluminés conser-

L'ombre du grand Tagore les accompagnait
"Souviens-toi des légendes grecques et romaines"

vent jalousement ces chefs-d'œuvre, comme d'inestimables joyaux. L'histoire leur rend hommage, et l'immortalité les accueille dans son temple divin.

Si les philosophes, Madeleine, présentaient leur sagesse dans son aridité, et la vérité dans sa nudité, sans y ajouter un peu de songe, et disons-le clairement, de mensonge, on s'en détournerait. Tous ces écrits n'auraient point subsisté, tandis qu'ils demeurent vivants, et sont d'éternelles sources de joie. Il en est de même pour les nations et les gouvernements. Ils se trouvent dans l'obligation d'allier la vérité au mensonge, au profit de leur influence sur les peuples, que leur savante diplomatie entretient dans la division et la désunion.

L'amitié la plus sincère s'exprime par ma bouche, chère Madeleine. Ce monde ne peut s'ériger sur la vérité sans mensonge. Mais, quand l'existence de l'homme et celle de la terre auront atteint leurs fins, quand l'univers sera anéanti, ses ruines effacées, et son histoire perdue, nous connaîtrons alors un autre monde qui réalisera, peut-être, d'autres aspirations. Nous y contemplerons la Vérité, seule reine glorieuse et bien-aimée; elle nous inondera de ses lumières resplendissantes. Alors le mensonge sera irrévocablement vaincu à tout jamais.

51 - CONFESSION

Hudson, s'adressant à Madeleine, sa fiancée, lui dit: "Et ce voyage, s'est-il effectué sous d'heureux auspices? En es-tu satisfaite, ma chérie?

— Mon voyage fut enchanteur, aussi merveilleux que surprenant.

— Et Tagore, quelle impression as-tu conservé de son entrevue?

— Il est encore plus grand que la célébrité et la gloire qui le couronnent. Il est universel par son esprit, et sublime par ses sentiments. Sa poésie s'empare de l'âme et l'attire vers les pures altitudes de la beauté. Sa poésie est éternelle, et le philosophe en lui, génial.

— Il est tel que tu le juges amie. Plût au ciel qu'il fût Anglais!

— N'est-ce donc point assez que notre nation ait envahi de si nombreuses contrées, et que le soleil ne se couche point sur son Empire? Ses flottes gardent les mers, et ses navires marchands transportent, vers la métropole, les produits les plus variés, les meilleurs. Elle frappe à son gré, d'impôts et de contributions, les pays qu'elle colonise. Ne lui suffit-il point de régir les Indes, et de s'imposer à des centaines de millions d'êtres, pour que tu revendiques encore la gloire et la nationalité de l'un de ses fils? Mon ami Hudson, tes idées me révoltent. Un génial poète, parce qu'il est Hindou, te porte ombrage; tu protestes contre le destin qui ne l'a point créé Anglais. Nos poètes et nos philosophes ne nous suffisent-ils point? N'avons-nous point Shakespeare, et tant d'autres grands hommes, dont nous nous glorifions à la face de la terre entière?

— Madeleine, pourquoi cette révolte en ton âme? Explique-toi, qu'est-il advenu après ce voyage? Tagore a-t-il à ce point impressionné ton esprit, pour te déterminer à soutenir la défense de la question indienne, contre ton propre pays? Souviens-toi que tu es Anglaise, et ton noble sang doit brûler d'ambition pour ta grande patrie, qui doit maintenir sa suprématie dans la colonisation des peuples. Tu dois frémir de l'orgueil de voir flotter ses pavillons sur tous les continents et les mers.

Reviens à ton jugement, Madeleine, et à tes principes d'hier. Il nous suffit des innombrables difficultés de l'heure présente. La situation n'est point sereine dans la plupart des pays que nous régissons. Les communications nous parviennent chargées de menaces, les peuples se réveillent, ils se soulèvent, ils demandent à être libérés de leurs entraves, ils essaient de briser leurs chaînes.

Nos hommes ont réussi, dans la plupart des cas, à corrompre les chefs de ces mouvements, par l'or ou les situations les plus brillantes, ils ont acheté des consciences, souvent rebelles. Mais voici qu'entre le crépuscule et l'aurore une nouvelle révolte se lève.

Un homme nous a vaincus. Un homme, un géant. Il est au-dessus de tout. Un homme, doué d'une volonté de fer. Nous ne pouvons rien contre son ardent patriotisme et ses légitimes aspirations. Ni l'or, ni les grandeurs, ni les séductions d'aucune sorte n'ont de prise sur son âme surhumaine. Tous les arguments se sont effondrés, sous ses pieds fragiles et nus. Il préfère les sombres prisons, aux dons les plus somptueux, aux demeures princières. Si cet indomptable y avait consenti, nous aurions ceint son front d'une couronne royale. Il aurait régné sur l'Inde. Il dédaigne et méprise nos propositions; elles n'ont pu le séduire, et nous avons échoué dans toutes nos entreprises sur ce point.

Il est intraitable sur ce qu'il appelle sa mission. Point de transaction, point de concession possible avec lui. J'appellerai cet homme du nom de "saint combattant". Il renonce à son repos, il sacrifie sa vie au bonheur d'autrui. Et si tu désires le connaître Madeleine, son nom est Gandhi.

Je te révèle ici des faits particulièrement délicats, je te prie de les garder secrets. Nous respectons Gandhi, en dépit des tracasseries et des

"Reviens à ton jugement, Madeleine, et à tes principes d'hier"
"Ni l'or ... ni les grandeurs ..."

inquiétudes sans nombre qu'il nous cause, lorsqu'il proclame la désobéissance civile, à des intervalles variés. Nous le respectons, en dépit des dommages énormes qui sont la conséquence de cette désobéissance pacifique.

Nous méprisons de même, du plus profond mépris, ceux qui s'abaissent à vendre leurs consciences dans une lutte contre leur nation, en retour d'un profit matériel quelconque.

Nous vénérons Gandhi, et méprisons ceux-là qui consentent, pour un misérable intérêt, à l'humiliation de leur patrie. Gandhi a subi la prison et les persécutions, pour défendre ses principes, car il envisage, par leur réalisation, le bonheur de ses frères et compatriotes. Nous nous inclinons devant la lutte de Gandhi, mais point publiquement sans doute. Nous rendons hommage à sa grandeur d'âme et à sa constance, dans la noble tâche qu'il poursuit.

52 - LA VERTU D'APRÈS LE TÉMOIGNAGE DES ENNEMIS

— Hudson, je te prie de m'autoriser à obtenir une entrevue avec Gandhi; il serait honteux pour moi, de demeurer aux Indes, sans profiter de cette circonstance pour connaître cet homme illustre.

— Agis selon ton bon plaisir, Madeleine, mais, je te mets en garde contre toi-même et une réaction possible de ta part. Tu avais à peine pris congé de Tagore, que tes idées étaient bouleversées, tes opinions transformées, et tu adoptais des points de vue incompatibles avec les intérêts de ton pays. Et qu'adviendrait-il, ma chérie, si tu visitais Gandhi, cet homme inébranlable et indomptable dans ses principes et dans sa foi? Il n'y a point de doute, que tu déclareras à ta patrie une guerre sans merci après ta conversion à la cause gandhiste.

Hudson éclata de rire, d'un rire de commande, et poursuivit ainsi son discours: "Cet homme est pour les Anglais un sujet d'admiration, Madeleine. De plus, la vénération que le peuple entier lui témoigne ne lui inspire point le moindre orgueil, elle n'a point touché sa noble personnalité, elle n'a point détourné ses pensées et porté atteinte à son idéal et à ses hautes visées. Dès le début, il a embrassé le principe de la non-violence, et il est demeuré, comme le roc, inébranlable dans sa voie.

Si Gandhi était un homme intéressé, prêchant ce qu'il ne croit pas, il aurait tiré profit de l'attachement et de l'obéissance aveugle de millions d'êtres; il les aurait poussés à des actes de rébellion: désordres, destructions, massacres; il aurait pu déchaîner une révolution sanglante, et troubler notre repos à jamais, à nous les Britanniques.

Ecoute, ma chère Madeleine, ce que dit Romain Rolland[1], lorsqu'il décrit cet homme admirable, ce géant du patriotisme, en une phrase qui contient dans sa signification plus que des volumes: "Ce qu'il risque le moins, c'est le danger d'orgueil; aucune adoration ne peut lui tourner la tête, il en est blessé dans son humilité, autant que dans son bon sens. Son front reste sans ivresse, son cœur sans vanité."

Un tel homme est digne d'être vénéré. Voici ce qu'il dit de lui-même dans la plus grande simplicité de cœur:

La principale cause de l'incompréhension dont je suis l'objet, c'est que des millions d'êtres croient que je suis un homme parfait. Mes amis, qui connaissent mon attachement à la Gîtâ (livre saint de l'Inde), y ont attiré mon attention sur des passages très clairs où il est démontré, que des idées de vanité étaient à l'opposé des préceptes selon lesquels je cherche à vivre. Mais tous ces conseillers ont perdu de vue que mon but est de rechercher la vérité, dans toute son intégralité, et non point incomplète. Cela suppose que l'homme doit se connaître lui-même, s'adonner à l'étude de la connaissance de son âme, et à l'aboutissement de ses fins. Je réalise parfaitement tous mes défauts, et en cela réside la force que je possède pleinement, car il est rare qu'un homme connaisse ses propres défauts, et les confesse. Mais, supposons que je ressente profondément les souffrances de mes compatriotes, leurs douleurs et leurs joies, leurs fièvres et leurs frissons de froid, malgré tous mes efforts pour porter à leurs cœurs les moyens de la guérison et le message du fuseau, ma voix n'est parvenue qu'à leurs oreilles, mais supposons de plus, qu'après une longue année, je trouve des hommes qui doutent jusqu'à présent de la possibilité de réaliser l'indépendance, par la révolte pacifique du fuseau, - supposons aussi que les troubles qui se produisirent dans les derniers douze mois écoulés, ne furent point basés sur une foi immuable dans le même programme, - et supposons en dernier lieu, que le message de la paix ne soit pas encore parvenu aux cœurs des Anglais, - ne m'est-il point permis de douter, en raison de la lutte intérieure qui se livre en mon cœur, et d'éprouver, que je ne suis pas digne de mener après cela le mouvement? Ne dois-je

1. *Mahatma Gandhi* by Romain Rolland.

point alors, m'agenouiller en toute humilité, devant mon Créateur, et Lui demander de prendre ce corps sans utilité et de faire de moi un instrument plus capable de servir?

Hudson acheva en disant: — Malgré les lois sévères édictées par Lord Harding, vice-roi des Indes, pour démolir le plan de Gandhi, regardant la désobéissance civile et la non-coopération, ces lois n'ont pu être une barrière et empêcher la réalisation des desseins du leader de l'Inde. Il résulta de ces faits des événements regrettables; il s'ensuivit des chocs qui, dans la surexcitation générale, provoquèrent la perte de nombreuses vies humaines. Une redoutable tempête spirituelle s'éleva dans le peuple, et la tourmente, avec une violence inouïe, dévasta tout ce qui se trouvait sur son passage.

— Pourrais-tu m'expliquer quelle est la différence entre la désobéissance civile et la non-coopération?

— La non-coopération est l'abstention de coopérer avec les autorités gouvernementales et les pouvoirs exécutifs. Le peuple alors s'abstient de payer les impôts et d'assister aux réunions auxquelles ces autorités le convient. Il s'abstient de participer aux élections et se maintient dans une position passive, contrecarrant ainsi les actes du gouvernement en toute occasion, suivant l'opportunité des circonstances. Quant à la désobéissance civile, elle impose à ceux qui ont prêté le serment d'exécuter les décisions transmises, d'enfreindre les règlements sévères que le gouvernement leur a imposés. S'il leur ordonne de ne point circuler en groupes sur les voies publiques, ils agiront à rebours; s'il leur interdit de se rendre à des assemblées publiques ou privées, ils s'y rendront quand même, piétinant ainsi les ordres du gouvernement. Mais la non-coopération et la désobéissance civile, enjoignent à ceux qui les mettent en exécution, de ne point commettre des actes de violence. Celui qui ne veut point coopérer avec le gouvernement et se soumettre à ses ordres, ni respecter les lois en vigueur, ne doit point provoquer et attaquer ses fonctionnaires et agents; dans tous les cas, il subit les plus dures oppressions, il est humilié, persécuté, et il ne se plaint pas. En opposition à la volonté de Gandhi connue de tous: la non-violence, il advint quelquefois des troubles qui provoquèrent des victimes. Gandhi en fut courroucé, et déclara publiquement qu'il désapprouvait totalement ces actes.

Le 17 novembre 1921, arriva à Bombay le Prince héritier de notre Royaume britannique, le Duc Windsor. La désobéissance civile avait gagné les villes de l'Inde; les nationalistes refusèrent d'accueillir le prince, et décidèrent de le boycotter. Les rues étaient désertes, les fenêtres des maisons fermées, et la ville, dans le silence qui l'enveloppait, semblait être la ville des morts. Et ce qui nous a contrariés le plus, ce fut le fait que le Mahatma Gandhi avait pris la décision de brûler solennellement nos marchandises anglaises dès le premier instant où le prince poserait le pied sur la terre indienne. La raison de cette démonstration étrange, était pour la nation hindoue, de manifester publiquement sa volonté d'obtenir l'indépendance, de se libérer de notre empire sur les plans matériel, moral, et politique. Cependant, quelques notables et personnes très riches, s'empressèrent d'aller voir le Prince héritier; alors éclata la terrible bombe: le peuple mû par un patriotisme fanatique, se précipita sur les maisons d'habitation, les entrepôts, les magasins; il causa des incendies, des ravages en signe de protestation contre les notables qui ne s'étaient point conformés aux ordres du Mahatma réclamant la désobéissance civile et la non-coopération. L'affaire prit des proportions plus graves, lorsque les révoltés, dans le paroxysme de la fureur, massacrèrent un grand nombre de ceux qu'ils rencontraient portant un chapeau ou revêtus de vêtements non confectionnés avec du tissu indien fabriqué dans les filatures nationales. Quand ces nouvelles alarmantes parvinrent au Mahatma, son visage s'assombrit, sa douleur fut immense; il se hâta de se rendre sur les lieux où s'étaient déroulés ces événements dramatiques, il exprima son émotion au spectacle douloureux qui s'offrit à sa vue par ces paroles historiques: "Le renom de Bombay, dit-il est aujourd'hui entaché de honte; j'ai été déçu dans mes rêves et mes espérances au moment où je félicitais mes compatriotes de leur contenance respectueuse dans la non-violence en face des vexations. La visite même du Prince et les criconstances honteuses qui ont entouré sa réception, le gaspillage de l'argent du peuple dans l'organisation de l'accueil fait à Son Altesse royale, sont des abus intolérables. Mais Bombay conserva son calme, et à mon avis, Bombay mérite d'être félicitée. Quant à l'incendie des amas de marchandises étrangères, ce n'était là qu'une réponse aux démonstrations du gouvernement et à ses fastueuses réceptions faites dans un but déterminé. Mais je connus un peu plus tard, que pendant que le Prince parcourait les rues pavoisées, des gens du peuple avaient transformé la désobéissance civile en désobéissance criminelle; ils avaient enlevé par la force les coiffures de fabrication étrangère sur les têtes des passants et maltraité des Européens innocents.

* * *

Lorsque la journée fut plus avancée, le peuple dans l'excitation de ses premiers succès, incendia les voitures du tramway, les automobiles, se rua sur les cabarets de vin brisant tout ce qu'ils contenaient et y causant aussi des incendies."

Gandhi arriva sur la place où ces troubles avaient éclaté de nouveau, il constata les faits, et les relata en disant: "J'ai trouvé un des cabarets de vin dévasté, j'ai vu deux agents de police qui souffraient de blessures graves, étendus à terre et sans connaissance, personne ne s'en préoccupait. Je descendis de voiture, et sur-le-champ, le peuple m'environna et m'acclama frénétiquement: Gandhiji!...Gandhiji! J'étais accoutumé à ce que ces acclamations nous fissent du tort, mais je ne fus jamais plus incommodé qu'en cet instant, quand la foule m'acclamait par toutes ses bouches sans se soucier nullement des agents de police blessés tous deux. J'élevai la voix, et réprimandai violemment la foule qui s'immobilisa en silence, je priai ensuite deux de mes confères et quelques autres personnes de transporter les agents de police à l'hôpital. J'allais de l'avant, et j'aperçus bientôt un grand feu; c'était deux voitures du tramway que la foule avait brûlées. Sur mon trajet de retour, je vis une automobile en flammes, je commandai à la population de se disperser et la blâmai avec amertume lui reprochant de nuire grandement à l'affaire du Khalifat, et à celle du Punjab, et à l'indépendance. Puis, je revins très malheureux, le cœur lourd d'inquiétude. Vers la cinquième heure, cinq jeunes gens courageux vinrent et me rapportèrent, que la foule dans le souk Bahindi, s'attaquait à tout passant qui portait une coiffure de fabrication étrangère, et le frappait s'il refusait de livrer son chapeau. Je me dirigeai vers le souk Bahindi en compagnie de Maulana Azad Sabhani, je m'adressais à tous ces gens, les désavouant, leur exposant qu'ils reniaient leur religion en s'attaquant à des innocents."

Enfin, le Mahatma dit: "Notre lutte, à mon point de vue, est une lutte religieuse; je crois en la prière, je crois dans le jeûne; pour cela, j'ai pris la résolution d'observer tous les lundis un jeûne de vingt-quatre heures jusqu'à ce que se réalise l'indépendance."

* * *

Gandhi s'imposa ce jeûne comme un châtiment pour la violence dont le peuple s'était rendu coupable; pour se purifier et pour fortifier son esprit en s'infligeant des souffrances corporelles, puisque la lutte, contrairement à sa volonté, avait été accompagnée de violence. En même temps, le Mahatma

"Si tu désires le connaître Madeleine, son nom est Gandhi"
Contrairement à sa volonté

lança des appels au peuple, l'informant, que les événements de Bombay, les actes de violence, de brutalité, de destruction et de pillage, avaient confirmé que ce peuple était incapable d'une politique de non-violence, et également incapable de mettre en exécution la politique de la désobéissance civile, et pour cette raison, il remettait à plus tard la continuation de cette politique. Mais les cortèges incendiaires poursuivaient leur marche, et les Hindous se réunissaient et brûlaient sur les places publiques les marchandises étrangères, vêtements, tissus et autres. Ils lançaient vers les cieux des chants passionnés et fanatiques, et les flammes reflétaient sur les visages et sur les maisons leurs lueurs sanglantes, reflets de la fureur patriotique, comme si elles étaient des emblèmes de la colère sainte, l'expression du courroux d'une nation à laquelle on a ravi les droits, dont on a piétiné l'honneur, et que l'on a condamnée à la pauvreté et à la faim.

Les résidents étrangers réalisèrent ce qu'il y avait d'animosité dans ces attroupements haineux. Ils sentirent sa force et en furent épouvantés. Ils sollicitèrent du gouvernement la promulgation d'une loi extraordinaire interdisant les manifestations, les attroupements et les réunions publiques. Le vice-roi se rendit à leurs instances, et de nombreuses provinces furent frappées de décrets oppressifs. Il y avait alors une ancienne loi promulguée en l'année 1908 quand débuta le premier soulèvement indien. Cette loi fut de nouveau remise en vigueur. Selon cette loi, les assemblées, les réunions regardant le Congrès indien et le Congrès du Khalifat étaient illégales, et les séances de ces congrès interdites. Des milliers et des milliers d'Hindous furent arrêtés et dirigés vers les prisons. Les prisons servaient à l'enregistrement officiel pour l'enrôlement des volontaires en faveur du mouvement. Ceux que le gouvernement faisait arrêter, sortaient des prisons exaltés, ayant foi en la mission et sacrifiant tout pour elle. Des délégations parcouraient villes et villages, enseignant au peuple la conduite à tenir au sujet du mouvement, et les préparant à la prison dont les portes ne se fermaient point; il se trouvait à tout instant des gens qui souhaitaient l'emprisonnement. En ces jours, Gandhi atteignit les plus hauts sommets de la grandeur et de la gloire; il représentait la conscience de la Nation indienne, son cerveau, son cœur et tout son être.

Les événements se succédèrent ensuite; le patriotisme d'une nation écrasée fut manifesté au monde entier. Cette nation avait tout immolé pour conquérir la liberté, l'indépendance, la justice… Vingt-cinq mille Hindous furent jetés dans les prisons et ils étaient dans la joie; et des centaines de milliers à leur suite, attendaient leur tour dans la sérénité.

53 - LA MISE EN JUGEMENT DE GANDHI
ET SON EMPRISONNEMENT

Hudson dit à Madeleine: "Je passe outre, ma chère Madeleine, sur les événements qui s'accomplirent durant une assez longue période de temps, et sur les faits graves, conséquences de la désobéissance civile. Je passe outre aussi sur le message énergique que le Mahatma adressa à Lord Harding, vice-roi des Indes, le 9 février 1922, où il lui accordait un délai de sept jours pour abroger les lois despotiques qui, opprimant ses compatriotes, les étranglaient par leur tyrannie et les enchaînaient honteusement. Il lui affirmait dans son message, que s'il ne tendait la main aux Hindous et leur restituait leur indépendance, ou pour le moins, s'il ne leur frayait la voie vers cette indépendance, alors lui, le Mahatma, déclarerait une guerre pacifique à l'Angleterre, et conduirait cette guerre lui-même, sans relâche, jusqu'à la fin. Par contre, si le vice-roi acceptait sa demande, il ferait cesser le mouvement de la désobéissance civile.

Mais la révolte intérieure, et l'exaltation des Hindous, leur fanatisme extrême, ne connurent point de bornes, quand ils furent au courant de l'ultimatum envoyé par le Mahatma au vice-roi. Ils ne laissèrent point à ce dernier le temps de répondre au message de Gandhi, car des manifestations sanglantes se produisirent à Chauri-Chaura dans le district de Gorakhpur et aboutirent à des massacres effroyables. Je ne te les relate point, car tu dois les connaître et en avoir lu les détails dans les journaux de ce temps-là. Je résume donc les faits[1], ma chère Madeleine, et te dis, que le Mahatma fit cesser le mouvement de la désobéissance civile et dénonça hautement la faute que les Hindous avaient commise. Il demanda à tous ceux qui avaient participé aux événements de Chauri-Chaura de se livrer aux autorités. Le Gouvernement anglais ne s'apaisa point envers cet homme, car dans les circonstances présentes, il le gênait par son esprit de mansuétude, et l'inquiétait par sa noblesse; il démontrait par sa seule force, que l'affaire indienne relevait de la plus haute justice de par son essence. De plus le Mahatma, avec toute sa franchise et son humilité, a montré les Anglais sous leur véritable aspect, et cela d'une façon qu'ils ne pouvaient tolérer.

Le Gouvernement anglais accusa le Mahatma Gandhi d'avoir excité le peuple à haïr les autorités, et cela dans un article qu'il avait publié dans la revue *Young India* (La Jeune Inde), en date du 10 mars 1922. Le Mahatma,

---

1. Tiré du livre *Le Mahatma Gandhi,* par Fathi Radwan.

depuis des années, s'attendait à être arrêté. Il savait que les portes de la prison étaient toujours ouvertes à deux battants pour le recevoir, et qu'il y avait pour lui une place retenue perpétuellement. Et que de plus admirable que ce leader toujours prêt à être emprisonné. A cet effet Gandhi avait pris ses dispositions, et avait rédigé en mars 1920 un manifeste intitulé: *Si je suis arrêté.*

En mars 1922, les nouvelles se répandirent que son arrestation était prochaine. Le Mahatma ne perdit point son sang-froid. "Les Anglais pourraient verser des flots de sang sans m'effrayer," dit-il. Il ne craignait qu'une chose, une révolte des Hindous causée par son arrestation, car de tels soulèvements ne réjouissaient point Gandhi. "Je veux, dit-il, que les Hindous gardent le contrôle de leur esprit, et considèrent le jour de mon arrestation comme un jour de joie. Le gouvernement considère que je suis la cause des troubles actuels, et que ma disparition rétablirait la tranquillité. Ce qui importe avant tout, c'est que le gouvernement réalise la force du peuple, et que les Hindous se maintiennnent dans la sérénité et le calme le plus parfait. Cela ne m'honore point, et ne me réjouit point de savoir que le gouvernement diffère mon arrestation par crainte d'un soulèvement violent et général; cela plutôt m'attriste."

Et le Mahatma demanda au peuple de poursuivre l'exécution du programme tracé. Les écoles et les tribunaux doivent être désertés complètement, personne ne doit s'y rendre. Le gouvernement ne doit trouver l'appui d'aucun d'entre les particuliers pour coopérer avec lui. Le Mahatma affirma aux Hindous qu'ils réussiraient dans leurs revendications s'ils se conformaient à ce programme avec une rigoureuse exactitude.

Tout étant prêt, Gandhi se rendit dans sa chère retraite, l'Ashram de Sabarmati près d'Ahmadabad, et attendit. Ses disciples l'environnaient, et il était plongé dans la méditation lorsque la police arriva pour le conduire à la prison. Cette prison, il l'attendait avec joie, il l'avait toujours considérée comme une retraite spirituelle pour la méditation, l'étude, et la purification de son âme. Le Mahatma n'avait point toujours le temps de lire autant qu'il l'aurait souhaité; la prison était donc une retraite fructueuse et féconde pour le recueillement et la maturation de la pensée. En quoi la prison pouvait effrayer le Mahatma? Il avait restreint ses besoins à un tel degré, que rien ne pouvait lui manquer. De quelles choses cet homme spiritualiste au plus haut degré, serait-il privé en prison? De son épouse? Il n'avait point avec elle les relations d'un mari avec sa femme. Rien de plus humble et de moins coûteux que ses vêtements. Sa nourriture? Rien de plus modeste et de plus réduit que son alimentation. Quels sont ses goûts, ses plaisirs? Rien. Quelle est donc la différence entre sa retraite en compagnie de ses disciples, et la prison avec ceux qui sont séparés du monde et privés de tout? Aucune. Mais l'Inde profiterait beaucoup de son emprisonnement, elle serait donnée en exemple pour ses sacrifices, et c'est le seul moyen pour elle de réaliser ses espérances. Les yeux du monde entier seraient tournés vers la cause indienne, les journaux publieraient la nouvelle de l'emprisonnement du Mahatma, ils seraient lus partout. Ce fait et ses suites éventuelles occuperaient les autorités et les hommes politiques. Ce serait une matière pour les écrivains et les penseurs de donner libre cours à leurs écrits et discours. Aussi, l'Inde aurait l'occasion de montrer sa force en l'absence de son chef, et d'exprimer nettement ses revendications sans que Gandhi intervienne par ses discours et ses écrits. Le Mahatma tirerait de tout cela un seul avantage, reconnu par lui: il trouverait dans cette prison un peu de repos corporel dont il est privé depuis très longtemps, et qu'il mérite probablement...

Les hommes de police arrivèrent le soir du 10 mars, et auparavant la nouvelle de leur prochaine arrivée les avait précédés au lieu de la retraite du Mahatma. Gandhi se livra lui-même, se mettant à la disposition de ses visiteurs. Alors qu'il était conduit en prison, il rencontra sur le chemin son ami, le leader musulman, Maulana Mohani, accouru pour le voir; ils s'étreignirent longuement, et furent séparés par les agents de police. Kastorba, la femme de Gandhi, accompagna son mari jusqu'à la porte de la prison. Le directeur du journal *Young India* fut arrêté et emprisonné en même temps que le Mahatma.

Le 18 mars, eut lieu l'ouverture du procès. L'histoire n'a point enregistré, jusqu'à ce jour, un procès aussi étrange, et tout à l'honneur de l'inculpé et à sa glorification. L'histoire n'a point relaté, qu'un accusé se reconnaît coupable, qu'il demande à ses juges de le condamner, et qu'il réitère sa demande. L'histoire n'a point relaté, non plus, qu'un juge ait consulté respectueusement un accusé sur la peine qui pourrait lui être infligée, et lui en laisser le choix, tout en lui demandant de lui permettre de prononcer contre lui la sentence, et exprimant son vœu que le gouvernement le graciera. Tous ces faits étranges se sont trouvés réunis dans ce procès, et quand donc le merveilleux a-t-il cessé d'accompagner cet homme extraordinaire? Cet homme, le plus chétif d'entre les hommes, tient tête à la plus grande des puissances impériales, et ceci est un miracle auprès duquel s'éclipsent tous les miracles. Si l'on avait dit après cela, que Gandhi avait délogé le juge de son siège pour prendre sa place, ceci n'aurait point semblé hors du commun.

Gandhi se livra lui-même

Le Mahatma était accusé d'avoir excité le peuple à la haine contre les autorités dans des articles qu'il avait publiés. Dans celui publié le 12 février, il disait: "Aucune entente n'est possible tant que le lion britannique agitera devant nos faces ses griffes aiguisées. L'Empire britannique qui s'édifie sur l'exploitation organisée des peuples matériellement faibles, et sur la manifestation constante d'une force brutale, ne peut durer, car il se trouve là-bas au Ciel, un Dieu juste. Le peuple britannique doit réaliser, que la lutte qui a débuté en 1920, est une lutte qui continuera jusqu'au bout, et certainement elle se terminera dans un mois, des mois, un an, ou de nombreuses années. Je prie Dieu seulement, pour qu'Il accorde à l'Inde, l'humilité et la force nécessaires pour qu'elle demeure innocente de toute violence; mais il est impossible qu'elle plie devant les provocations et les injustices qui l'accablent."

Cet article était une réponse à un télégramme insolant et révoltant envoyé par Lord Birkenhead, ministre pour l'Inde, et M. Montagu, secrétaire pour l'Inde, dans lequel il est dit que l'Empire saurait comment employer la force et la rigueur envers les Hindous. Le Mahatma était donc inculpé d'avoir poussé le peuple à la haine contre le gouvernement et à lui tenir tête dans l'article mentionné ci-avant, et dans deux autres articles; l'un à propos de l'arrestation des frères Mohammad et Chawkat Ali, l'autre, au sujet d'un discours de Lord Reading.

Le procureur général se leva, et déclara que les trois articles n'étaient point les seuls sur lesquels est basée l'accusation, mais qu'ils faisaient partie d'un grand mouvement organisé par l'inculpé depuis deux ans dans le but de se débarrasser du Gouvernement britannique. Le procureur général cita plusieurs autres articles de Gandhi; il loua ses hautes qualités, mais ces louanges furent le prétexte habile pour rendre plus grande la responsabilité du Mahatma. Il rendit encore Gandhi responsable des événements de Bombay et de Chauri-Chaura, et déclara que, quoique le Mahatma prêchait réellement la non-violence, il excitait en même temps le peuple à la haine contre le gouvernement.

Puis le Mahatma demanda la parole, elle lui fut accordée. Il improvisa la plus admirable, la plus extraordinaire des plaidoiries par laquelle peut se défendre un inculpé.

Je veux déclarer nettement au docte avocat général, dit-il, que je reconnais l'exactitude de ce qu'il a exposé à mon sujet. Ceci est le plus dur de mes devoirs, mais il est nécessaire que je remplisse ce devoir, réalisant mes responsabilités. Je reconnais égale-

166

ment le blâme qu'il fait retomber sur moi regardant les événements de Bombay, Madras et Chauri-Chaura. Après mûre réflexion durant des nuits et des nuits au sujet de ces événements, je ne puis pas dire qu'il n'y ait point eu de rapport entre moi et ces troubles diaboliques de Chauri-Chaura, de même qu'avec ce soulèvement insensé de Bombay. L'avocat général est dans son droit quand il dit, qu'assumant une reponsabilité, et ayant reçu une bonne éducation et acquis une formation dans les enseignements de la vie, j'aurai dû prévoir toutes les conséquences de mes paroles et de chacun de mes actes. Je me rendais compte que je jouais avec le feu, et j'y suis tombé; pourtant si vous me libérez, j'accomplirais de nouveau ce pourquoi je suis mis en jugement. J'ai éprouvé ce matin le sentiment que je serais un lâche si je ne vous disais pas ce que je vous dis en ce moment. Je voulais éviter la violence, et je veux toujours fermement éviter la violence. La non-violence est le premier des dogmes de ma foi, mais je me trouvais dans l'alternative: ou bien je devais me soumettre au régime politique qui, dans ma conviction, fait du tort à mon pays, un tort irrémédiable, irréparable, ou alors, je devais m'exposer au danger de la révolte de mes compatriotes lorsqu'ils connaîtraient la vérité par ma bouche. Je sais que mes compatriotes perdent parfois tout contrôle de leur raison, et je les déplore amèrement. C'est pour cette cause que je suis ici prêt à subir les conséquences et les peines, point les moindres, mais les plus sévères. Je ne demande point la clémence, et je ne plaide aucune cause atténuante. Je demande ici la peine la plus sévère qui puisse m'être appliquée, en considérant que je suis coupable d'un crime prémédité. Je subirai cette peine avec joie, et c'est ce que j'estime comme le devoir le plus élevé d'un véritable patriote. La voie que vous devez suivre, Monsieur le juge, consiste pour vous à démissionner, ou à appliquer la peine la plus rigoureuse, si vous êtes convaincu que le régime que vous défendez est dans l'intérêt du peuple. Je ne m'attends point à ce que vous démissionniez de vos fonctions, mais j'espère vous avoir donné l'occasion de comprendre le sens véritable de ce qui se soulève en mon être, et qui me porte à m'exposer aux conséquences les plus dangereuses auxquelles puisse s'exposer un homme sage.

Le devoir m'impose l'obligation de faire connaître au peuple indien et au public anglais, comment je me suis transformé, d'un homme fidèle à l'Empire britannique et coopérant avec lui, en un autre homme qui a une aversion pour cet Empire et qui refuse de collaborer avec lui. Je veux dire également, en présence de ce tribunal, pourquoi je confesse le crime d'avoir excité mes compatriotes à l'aversion contre le gouvernement telle articulée dans le code indien. J'ai commencé ma vie publique en l'an 1893 dans une atmosphère d'agitation en Afrique du Sud. Mes premiers contacts avec l'Empire britannique ne furent point heureux, car je découvris que je n'avais point droit au titre d'homme en tant qu'Hindou; en termes plus exacts, je découvris que je ne possédais point de droit en ma qualité d'homme, parce que je suis Hindou. Mais, je ne m'en émus point, et je supposais que cette conduite était en accord avec une loi juste à l'origine. Je prêtais librement mon aide cordiale au gouvernement, tout en le critiquant franchement, quand j'étais convaincu qu'il était en faute, mais je ne souhaitais point du tout sa ruine. En témoignage de mes sentiments, je lui offris mes services lorsqu'il déclara être en danger par suite du soulèvement des Boers en l'an 1899. J'organisais un bataillon de secours composé de volontaires, et je servis dans différentes opérations.

En 1906, j'ai rassemblé une troupe de porteurs ambulants, et je servis lors de la révolte des Zoulous, jusqu'à ce que cette révolte prit fin. Dans ces deux circonstances, je fus, non seulement décoré, mais encore cité dans les rapports officiels. Et pour ma conduite en Afrique du Sud, Lord Harding m'a remis la médaille d'or de l'Empire des Indes. Et lorsque fut déclarée la grande guerre entre l'Angleterre et l'Allemagne, j'ai formé à Londres une société de secours dans laquelle s'enrôlèrent les Hindous établis à Londres en ce temps-là, dont la plupart étaient des étudiants; les autorités compétentes apprécièrent beaucoup cette action. Et finalement aux Indes, quand Lord Chelmsford, en l'an 1918 au Congrès de la guerre à Delhi, lança un manifeste pour demander des volontaires, je travaillais, sacrifiant ma santé alors précaire, pour rassembler des volontaires à Khéri. Pour agir ainsi, j'étais poussé par l'idée d'obtenir pour les Hindous, une situation qui les mit sur un pied d'égalité avec les autres sujets de l'Empire britannique.

Le premier coup me fut donné par la loi "Rowlatt"; cette loi fut décrétée dans le but de ravir au peuple sa véritable liberté. Je sentis que j'étais appelé à organiser un mouvement contre cette loi. Puis, suivirent les événements affreux du Punjab, précédés par les horribles massacres de Jalliana et Allah Bagh, couronnés par les ordres d'assaillir, de flageller publiquement et supplicier par des moyens avilissants, indescriptibles. Je découvris également que le président du Conseil des ministres n'avait point tenu les promesses qu'il avait données aux musulmans au sujet de la Turquie et des Lieux Saints de l'Islam. Malgré les représentations et les avertissements de mes nombreux amis, j'ai plaidé pour la coopération avec le gouvernement, avec Lord Chelmsford et Mr. Montagu, dans l'espoir que le président du Conseil exécuterait ses promesses aux musulmans, et que la blessure effroyable du Punjab se cicatriserait. J'espérais aussi, que les réformes de la constitution, quoiqu'elles n'apportent ni satisfaction ni conviction, du moins elles préludaient une ère nouvelle dans la vie des Hindous.

Mais toute espérance a été détruite. La promesse faite au sujet du Khalifat n'est point destinée à se réaliser. Quant au crime du Punjab, son souvenir est passé à l'éponge, et les plus grands criminels qui s'y sont trempés, non seulement n'ont point été touchés par la moindre sanction pénale, mais ils sont demeurés dans leurs fonctions, recevant leurs traitements des revenus de l'Inde; et plusieurs d'entre eux ont même reçu une rémunération. Je compris alors, que les réformes ne sont point pour le gouvernement une évolution inspirée du cœur, mais seulement un moyen pour soutirer de nouvelles richesses de la fortune des Hindous, et prolonger leur servitude. Je suis dans l'obligation de conclure, que les rapports entre les Anglais et nous, ont accru la faiblesse de l'Inde politiquement et économiquement plus qu'en aucune autre époque. L'Inde qui ne possède point d'armements, est impuissante à repousser quiconque l'attaquerait. De même, nombreux sont nos hommes qui sont convaincus qu'il faudrait des siècles à l'Inde pour parvenir à la situation des dominions dans l'Empire britannique. L'Inde est dans une extrême pauvreté, elle s'est affaiblie au point de n'avoir point la force de lutter contre la faim. Avant l'occupation anglaise, l'Inde filait et tissait dans des millions de chaumières, et cela donnait un revenu qui s'ajoutait à celui des produits agricoles. Mais cette industrie vitale pour l'existence de l'Inde-Industrie des fuseaux dans les chaumières, fut détruite par des procédés inhumains, sans miséricorde, comme le reconnaissent des témoins Anglais.

Les habitants des villes sont très peu renseignés sur la vie des populations hindoues qui sont toujours hantées par la famine, et qui se laissent mourir de faim. Les habitants des villes ne savent pas exactement que leurs tristes profits ne sont que le courtage offert à l'étranger exploiteur; courtage et profits sont tirés du sang des populations hindoues. Ils ne savent point exactement, que le Gouvernement anglais s'alimente de l'exploitation de ces populations.

L'exagération si forte soit-elle, le jeu dans les chiffres si grand soit-il, ne peuvent exprimer ce que voit l'œil nu, lorsqu'il contemple dans un grand nombre de villages, les squelettes osseux mouvants. Je ne doute point, que les habitants des villes et les Anglais, se demandent s'il y a là-haut au Ciel un Dieu, pour répondre de ce crime contre l'humanité, ce crime qui n'a point son précédent dans l'histoire. Les lois elles-mêmes, dans ce pays, sont édictées pour le bénéfice de l'exploiteur étranger. Mes recherches désintéressées regardant les jugements rendus par les tribunaux militaires au sujet des événements du Punjab, m'ont donné l'assurance que quatre-vingt quinze pour cent de ces jugements étaient nuls et non valables en droit. Et mes expériences dans les questions politiques, m'ont convaincu, que sur dix condamnés, neuf étaient parfaitement innocents; leur seul crime est leur amour pour leur patrie. Sur 100 procès entre étrangers et Hindous dans les tribunaux de l'Inde, la justice se perd dans 99 procès au profit des étrangers. Ce témoignage n'est point exagéré, il est la conclusion des expériences de chaque Hindou qui est en contact avec les tribunaux. D'après mon opinion, les tribunaux se sont vendus dans l'intérêt du colonisateur étranger.

Et le plus grave, c'est que les Anglais et leurs collaborateurs parmi les Hindous dans l'administration de ce pays, ne se rendent pas compte qu'ils commettent le crime que j'ai tâché de décrire. Je suis persuadé que de nombreux fonctionnaires Anglais et Hindous, sont convaincus qu'ils sont entrain d'appliquer la meilleure administration qui soit au monde, et que l'Inde marche progressivement vers le progrès par des voies lentes mais sûres. Ils ne savent pas que le code est dangereux, quoique l'arbitraire y soit dissimulé. Ce code s'accompagne d'un côté, par le déploiement de la force matérielle de la part du gouvernement, et d'un autre côté, par l'interdiction à toute force indienne de répondre aux provocations et de se défendre. Il a donné le coup de grâce à la virilité de la nation, et du même coup, poussé les particuliers dans les voies du mensonge, cette détestable habitude qui s'accompagne de l'ignorance, et qui se tourne vers ce que désire l'administration.

Pour ma grande chance, je suis jugé selon l'article 24 paragraphe 1, qui est le plus favorable d'entre les autres articles du code politique, mentionnés dans le Code pénal indien enchaînant la liberté individuelle. L'amour ne peut être commandé et mis en exécution par la loi. Si un individu a de l'aversion pour un autre individu, ou pour un système, il faut que cet individu soit libre d'exprimer son aversion, tant qu'il ne médite point la violence, ni qu'il la prêche, ni qu'il n'incite à la violence. Mais l'article selon lequel on me juge, considère l'aversion comme un crime; j'ai étudié de nombreuses causes dans les mêmes conditions, et j'ai constaté, que les plus grands parmi les Hindous et qui sont le plus aimés, ont été inculpés selon la même procédure. Ainsi, je considère que mon inculpation est une marque de distinction.

J'ai essayé de résumer ici les raisons fondamentales de mon aversion. Mon âme ne se replie point sur de noires intentions tournées vers un seul fonctionnaire; de même, je n'éprouve aucune aversion pour la personnalité du roi, mais je considère comme mon devoir d'avoir de l'aversion pour le Gouvernement britannique qui a causé un si grand mal à l'Inde, plus que ne fit jamais, en aucun autre temps, un autre gouvernement précédent. L'Inde est moins virile sous l'Administration britannique que sous n'importe quelle précédente administration. Avec cette conviction, je ressens qu'il est criminel qu'un homme porte de l'amour pour un tel gouvernement. Précieuse pour moi fut l'occasion qui me donna la possibilité d'écrire plusieurs articles, lesquels sont présentés aujourd'hui comme un témoignage contre moi. Et je suis convaincu, que je sers l'Angleterre en même temps que l'Inde, si j'entreprends le mouvement de la non-coopération comme moyen de nous libérer de la situation dans laquelle nous vivons. A mon humble avis, la non-coopération avec le mal est un devoir autant que la coopération avec le bien. La non-coopération dans le passé, était accompagnée de l'emploi de la violence contre le persécuteur; mais je tâche d'enseigner à mes compatriotes que la non-coopération doit être dépouillée de la violence.

La non-violence suppose que l'on s'incline devant les châtiments de l'oppresseur, pour cela je demande avec joie, que les plus dures peines mentionnées dans le code, me soient infligées: celles qu'il soit possible d'appliquer à mon cas, prenant en considération qu'il s'agit d'un crime prémédité de la part d'un homme qui ne se soumet point, car c'est là à mon point de vue, le devoir le plus élevé d'un patriote. La seule voie qui se présente devant vous, Monsieur le Juge, exigerait que vous vous désistiez de vos fonctions, et qu'ainsi vous rompiez vos relations avec le mal, si vous êtes assuré que la loi dont vous demandez l'application est injuste, et qu'en vérité je suis innocent; par contre, vous devez m'appliquer les peines les plus dures, si vous avez la certitude que la loi à laquelle vous prêtez votre concours pour son exécution, est juste et bienfaisante pour ce pays, et que ma lutte est nuisible à l'intérêt public.

Lorsque Le Mahatma eut achevé ces paroles, le juge prononça ainsi sa sentence:

"Mr. Gandhi, vous avez dans un sens, facilité ma tâche en confessant vos actes; quant à rendre un jugement juste, c'est la chose la plus difficile qui incombe à un juge dans ce pays. La loi ne fait pas de différence entre les personnes, mais il m'est impossible d'ignorer, que vous êtes en vérité d'une classe autre de ceux que j'ai jugés, et que je jugerai. Il m'est impossible d'oublier, que vous êtes un grand patriote et un grand leader au regard de millions de vos compatriotes. Même ceux-là qui sont en désaccord avec votre politique, vous considèrent comme un homme animé des plus nobles visées; ils sont convaincus, que votre âme élevée est comparable aux âmes des saints. J'ai à vous juger sur un seul point, il n'est guère de mon devoir de vous juger sur un autre, ou de vous faire des critiques. Mon devoir est de vous juger comme un de ceux qui tombent sous le coup de la loi, qui a enfreint cette loi par sa volonté préméditée, comme s'il s'agit d'un homme ordinaire qui a commis un crime grave envers le gouvernement. Je reconnais que vous avez toujours prêché la non-violence, et que vous avez travaillé dans beaucoup de circonstances pour empêcher la violence, mais par la nature de vos enseignements politiques, et la nature de ceux que vous appelez à ces enseignements, comment persistez-vous à croire que vos enseignements ne conduisent point à la violence? Ceci est une chose que je ne puis comprendre.

Il se trouve très peu de personnes aux Indes qui ne sont point attristées de votre arrestation par le gouvernement, mais je tâche de peser entre ce qui est contre vous, et ce qui doit être au regard de l'opinion publique. Je propose pour la sentence à rendre contre vous, de m'appuyer sur un précédent auquel votre cas ressemble par beaucoup de côtés. Ce précédent s'est produit il y a de cela une douzaine d'années, je veux parler de l'affaire de Bal Gengadar Tilak qui fut inculpé du même délit, et finalement condamné à six années de prison. Je pense que vous ne trouverez point déraisonnable, que je vous traite comme Tilak, c'est-à-dire de vous condamner à deux ans pour chaque inculpation, soit au total de six ans d'emprisonnement. Je considère qu'il est de mon devoir de vous imposer cette condamnation, et j'aime à exprimer le souhait qu'il soit possible au gouvernement, par suite de l'évolution des événements, d'atténuer cette condamnation, ou de vous rendre la liberté, et dans ce cas, il ne se trouvera personne ici de plus heureux que moi."

Gandhi répondit: "Je tiens à dire une seule parole. Puisque vous m'avez fait l'honneur de faire revivre ici le souvenir du regretté Tilak, j'aime à exprimer, que l'association de mon nom au sien, est un grand fait dont je suis très fier. Quant à la sentence elle-même, je la considère sans doute, comme la plus légère des condamnations que puisse m'infliger un juge. Quant à la manière dont le procès a été mené, je puis dire, que je ne m'attendais pas à une plus grande courtoisie."

Gandhi franchit le seuil de la prison dans l'intention d'y passer six longues années loin du monde. Il n'est point facile à un leader de s'arracher à ses adeptes et à sa famille pour une aussi longue période de temps. Il n'y a point de doute que son nom fut rehaussé à la suite de ce jugement, et que ses nobles paroles, exprimant clairement l'énergie et l'amour de son pays, lui attirèrent l'attachement des cœurs. Mais ce procès se termina en une seule séance de deux heures, et Gandhi fut ensuite conduit à un bâtiment aux murs épais qui le séparaient du monde, de ses voix et de ses populations. Le danger dans cette prison, était qu'il abandonnait le mouvement, et qu'il ne pouvait connaître ce qui adviendrait durant ces longues années: serait-il oublié? Le mouvement subirait-il un changement, se transformerait-il, ou serait-il paralysé? Lorsqu'il quitterait la prison, et qu'il retrouverait le peuple, tout serait changé. Mais c'est ici justement qu'apparaît le courage , il apparaît dans l'insistance de Gandhi pour qu'on lui applique les plus dures sanctions. Cette manière d'agir surprend les esprits qui ne jugent les hommes et leurs actes que d'une façon ordinaire.

Hudson acheva son entretien en disant: "Gandhi, par ce procès, a conquis les cœurs de tous les Anglais aux Indes. Les missionnaires l'aimèrent, et se rapprochèrent de lui. De nombreux Anglais demandèrent auparavant au Mahatma qu'il leur permît de le visiter; il les recevait avec tous les égards et toute l'affabilité que peut souhaiter un hôte. De même, ils le priaient de les visiter, et il était heureux de se rendre à leurs invitations, d'une manière gentille, délicate. Mais ces visites devinrent beaucoup plus fréquentes après le procès, et les Anglais sont très heureux quand il leur est donné de l'approcher. Parmi eux, il a des amis qui lui vouent la plus grande affection. Les enfants surtout lui témoignent un culte spontané, et son cœur les préfère à tous. Ils accourent aussitôt qu'ils l'aperçoivent; à peine sorti de sa solitude, ils le suivent, s'emparent de ses mains, lui parlent et s'épanouissent de joie. Leurs rires cristallins et charmants, résonnent comme une cascade d'eau claire, ensoleillée d'or pur dans une atmosphère sereine, d'une douceur suave."

"Je ne demande point la clémence"
Serait-il oublié?

54 - VERS LE CAIRE

Les deux fiancés furent d'accord pour remettre à un temps prochain leur visite au Mahatma Gandhi, à cause du flot constant des foules qui se pressaient pour le voir, lorsque les autorités l'eurent libéré de la prison. Il y avait passé deux années entières, soit depuis 1922 jusqu'en 1924; il fut ensuite gracié par le gouvernement qui allégeait ainsi, de quatre années, la longue condamnation qui l'avait frappé.

Deux semaines passèrent sur cet accord, et au bout de ce temps, un ordre arriva, qui transférait Hudson au Caire. Il était nommé au poste d'attaché au Haut-Commissaire britannique, dans ces circonstances, où l'éveil national égyptien entreprenait un mouvement actif, et devenait violent. Le très aimé et très populaire leader, Saad Zaghloul, en était l'animateur.

Cet éloquent magicien soulevait l'Egypte dans sa totalité, et le mot que prononçaient ses lèvres était obéi ardemment et aveuglément. Comme Hudson avait à son acquis l'expérience des événements gandhistes, et des méthodes britanniques de colonisation, le ministre des Affaires étrangères, comptant profiter de cette expérience et en récolter les avantages, le transféra au Caire. Madeleine n'eut point la possibilité d'entreprendre la visite projetée, et tant souhaitée, au Mahatma Gandhi, idole et chef suprême des Hindous. Un mois ne s'était point écoulé depuis l'arrivée du décret ministériel, que Hudson, accompagné du Duc et de sa fille, atterrissaient dans la vallée du Nil.

55 - L'ŒIL VIGILANT DE LA GRANDE-BRETAGNE

Dès l'arrivée de Hudson à la résidence du Haut-Commissaire britannique au Caire, les fonctionnaires lui remirent l'ensemble des discours pro-

Dans la vallée du Nil

noncés par Saad Zaghloul, dans les différentes assemblées patriotiques, et en d'autres occasions. Ils lui communiquèrent, de même, toute la correspondance officielle échangée entre le Haut-Commissaire et le Gouvernement égyptien, que présidait Saad Zaghloul avant l'assassinat du Sirdar Lee Stack Pacha, fait qui causa les complications des affaires et la démission de Saad Zaghloul.

Tous ces renseignements furent communiqués à Hudson, pour qu'il les étudiât d'une manière appronfondie, et qu'il se rendît compte de la politique égyptienne, sous toutes ses faces, d'après les différentes étapes qu'elle avait traversées. Comme Saad Zaghloul était la personnalité marquante du pays, que tous les yeux et tous les cœurs convergeaient vers lui, que la Nation égyptienne fondait les plus grandes espérances sur sa sagesse et son amour patriotique, comme il était le point de mire de la jeunesse, et l'axe autour duquel tournait la marche des événements, il fut demandé à Hudson d'étudier minutieusement et méthodiquement ces pièces, dans l'attente de ce qui pouvait survenir dans un avenir prochain.

Son attention fut d'abord attirée par le discours que Saad avait prononcé devant la Nation égyptienne le 18 janvier 1924, après les élections du 12 janvier 1924 qu'il avait remportées, par une très grande majorité, et qui lui avaient conféré le pouvoir, à lui et à ses partisans, ses frères dans la lutte.

Voici le discours:

DISCOURS DU LEADER SAAD ZAGHLOUL[1]

Ils ont déclaré la lutte des élections, ils ont délimité son champ, ils ont eux-mêmes déterminé le moment où elle aurait lieu et les armes du combat! Nous n'avons pas hésité à leur faire face, bien au contraire, nous sommes descendus sur le champ de bataille, confiants et sûrs de notre victoire, guidés par notre dévouement à notre chère patrie. Notre foi en Dieu était notre force. Nous n'avons point eu de cesse qu'après leur avoir fait courber l'échine et détruit leur force. Certes, ils ont réussi à obtenir l'ajournement des élections, ils ont émis de force des interprétations en leur faveur, ils ont édicté de nouveaux règlements, ils ont varié les différents niveaux des élections, ils ont

---

1. Ce discours est tiré du livre: *Vestiges Littéraires du Leader Saad Zaghloul*, par Mohammad Ibrahim Al-Jaziri.

L'ensemble des discours prononcés par Saad Zaghloul

étouffé toute liberté de réunion, ils ont tenu des discours injurieux et diffamants, ils ont publié des articles mensongers et trompeurs, tout cela, non seulement fut vain, mais tourna entièrement à leur désavantage. Leur défaite n'en a été que plus vive et plus humiliante. Leur coalition avec l'adversaire ne les a que plus affaiblis. Les sommes d'argent qu'ils ont versées pour acheter leurs électeurs ne les ont que plus appauvris! Car ces derniers ont refusé de s'enrichir au détriment de la patrie, et ils ont préféré se laisser condamner plutôt que d'aliéner leur conscience. Dieu leur avait insufflé la force nécessaire pour mettre en échec ces corrupteurs hypocrites, et la détermination voulue pour donner la victoire aux fidèles.

C'est à nous maintenant, après ce coup fatal et cette chère victoire, de nous tourner humblement vers Dieu, de Lui rendre grâce, et de Lui demander le pardon pour nous et pour ceux qui, par ignorance, se sont écartés du chemin des fidèles. Nous accueillons avec joie leur retour dans le droit chemin, le chemin de ceux qui sont guidés et qui sont dévoués à Dieu et à la patrie.

De plus, nous félicitons notre chère patrie d'avoir ainsi adopté, par une étonnante unanimité, la juste cause; et nous offrons à Sa digne Majesté, nos plus sincères remerciements pour cette grâce inégalable, sans pareille à travers le monde, qu'elle nous a accordée, à mes amis et à moi-même: la grâce de sa précieuse confiance. Nous lui renouvelons notre soutien, nous vivons pour la servir et nous mourrons pour elle. Elle, seule, sera notre chef; sa parole sera unique; nous lutterons de notre mieux pour préserver son indépendance et cette lutte est notre devoir le plus sacré.

L'union est le fondement de nos actes, et le dévouement est notre grand principe. Notre Parlement est au cœur de cette mission dangereuse. Or, par la grâce de Dieu, la nation a choisi ses députés parmi ses fils les plus prestigieux, ce qui donne tout lieu de croire que le Très-Haut avait prévu la victoire; nos députés ont, de ce fait, un esprit de groupe, éprouvent les mêmes sentiments, représentent une même volonté et tiennent le même langage. Il ne pourrait y avoir de conflit que pour quelque matière banale. Dieu est toujours présent, en toutes circonstances.

Bait Al Oumat,
le 18 janvier 1924 Saad Zaghloul

Lorsque Hudson eut terminé la lecture de ce discours, son attention fut attirée par un autre discours de Saad au début duquel la Résidence du Haut-Commissaire avait noté au crayon rouge la remarque suivante:

Le soir du 20 mars, une foule d'étudiants, de toutes les écoles, s'est rassemblée dans les jardins d'Al Azbakiyah. Plusieurs discours furent prononcés, puis toute l'assemblée s'est dirigée vers Bait Al Oumat; Saad Zaghloul est sorti sur le balcon pour les accueillir et, lorsqu'il a su le but de leur rassemblement - avoir des informations sur les fausses allégations du Discours du Trône - il a prononcé, au milieu d'un tonnerre d'applaudissements passionnés, le discours suivant:

Le Parlement a le droit absolu d'analyser le Discours du Trône et de le discuter. Il est entièrement libre d'y apporter toutes les modifications qu'il juge nécessaires. C'est un droit et une liberté que personne ne peut lui contester. Toutefois, le Gouvernement a un devoir à l'égard de ce droit, le devoir de s'abstenir d'exercer son pouvoir exécutif au cours de ces modifications. Le Gouvernement est une partie du Parlement, chargée d'exécuter ses idées et de les exposer dans le Discours du Trône. Si le Parlement apporte des modifications au discours, cela signifie que le Gouvernement n'a pas exposé convenablement ses idées et qu'ils ne les a pas exprimées fidèlement. D'où la preuve que le Gouvernement est mal intentionné et qu'on ne peut lui faire confiance. Or, c'est cette confiance qui fait la force d'un gouvernement, car s'il la perd, il n'a plus de fondement et se voit contraint à démissionner.

C'est une règle constitutionnelle bien connue dans tous les pays de régime constitutionnel dont la Constitution exige le Discours du Trône et sa critique. Or, ce qui était courant chez nous avant l'instauration du régime parlementaire, c'était le fait que le Gouvernement demeurait en place à l'encontre de la volonté de la Nation! Mais nous avons vu que le nouveau Gouvernement a pris, dans ses déclarations ministérielles, l'engagement de diffuser l'esprit de la Constitution dans l'administration, et que le meilleur moyen pour y arriver était de donner le bon exemple. Il a donc adopté le principe constitutionnel selon lequel le pouvoir exécutif abandonnerait ses travaux lorsque les députés décident de modifier le Discours du Trône.

Cet abandon ne constitue pas, vis-à-vis des députés, l'exercice d'un pouvoir arbitraire. C'est un devoir constitutionnel. C'est lorsque le gouvernement s'obstine à vouloir rester en place qu'il fait preuve d'un despotisme manifeste et d'un acharnement injustifiable.

Le Discours du Trône doit uniquement exposer les programmes du gouvernement et les allocutions antérieures, concommittantes et postérieures.

Nous trouvons dans tout cela des déclarations manifestes quant à l'importance du rôle du Gouvernement dans la lutte pour l'indépendance de l'Egypte et du Soudan. Ceci avait déjà été dit dans le Discours du Trône. Le mot indépendance n'avait pas été prononcé comme tel, mais il n'en était pas moins évident et ne ressortait que clairement de l'expression "Sûretés Nationales de l'Egypte et du Soudan." Celui qui affirme le contraire ignore soit, la signification de cette expression ou, les désirs ardents de sa Nation. Ceux qui doutent du nationalisme du Gouvernement actuel et de son dévouement à ses principes, doivent en premier lieu apporter la preuve de leur propre nationalisme et de leur propre dévouement aux justes principes! Ceux qui prétendent que le gouvernement est favorable aux Anglais, se leurrent! Pourquoi serait-il bien disposé à leur égard? A quel prix les Anglais pourraient-ils se le concilier? Le Gouvernement a dans le cœur de quatorze millions de personnes une place privilégiée, sans pareille.

Les Anglais auraient-ils réussi à attirer et à captiver un plus grand nombre de personnes? Cela est-il humainement possible? C'est la quadrature du cercle!

Zaghloul, au sujet de qui on cherche à semer le doute, a des principes inébranlables, et il n'est pas encore né celui qui le détournera de ses croyances ou qui régentera sa conscience. Zaghloul est fidèle à ses promesses, dévoué à sa Patrie, et son principe, qu'il répète inlassablement, jour et nuit, à travers le pays, est devenu la devise nationale: "Vive l'indépendance totale de l'Egypte et du Soudan".

* * *

ASSASSINAT DU SIRDAR[1] DE L'ARMÉE ÉGYPTIENNE ET SES CONSÉQUENCES

Hudson est ensuite passé aux faits relatant l'assassinat du Sirdar de l'Armée égyptienne. Il a publié les documents officiels chronologiquement numérotés en commençant par la déclaration du Premier ministre Saad Zaghloul, publiée le 19 novembre 1924:

> Un attentat a eu lieu aujourd'hui, vers deux heures de l'après-midi, dirigé contre son Excellence le Sirdar de l'Armée égyptienne. Des coups de feu ont été tirés sur lui et sur tous ceux qui l'accompagnaient. Il y a des blessés graves. Nous demandons à tous ceux qui auraient des renseignements de se présenter immédiatement au Service de la Sécurité publique.

Saad Zaghloul

APPEL A LA NATION ÉGYPTIENNE

L'attentat dirigé contre son Excellence Sir Lee Stack Pacha, Sirdar de l'Armée égyptienne et Gouverneur général du Soudan, et contre ceux qui l'accompagnaient, a eu de graves répercussions chez tout le monde et en particulier, auprès de Sa Majesté le roi et son Gouvernement. Nul doute que le Parlement partagera ce sentiment au cours de la prochaine assemblée. Cet attentat est sans contestation un acte barbare qui affecte la réputation et le prestige du pays, surtout que la victime était une personne de grandes qualités qui lui avaient valu le respect de toute la population. Le Gouvernement a, sur le champ, pris les mesures nécessaires et n'a pas tardé à arrêter les coupables qui fuyaient en voiture. Nous poursuivons les recherches pour arrêter les coupables encore en fuite. Nous avons fait appel hier à votre aide afin que toute personne ayant des renseignements pertinents se présente au Service de la Sécurité publique. Je réitère, en mon nom et au nom de mon Gouvernement, nos regrets les plus sincères quant à cet événement

---

1. Général.

douloureux, et je souhaite à tous ceux qui ont été blessés, un prompt rétablissement. De même, je demande encore une fois au peuple de coopérer avec le Gouvernement pour démasquer les coupables. Votre coopération est considérée comme un acte national et un service suprême à la Nation qui mérite tous nos remerciements et notre considération, surtout envers ceux qui sont fiers de leur pays et jaloux de son prestige et de sa réputation et lui souhaitent la paix et le bonheur; ceux-ci savent que le recours à la violence et au crime est un acte de haute trahison envers la patrie et sa cause sacrée, fondée sur le droit et la justice.

Saad Zaghloul
20 novembre 1924

MORT DU SIRDAR

Le Premier ministre a envoyé à tous les ministères et à tous les services publics le faire-part suivant du décès:

C'est avec un immense regret et une profonde tristesse que nous vous annonçons la mort du regretté Sir Lee Stack Pacha, Général de l'Armée égyptienne et Gouverneur général du Soudan, suite à l'attentat dont il a été victime mercredi passé, perpétré par de vils criminels. Ses obsèques auront lieu demain samedi à 10h. 15 mn. du matin, au "Continental" après la prière qui se dira à la Cathédrale anglaise, rue Fouad Premier. Vous êtes priés d'assister en personne aux obsèques et de requérir la présence des hauts fonctionnaires de votre ministère et de tous ceux dont vous jugez la présence propice. Nous vous souhaitons une longue vie.

Vendredi 21 novembre 1924
Le Premier ministre
Saad Zaghloul

LE DEUXIÈME APPEL DE NOTRE HONORABLE LEADER

A tous les Egyptiens,

Les manifestations qui ont eu lieu aujourd'hui à Alexandrie, ont perturbé les esprits. Je vous demande de garder le calme et de favoriser le retour de la paix et de la tranquillité. Aucune manifestation n'est permise pour quelque raison que ce soit. L'heure est terrifiante, et le calme est plus que nécessaire. Nous n'avons qu'une voie pour atteindre notre but, la voie de la sagesse et de la pondération.

Le 22 novembre 1924
Saad Zaghloul

MÉMORANDUM DU GOUVERNEMENT BRITANNIQUE

Le samedi 22 novembre 1924, à quatre heures quarante de l'après-midi, son Excellence Lord Allenby, Haut-Commissaire britannique, quitte sa résidence à bord de sa voiture, accompagné par Mister Carr. La voiture était escortée d'un détachement de 600 cavaliers britanniques de l'escouade des sabres. Il se dirigea vers le Siège du gouvernement où l'attendaient son Eminence le Président du Conseil et les ministres. A son arrivée, il remit le mémorandum qui suit au Premier ministre et retourna à sa résidence. La trompette de la cavalerie britannique l'accueillit à son arrivée et l'accompagna à son départ.

Suite à cette visite, la Résidence du Haut-Commissaire publia en français une copie du mémorandum dont voici le texte[1]:

Résidence du Haut-Commissaire britannique
Le Caire - 22 novembre 1924

Monsieur le Premier ministre,

Au nom du Gouvernement de Sa Majesté le roi de Grande-Bretagne, je fais parvenir à Votre Honneur le mémorandum suivant:

Le Gouverneur général du Soudan et Sirdar de l'Armée égyptienne, qui était également un officier haut placé de l'Armée britannique, a été sauvagement assassiné au Caire.

Le Gouvernement de Sa Majesté considère que cet assassinat qui expose l'Egypte et son Gouvernement actuel au mépris des peuples civilisés, est la conséquence naturelle de cette cam-

---

1. Note du traducteur: Il ne s'agit pas du texte original

185

pagne menée contre les droits de la Grande-Bretagne et contre les sujets britanniques d'Egypte et du Soudan. Cette campagne basée sur l'ingratitude et la non-reconnaissance des bienfaits accomplis par la Grande-Bretagne, ne fait que rendre votre Gouvernement plus arrogant, obéissant aux instigations de groupements subversifs.

Le Gouvernement de Sa Majesté le roi avait prévenu Votre Honneur, depuis plus d'un mois, des sanctions qui seraient prises si cette campagne subversive n'est pas réprimée, en particulier en ce qui concerne le Soudan.

Or, cette campagne s'est poursuivie et, aujourd'hui, le Gouvernement égyptien n'a pas réussi à empêcher l'assassinat du Gouverneur général du Soudan. Par ce fait, le Gouvernement a démontré qu'il lui était impossible de garantir la sécurité des étrangers ou, qu'il lui importait peu de le faire.

Suite à cela, le Gouvernement de Sa Majesté le roi de Grande-Bretagne demande au Gouvernement égyptien de:

1 - présenter des excuses sincères

2 - poursuivre sans relâche et sans pitié les auteurs du crime et de sévir contre les coupables quel que soit leur personne ou leur âge.

3 - interdire et écraser dans l'œuf toute manifestation populaire politique.

4 - payer immédiatement au Gouvernement de Sa Majesté le roi de Grande-Bretagne, une compensation d'une valeur d'un demi million de guinées.

5 - donner l'ordre, dans les 24 heures, de ramener du Soudan tous les généraux égyptiens et toutes les unités propres à l'Armée égyptienne, la réorganisation qui en résulterait sera établie ultérieurement.

6 - informer l'organisme concerné que le Gouvernement du Soudan va augmenter la surface des terres arables de Gézirah[1]; la superficie ne sera plus limitée à 300 mille feddans[2], elle variera selon les besoins.

7 - ne pas aller à l'encontre des souhaits du Gouvernement

---

1. Plaine formée en amont de la confluence du Nil Blanc et du Nil Bleu
2. Note du traducteur: Feddan = 0,42 hectares

britannique quant aux affaires ci-mentionnées concernant la protection des intérêts étrangers en Egypte.

Votre Gouvernement est sommé d'agir dans les plus brefs délais, en cas de défaut, le Gouvernement de Sa Majesté le roi de Grande-Bretagne prendra les mesures nécessaires pour sauvegarder ses intérêts en Egypte et au Soudan.

Veuillez agréer, Votre Honneur, l'expression de mes sentiments les plus distingués.

Maréchal Allenby,
Haut-Commissaire

* * *

Monsieur le Premier ministre,

Suite au mémorandum précédent, j'ai l'honneur de vous informer, de la part du Gouvernement de Sa Majesté, des dispositions prises à l'égard de l'Armée au Soudan et de la protection des intérêts étrangers en Egypte:

1 - après le retrait des généraux égyptiens et des unités propres à l'Armée égyptienne, les unités soudanaises affiliées à l'Armée égyptienne, se constitueront en une force armée soumise et fidèle au Gouvernement soudanais seulement, sous le haut commandement du Gouverneur général chargé de signer les communiqués aux officiers.

2 - le statut des fonctionnaires étrangers qui sont encore au service du Gouvernement égyptien, les sanctions qui leur sont applicables, les modalités administratives et financières de leur congédiement, doivent être révisés et réétablis conformément aux souhaits du Gouvernement britannique.

3 - jusqu'à ce qu'une entente intervienne entre nos deux gouvernements, au sujet de la protection des intérêts étrangers en Egypte, le Gouvernement égyptien maintiendra les deux postes de Conseiller financier et Conseiller juridique et respectera leur autorité et leurs privilèges tel que stipulé lors de l'abolition du Protectorat; il maintiendra également en place le Bureau européen

du ministère de l'Intérieur, tel que précisé dans le décret ministériel, et respectera l'avis du Directeur général quant aux affaires intérieures relevant de sa compétence.

Je vous prie de bien vouloir agréer, Votre Honneur, l'expression de mes sentiments les plus respectueux.

Maréchal Allenby,
Haut-Commissaire

RÉPONSE DU CABINET ÉGYPTIEN AU MÉMORANDUM BRITANNIQUE

(Quatrième séance parlementaire: 22 novembre 1924)

Après avoir réglé les affaires à l'ordre du jour, l'Assemblée s'est réunie à huis clos. Il était huit heures quinze du soir. La réunion à laquelle assistaient Son Eminence le Premier ministre et les membres du Cabinet, se termina à neuf heures quarante cinq du soir. Ensuite, le Parlement tint une assemblée plénière pour annoncer la décision qui suit:

Le 22 novembre 1924, l'Assemblée, à huis clos, a décidé à l'unanimité d'accorder toute sa confiance au Cabinet et de souscrire à la proposition suivante présentée par l'Effendi Abdel Halim Al Baily:

Effendi,
Après avoir entendu le rapport détaillé du Premier ministre, le Parlement a décidé de laisser au Cabinet le soin de prendre les mesures nécessaires pour sauvegarder l'intérêt du pays et son honneur.

* * *

(Cinquième séance parlementaire: 23 novembre 1924)

Son Eminence,
Au cours de la séance à huis clos tenue hier, j'ai eu l'honneur de vous exposer en détail l'état actuel de la situation et de vous faire part des mémorandums du Gouvernement britannique. Puis nous nous sommes consultés et

vous nous avez honorés de votre confiance en nous laissant le soin de répondre à ces mémorandums.

Conformément à vos souhaits, le Cabinet a rédigé la réponse suivante qui, je l'espère, sera fidèle à vos objectifs. Je vous prierai toutefois, comme je prie la Nation entière, d'examiner attentivement et scrupuleusement la situation actuelle, dans tous ses aspects, et en évitant formellement de vous laisser emporter par les sentiments et le cœur. La situation est particulièrement délicate et la moindre insouciance nous coûterait des sommes exorbitantes. Nous devons nous armer de patience et nous mettre un peu à l'écart pour prouver au monde que nous sommes une nation sage qui sait prendre la situation en main dans les moments durs et qui s'adapte aux circonstances. Nous ferons savoir au monde entier que nous ne sommes pas dupes de notre situation et que nous essayons d'atteindre notre objectif par la voie de la sagesse et de la dignité, et par des moyens licites et solides.

Voilà ce que j'ai à vous dire. J'espère que vous en tirerez conseil dans ces circonstances difficiles. Je suis très confiant en Messieurs les députés, car ils ont fait preuve d'une grande sagesse dans de nombreuses situations. Aussi j'espère que tout le monde, les vieux et les jeunes, puisse ainsi agir. Nous avons bien du temps devant nous, et la vie des nations est très longue.

Si nous n'atteignons pas notre but aujourd'hui, nous l'atteindrons demain. Nous devons toujours avoir présent à l'esprit que nous ne devons pas nous laisser influencer par nos ennemis et nous ne devons pas les laisser nous régenter, même s'ils semblent irréprochables. Nous devons les désarmer en toute justice et toujours nous armer de vérité et de dignité. Voilà ce que je désire vous faire entendre car je crois que cette stratégie, la stratégie de l'équité et de la sagesse, nous mènera vers la paix et fera prévaloir notre cause. Je vous demanderai d'écouter maintenant attentivement notre réponse.

Votre Majesté

En réponse aux deux mémorandums que le Gouvernement de Sa Majesté le roi de Grande-Bretagne m'a fait parvenir, j'ai l'honneur de prier Son Altesse de bien vouloir encore une fois faire part à son Gouvernement de la douleur et du choc que le Cabinet et la Nation égyptienne ont éprouvés suite à l'attentat barbare dont le regretté Sir Lee Stack Pacha, Sirdar de l'Armée égyptienne et Gouverneur du Soudan, a été victime.

Toutefois, le Gouvernement égyptien ne peut, de quelque façon, être tenu responsable de ce crime odieux commis par des criminels que la Nation entière dénigre, car cet événement a eu lieu dans des circonstances imprévisibles et incontrôlables.

D'autre part, le Cabinet ne peut accepter les allégations que vous avez faites dans le premier mémorandum à savoir, que ce crime est la conséquence naturelle d'une campagne politique que le Gouvernement égyptien n'a pas cherché à réprimer et qui a été déclenchée par des groupements subversifs en relation étroite avec le Gouvernement!… Et ce, parce que notre Gouvernement a toujours eu recours et a toujours prôné les moyens pacifiques et légaux pour assurer les droits du pays. Le Cabinet n'était, d'aucune manière, relié à des groupements favorisant la violence.

Notre Gouvernement ne se reconnaît que l'obligation de rechercher activement les criminels; pour cela il a pris des mesures rapides et efficaces. Le résultat satisfaisant obtenu nous confirme que les coupables n'échapperont pas à la justice.

Nous regrettons sincèrement cet acte criminel et en témoignage de notre bonne foi et de notre allégeance au Gouvernement de Sa Majesté, nous vous prions d'accepter nos excuses et nous nous engageons à payer la somme de cinq cent mille guinées.

Nous déclarons également que toute manifestation populaire visant à nuire à l'ordre public, est prohibée et que le Cabinet aura recours à l'Assemblée législative pour se faire accorder de plus amples pouvoirs.

Quant à la demande du paragraphe cinq du premier mémorandum, détaillée dans le deuxième mémorandum, je prie Son Altesse de noter que la nouvelle organisation de l'Armée égyptienne au Soudan n'est pas un changement minime de ce à quoi le Gouvernement britannique avait souscrit, mais contredit absolument le texte de l'article 46 de la Constitution égyptienne selon lequel, le Roi est le Général suprême de l'armée, chargé de nommer ou renvoyer les officiers.

Quant à la demande du paragraphe six, je prie Son Altesse de noter que, vouloir modifier la surface des terres irriguées de Gézirah est une mesure anticipée. Selon les multiples déclarations faites par le Gouvernement britannique, ceci doit être réglé par une entente intervenant entre les deux parties et qui tient compte des intérêts vitaux de l'agriculture égyptienne.

Finalement, quant à la demande du paragraphe sept, je m'autorise à faire remarquer à Sa Majesté que la situation des fonctionnaires étrangers en Egypte est régie par des statuts et un accord politique que seule l'Assemblée législative peut modifier. D'autre part, le Gouvernement britannique n'a guère défini les changements qui devaient être apportés au règlement actuel, c'est pourquoi nous ne pouvons répondre à cette demande. Quant à la protection des intérêts étrangers, d'un point de vue général, le Cabinet égyptien a toujours pris des mesures conciliantes n'altérant pas l'inviolabilité du principe de l'indépendance. De plus, jamais un pays étranger n'a contesté notre position à ce sujet.

Je suis convaincu que le Gouvernement de Sa Majesté trouvera notre réponse entièrement convaincante.

Veuillez croire à notre désir sincère de conserver avec le Gouvernement britannique les meilleures relations, en demeurant fidèle aux droits de l'Egypte.

Je prie Votre Majesté de bien vouloir accepter l'expression de mes sentiments les plus respectueux.

Le Caire, 23 novembre 1924
Président du Conseil
Saad Zaghloul

* * *

RÉPONSE DU HAUT-COMMISSAIRE BRITANNIQUE

Le dimanche 23 novembre, vers sept heures du soir, un émissaire de la Résidence du Haut-Commissaire britannique est arrivé au siège de l'Assemblée législative et a remis à l'honorable Président la lettre qui suit:

A l'Honorable Saad Zaghloul, Président du Conseil des ministres,

En réponse à votre lettre datée de ce jour, veuillez noter que, suite au refus du Gouvernement égyptien d'entériner les demandes du Gouvernement de Sa Majesté apparaissant aux paragraphes cinq et six du mémorandum qui vous a été remis hier, j'ai envoyé au Gouvernement soudanais les directives qui suivent:

Premièrement, qu'il renvoie du Soudan tous les officiers égyptiens et toutes les unités propres à l'Armée égyptienne et qu'il effectue les changements qui en découlent.

Deuxièmement, qu'il ait la liberté absolue d'étendre sans limite la surface des terres irriguées de Gézirah précédemment limitée à 300 mille feddans.

Nous vous ferons parvenir en temps et lieu, les dispositions que le Gouvernement de Sa Majesté adoptera suite au refus que vous avez opposé au paragraphe sept concernant la protection des intérêts des étrangers en Egypte.

Veuillez noter que le Gouvernement égyptien a accepté de payer, en réponse à la demande quatre, le montant requis. Le Gouvernement de Sa Majesté exige que cette somme d'un demi million de guinées lui soit remise demain avant midi.

Je vous prie de bien vouloir accepter l'expression de mes sentiments respectueux.

Maréchal Allenby, Haut-Commissaire

* * *

DEUXIÈME RÉPONSE DU GOUVERNEMENT ÉGYPTIEN

Le lundi matin, 24 novembre, le Gouvernement égyptien, en réponse à la lettre précédente, a envoyé au Haut-Commissaire britannique la lettre qui suit:

Votre Excellence,

Suite à votre mémorandum en date d'hier, et suite au mémorandum en date du 22 novembre, j'ai l'honneur de vous informer que nous avons effectué un virement à la Banque nationale d'Egypte au montant de cinq cent mille guinées.

Quant aux dispositions des paragraphes un et deux de votre mémorandum, le Gouvernement égyptien les réfute sans ambages et les considère non fondées en droit et contraires aux droits reconnus à la Nation égyptienne. Le Gouvernement égyptien maintient et confirme toutes les déclarations qu'il a présentées dans son mémorandum du 22 novembre.

Je vous prie d'accepter l'expression de mes sentiments les plus respectueux.

Le Caire, 24 novembre 1924
Président du Conseil
Saad Zaghloul

LE CABINET SAADISTE DÉMISSIONNE
Saad présente les raisons de sa démission au Sénat siégeant le 24 novembre 1924

Messieurs,

J'ai l'honneur de vous annoncer que, mes collègues et moi-même, avons présenté notre démission à Sa Majesté le roi, que Dieu le garde. Sa Majesté a accepté notre démission. La raison est que nous avons constaté que du jour où nous avons reçu les mémorandums du Gouvernement britannique, la situation s'est envenimée et endurcie. Et il est probable que notre présence au pouvoir soit la cause de l'agressivité des Britanniques.

Nous avons donc pensé à démissionner afin de ne pas donner lieu à plus de mécontentement. J'ai fait part de notre décision à Sa Majesté et lui ai demandé de l'accepter pour sauvegarder la sécurité du pays. Sa majesté, que Dieu la garde, n'a pas voulu accepter tout de suite, et nous n'avons pas voulu vous informer avant que la décision finale ne soit prise, de peur que vous ne nous surpreniez comme la dernière fois, en refusant d'accepter notre démission.

Nous avons tenu cela secret entre Sa Majesté et nous-mêmes. Mais hier, j'ai insisté auprès de Sa Majesté pour qu'elle accepte notre démission car la situation se dégrade et s'aggrave. Voici le texte de la lettre de démission:

Sire,

Votre Altesse est priée de considérer le fait que, si j'ai accepté la Présidence du Conseil des ministres c'était pour servir le pays conformément à vos dignes attentes. Mais dans les circonstances actuelles, je me trouve dans l'incapacité de remplir adéquatement ma grave mission. C'est pourquoi je fais appel à votre Grâce pour que vous consentiez à accepter notre démission. Mes collègues et moi-même demeurons à votre disposition tant et aussi longtemps que Dieu nous gardera sous votre gracieuse souveraineté. Que Dieu vous accorde un règne glorieux et prospère.

Avec toute ma gratitude,

Saad Zaghloul
23 novembre 1924

J'avais présenté cette lettre à six heures du soir, et quand je suis sorti, on m'a remis une lettre de Lord Allenby en réponse au mémorandum que nous lui avions envoyé suite aux deux siens. La lettre disait:

"Suite au refus que vous avez opposé aux demandes numéros x, y, z, ordre a été donné au Gouvernement soudanais de renvoyer les officiers égyptiens et de réorganiser son armée. Une liberté absolue lui a été accordée pour étendre sans limite la surface des terres irriguées de Gézirah, précédemment limitée à trois cent mille feddans. Je note que vous êtes prêt à payer la somme de cinq cent mille guinées dont je requiers le paiement au plus tard demain midi".

Et il a dit qu'il nous informerait plus tard des dispositions qui seront prises pour assurer la protection des intérêts étrangers. Je perçois là une situation très dangereuse: on nous retire le Soudan, l'Angleterre y sera seule souveraine, l'Egypte n'y aura plus aucune part ni aucun droit, et ce, malgré l'accord de 1899!

La situation nous dépasse et, persister à demeurer au pouvoir est dangereux. J'ai persévéré à demander à Sa Majesté d'accepter au plus vite notre démission. J'ai insisté et insisté jusqu'à être forcé de dire à Sa Majesté que j'étais prêt à lui obéir en toute chose sauf une: rester à la Présidence du Conseil. Sa Majesté m'a ordonné d'attendre et je dus me soumettre à sa demande.

En attendant, je suis sorti, l'âme en peine. Une autre lettre de Lord Allenby m'est remise: "Suite à la lettre que je vous avais envoyée hier, ordre a été donné à la force militaire d'occuper les douanes d'Alexandrie!" Une autre monstrueuse trahison! L'occupation des douanes! Rien ne laissait prévoir cela!... Rien dans les deux mémorandums passés et rien dans la lettre qui a suivi ne se rapportait aux douanes ou faisait quelque allusion à l'existence d'un lien entre cette occupation et ce qui avait été dit. J'ai alors envoyé une deuxième lettre à Sa Majeté le roi rédigée comme suit:

Sire,

J'ai eu l'honneur il y a deux jours de vous présenter de vive voix ma détermination et celle de mes collègues à démissionner, et je vous en avais expliqué les raisons. Hier, à six heures, j'avais présenté la lettre de démission et j'avais insisté pour que vous l'acceptiez, puis, obéissant à votre ordre j'ai attendu jusqu'à aujourd'hui. A la fin de notre rencontre, j'ai reçu de Son Excellence Lord Allenby une lettre m'avisant des ordres qui avaient été donnés au Gouvernement soudanais: premièrement, renvoyer tous les officiers Egyptiens et toutes les unités propres à l'Armée égyptienne et assurer les changements qui en résultent... deuxièmement, liberté absolue d'étendre sans limite la surface des terres irriguées de Gézirah précédemment limitée à 300 mille feddans. Il a ajouté qu'il informerait le Gouvernement en temps et lieu des dispositions que son Gouvernement allait prendre pour assurer la protection des intérêts des étrangers en Egypte et qu'il exigeait le paiement des cinq cent mille guinées au plus tard demain midi. Notre Gouvernement a effectué à Son Excellence un virement à la Banque nationale d'Egypte, au montant dû, accompagné d'une note de protestation contre ces agissements. Ensuite, Sa Majesté m'a honoré d'une entrevue au cours de laquelle je lui ai redemandé d'accepter ma démission. A la fin de l'entrevue, j'ai reçu une lettre de Son Excellence m'annonçant que son Gouvernement avait donné l'ordre à une force militaire britannique d'occuper les postes de douanes d'Alexandrie!

Suite à ces agressions répétées à l'indépendance de notre pays et à ses droits, il n'est plus en notre mesure que de demander à Sa Majesté d'accepter sans plus tarder notre démission. C'est la seule façon de sauvegarder le pays de ces scélératesses successives. Je souhaite à Sa Majesté la prospérité et je demeure plein de gratitude envers Sa Grâce.

24 novembre 1924
Saad Zaghloul

Sa Majesté, que Dieu la garde, a accepté notre démission et m'a notifié sa décision. Il était alors de mon devoir de vous en informer, mais à ce moment, votre Assemblée ne siégeait pas et je n'ai pu vous informer du mémorandum que nous avons rédigé en réponse aux deux mémorandums du Haut-Commissaire. Vous les avez sans nul doute lus dans les journaux et essayé de les comprendre, et vous avez appris que le Cabinet est déterminé à démissionner, mais, dans l'intérêt du pays et pour prouver son désir de paix et sa bonne foi, le Cabinet a séparé ses demandes en deux parties: l'une concernant l'attentat et l'autre ne le concernant pas. Les demandes relatives à l'attentat comportent nos excuses, la somme due, les recherches entreprises pour trouver les coupables et les livrer à la justice. A la suite de quoi, nous avons jugé nécessaire d'interdire sous toute réserve, les manifestations contraires à l'ordre public, et nous demanderons à l'Assemblée législative d'édicter de nouvelles lois s'il y a lieu.

L'autre partie comporte les demandes auxquelles nous avons répondu, une par une, en justifiant notre réponse à chaque fois. Je crois que le mémorandum, malgré le ton bienveillant, exprime clairement ce qui est voulu. Tous ceux qui en ont pris connaissance l'ont approuvé et je crois que vous l'avez également jugé bon. Nous avons voulu apaiser le mécontentement du Haut-Commissaire engendré par cet attentat que notre Cabinet déplore et que la Nation regrette sincèrement. Le chagrin éprouvé par le peuple prouve que la Nation est innocente et n'est pas responsable de ce crime. Lui attribuer une telle responsabilité est une injustice flagrante... Nous avons cru que le regret, le chagrin et l'indignation exprimés par tous et chacun, prouvaient à la Nation anglaise que nous sommes un peuple qui a, comme toutes les autres nations, de nobles qualités et quelques défauts. Cependant, l'innocent ne doit pas payer pour les criminels et les actes des crapules, dont aucune nation n'est exempte, ne doivent pas servir d'excuses.

Dieu nous a accordé Sa grâce et nous protège, car malgré notre faiblesse, nous sommes des gens de droit et le droit sera vainqueur, si Dieu le veuille. Je ne quitterai pas ces lieux sans prier Votre Honneur et tous ceux qui m'entendent, d'examiner attentivement la situation et notre position et d'exhorter le monde à la patience, au calme et à la tranquillité. C'est par le calme et la patience que nous atteindrons, si Dieu le veuille, maintenant ou plus tard, notre objectif.

Je vous quitte, je n'ai plus le droit de demeurer parmi vous.

Le Cabinet ayant démissionné, la séance parlementaire doit être ajournée sauf s'il y a opposition.

Mes collègues et moi-même, en tant que membres de l'Assemblée législative, nous appuyerons en toute sincérité tout nouveau cabinet qui œuvrera dans l'intérêt du pays. Nous ne nous opposerons que si l'intérêt du pays est menacé. Nous sommes là pour servir cet intérêt et appuyer tous ceux qui le protègent.

56 - POLITIQUE PRÉVOYANTE

Hudson prit connaissance de tous ces documents. Il pénétra tous les dessous du mouvement nationaliste. Il puisa toutes les informations qui pouvaient lui être utiles: les noms des personnalités égyptiennes, dont les tendances étaient britanniques, autant que ceux des nationalistes fanatiques, sourds aux propositions les plus avantageuses, et inébranlables dans leurs principes.

Il parcourut, fort attentivement, les notes écrites en marge des papiers confidentiels, précieusement conservés dans les archives, à l'abri des cambrioleurs, en des coffres-forts indestructibles. "J'ai l'impression de vivre au Caire depuis de longues années," dit-il, lorsqu'il eut achevé l'étude de tous les documents. "L'Administration anglaise est certes minutieuse autant que puissante. Je suis fier d'appartenir à une aussi grande nation. Elle tient en main la balance des peuples, elle en assure l'équilibre, et pèse avec sagesse petits et grands incidents. Elle réalise et prévoit la marche des événements; elle organise contre ces mêmes événements, les mesures appropriées, en vue de prévenir ou de réparer des dégâts, parfois nécessaires. Elle est toujours armée et parée contre les surprises de l'avenir."

Il dit, puis, soufflant dans sa pipe, il lança dans l'air un long nuage de fumée; il s'absorba ensuite dans la contemplation des spirales, qui s'élevaient dans une ascension étrange.

Hudson s'habilla promptement ce matin. Il s'était réveillé plus tard que de coutume car il avait longuement veillé la nuit précédente. Comme il s'apprêtait au départ, il rencontra dans le parc son Excellence Lord Allenby. Il le salua, et l'informa qu'il avait déjà pris connaissance du contenu de tous les documents officiels. Le lord le complimenta sur sa vigueur et son activité diligente.

57 - TRIBULATIONS DU DINAR

Je me désolais, moi Dinar, de ce que le destin eut permis à Hudson de me retirer du cadavre de Gilbert, pour me déposer dans le couvercle de sa montre. Captif, je n'avais pas la moindre occasion de me libérer de ma sombre prison.

Aussitôt que Hudson eut fait à sa fiancée le don de sa montre, incrustée de pierreries, du fond de mon gîte je remerciai le Tout-Puissant, qui avait présidé à leur heureuse rencontre, et je me fis cette consolante réflexion: la richesse et la beauté de ces incrustations attireront, sans doute, l'attention de Madeleine; elle examinera très certainement cette montre et la retournera sous toutes ses faces, elle se décidera finalement à en soulever le couvercle,

Il rencontra dans le parc son Excellence Lord Allenby

et lorsqu'elle me découvrira, elle m'utilisera pour ses emplettes, je passerai en d'autres mains et je verrai d'autres horizons.

Mes espérances m'ont trompé, et mon attente fut vaine. Madeleine n'a jamais songé à ouvrir ce petit couvercle; cette pensée ne l'a point effleurée. En vérité, ces Anglais ont des nerfs imperturbables. Moi, je suis dégoûté de la politique, elle est une source de malheurs et de calamités. J'ai trop longtemps étudié la diplomatie, ses ruses et ses péripéties, sur le théâtre de l'Inde. Je suis las de cette ambiance. Qu'adviendra-t-il de moi, maintenant que je suis transporté au Caire? J'ai l'impression que de grands événements s'y dérouleront bientôt, et je réalise chaque jour, que la politique ne s'aventure guère sur un terrain sans le corrompre. Cette vérité est évidente, il est difficile de la nier. J'élèverai ma voix vers la Justice sainte, la suppliant de me libérer. Cette terrible prison, où m'a jeté ce maudit Anglais, obscurcit en vérité mon entendement et ma vie.

58 - SOUVENIRS D'UN PASSÉ RÉVOLU

La cérémonie du mariage de Madeleine avec Hudson fut l'une des plus brillantes de la saison. Les plus hautes personnalités se retrouvèrent dans la résidence du Haut-Commissaire, pour congratuler les nouveaux époux. De la Grande-Bretagne, des Indes et de tous les coins du globe affluaient les missives, portant au couple heureux des vœux de bonheur.

Madeleine parut un soir très désolée. Son mari, étonné, la questionna:

— Tu sembles troublée, dit-il, quel est le sujet de ta peine?

— La cause en est, mon ami, que j'ai égaré la montre que tu m'avais offerte aux Indes, il y avait alors quelques jours que nous nous étions connus. Je l'ai perdue, tandis que je circulais dans les quartiers indigènes, pour en admirer les anciennes constructions. La perte de ce souvenir soulève en mon âme de funestes pressentiments.

— Apaise-toi, ma chérie, ce fait ne mérite point l'importance que tu lui accordes.

— Cela est exact, mais une étrange oppression m'étreint le cœur, depuis la disparition de cette montre.

— Et le dinar, se trouvait-il toujours confiné dans le couvercle de la montre, ou l'en avais-tu retiré?

— De quel dinar veux-tu parler? Je n'en ai point connaissance.

L'une des cérémonies les plus brillantes

Il lui conta alors l'histoire du dinar, et la manière dont il l'avait trouvé sur le squelette de l'une des victimes de la guerre. Et lorsqu'il lui révéla, que le dinar portait sur son contour une marque produite par une lime de fer probablement, ses yeux s'écarquillèrent, elle poussa un cri de saisissement: "Dieu! que l'homme est prompt à oublier ses engagements les plus sacrés! dit-elle. Mais les morts viennent, et nous rappellent que nous les avons trahis. Ils nous font ressouvenir de la foi jurée, mais trop tard; nous l'avons déjà violée, et la vie mauvaise nous a pris dans son tourbillon. Je t'ai trahi, ô toi qui, sur la terre, était connu sous le nom de Gilbert! Je te prie de me pardonner, car je t'ai trompé, oubliant mes serments. J'avais pourtant juré, de ne point donner mon amour à qui que ce fût, s'il t'arrivait malheur, Gilbert! Mais les jours ont passé, et le temps a prouvé que de semblables promesses ne peuvent être longtemps tenues. L'oubli bientôt les enveloppe, et les flots de l'existence les recouvrent de leurs vagues."

Elle avait à peine achevé ces mots, qu'elle tombait inanimée, laissant son mari stupéfait par tout ce qu'il venait d'entendre.

Je t'ai trahi, ô toi qui sur la terre, était connu sous le nom de Gilbert!

59 - MARCHANDAGE PERFIDE

— Elle ne vaut pas plus de dix dinars, et si nous sommes d'accord, je te les paierai comptant. Maintenant, à ton choix.

— Ma mère assure qu'elle fut achetée pour vingt dinars en or. Mon père lui en fit cadeau, à l'occasion de leurs fiançailles, il y a de cela vingt-quatre ans.

— Penses-tu, jeune idiot, que j'admette cette supercherie? Ton père n'a point acheté cette montre coûteuse, pour l'offrir à ta gredine de mère. Tu te leurres, si tu penses me duper. Mais il m'importe peu, que tu l'aies dérobée ou que tu l'aies trouvée, et cela te concerne uniquement; ce qui m'intéresse, c'est de l'acheter à ce prix. J'y suis disposé, si tu y consens; dans le cas contraire, tu peux la proposer à d'autres, je n'ai point de temps à perdre en bavardages inutiles.

— Payez m'en le prix, et que la chance avec elle vous accompagne.

— Voilà les dix dinars, jeune et rusé renard. Je ne te demande point par quel moyen tu es en possession de cette montre.

Et l'adolescent Mohammad disparut, en fredonnant une joyeuse chanson de son pays; une fortune inespérée lui tombait du ciel. Quant au bijoutier, il retournait l'objet en tous sens, délirant de joie, car cette montre, incrustée de pierres précieuses, était d'un grand prix. Il n'avait point osé attirer l'attention du jeune homme, en se montrant trop intéressé par cette trouvaille, mais seul maintenant, il l'examina plus attentivement, et soulevant le couvercle, il découvrit un dinar en or resplendissant. Il en fut tout étourdi: "Ton visage est le visage de la chance, dit-il, dans la jubilation. Voici que revient l'un d'entre les dix dinars que j'ai payés." Il me déposa dans la poche de son petit veston, et referma le couvercle de la montre; il barricada ensuite son magasin et sortit.

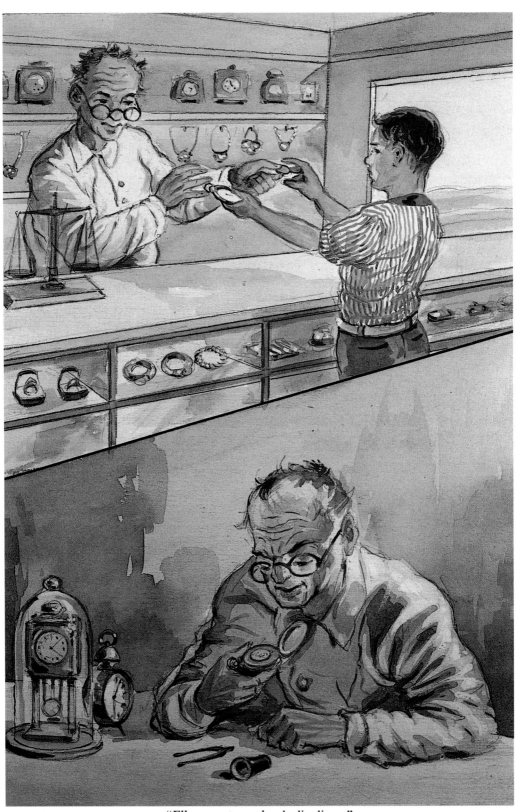

"Elle ne vaut pas plus de dix dinars"
"Voici que revient l'un d'entre les dix dinars"

60 - LA JUSTICE DANS LA PAUVRETÉ

Le bijoutier s'arrêta devant une petite boutique; il acheta un paquet de cigarettes, et poursuivit sa route après en avoir payé le prix. Le marchand, me remarquant soudain, me saisit brusquement et me considéra avec insistance. Sa face s'illumina, il m'attira contre ses lèvres, et me gratifia d'un baiser retentissant, puis il donna libre cours à sa joie:

Salut, ô vie des cœurs et son parfum embaumé!
Il y a longtemps que je pleure ton affligeante absence, ô visage charmeur!
L'étourdi, qui t'a échangé contre mes cigarettes, ne t'a certainement point identifié selon ton rang et ta dignité; il t'a pris pour un petit millième rouge sans doute!
Sois le bienvenu, je t'accueille avec une allégresse digne de ta royale visite!
Je fêterai somptueusement ta venue, car je t'aime, ô dinar, d'un amour unique et jaloux.
Puisque le Généreux m'a comblé, ajouta-t-il, je ne dois pas être trop exigeant. Maudite soit l'insatiable cupidité!

* * *

Il s'empressa de récolter les coffrets et les paquets de cigarettes, exposés à la devanture, puis il referma sa minuscule boutique, et hâtivement, sans distraction aucune, il se dirigea vers la rue.

Il se glissa bientôt à travers les méandres étroits d'un vieux quartier. Nul n'aurait pu se retrouver dans les sinuosités de ses détours, s'il n'était initié à leurs caprices imprévus. Il parvint à une vieille bâtisse; une faible lueur filtrait, à travers les interstices de la porte, rongée par le temps. Il heurta d'une façon particulière, et voilà qu'un œil-de-bœuf, dans le centre de la porte, s'entrouvrit lentement, avec méfiance. Deux extravagantes moustaches apparurent dans le cadre, leurs poils épineux et raides, se hérissèrent. Les yeux de leur propriétaire dardèrent les feux de leurs regards inquisiteurs; enfin, rassuré quant à la qualité du client bien connu, l'homme referma doucement l'œil-de-bœuf, les verrous furent tirés, et la porte, grinçant sur ses gonds, s'ouvrit. Le personnage, un habitué, fut introduit dans la "fumerie".

"L'étourdi, qui t'a échangé contre mes cigarettes"
Deux extravagantes moustaches apparurent dans le cadre

61 - LA FUMERIE

Les voix des fumeurs s'élevèrent; tous étaient des habitués du hachisch, de l'opium, de la cocaïne. Ils souhaitèrent la bienvenue à Abou[1] Moustafa, et s'informèrent de la cause qui, si longtemps, l'avait proscrit du temple saint: "Tu négliges, ami, le culte des puissantes divinités qui communiquent la suprême béatitude dans l'engourdissement bienfaisant des corps et des âmes."

L'un d'eux l'interrogea:—Abou Moustafa, ô renégat! Quels motifs infâmes t'ont-ils détourné de tes dieux, durant de si longs jours? — Tu sais, répondit Abou Moustafa, que ces dieux ne nous prêtent point l'oreille, et qu'ils ne nous accordent point audience, si le paiement doit être remis, même à une courte échéance. Les prières que nous leur adressons, signifient du comptant réel. Abou Mahmoud, trésorier de nos dieux, et propriétaire de la fumerie, est donc le médiateur indispensable qui nous met en contact avec eux. Ma poche étant vide, je demeurai sagement loin du temple, et loin des prières; il était vain de s'aventurer en ces lieux, car Abou Mahmoud ne m'aurait point souhaité la bienvenue. Pour l'instant, ma poche déborde de la prière des prières.

Et fouillant dans les profondeurs de ladite poche, il me retira, moi Dinar, et m'exhiba, tout en me faisant reluire devant les visages éblouis. Ils étaient plus ou moins déjà sous l'influence du hachisch, et l'un d'eux s'écria:

— C'est mal à toi, ô Abou Moustafa! de nous infliger pareille
torture.
Un autre poursuivit:
— Que signifie?
— Tout petit, tout petit, mais d'un grand crédit.
Un autre ajouta, en observant le fier Saint-Georges sur sa monture:
— Un coursier bien-aimé, chers garnements, soyez galants,
soyez entreprenants.
— Que signifie?
— Saint-Georges.
— Un visage lumineux et tout rond.
— Que signifie?
— C'est le conquérant du monde.
— O compagnons! qu'il est mignon!
— Que signifie?
— La prière d'Abou Moustafa.

---

1. Abou: père de.

Les heures passaient; les bouffonneries, les batifolages, les farces qu'ils se lançaient et se rejetaient mutuellement comme on se lance un léger ballon, ne s'arrêtaient, ni ne se relâchaient.

Lorsque vint l'aurore, ces hommes ivres tremblaient, oscillaient, et chancelaient, conséquences des stupéfiants qui avaient rompu leurs nerfs. Ils les compensaient par de sérieux avantages et leur donnaient l'illusion d'être soudain métamorphosés en rois, empereurs, leaders, ou tout au moins en possesseurs de fortunes immenses, et de domaines fantastiques, dont les vastes dimensions devaient être impossibles à évaluer.

Quant à Abou Moustafa, il trônait, comme une loque, sur les lambeaux d'un divan exténué. Dans les soubresauts de l'inconscience, il haranguait les copains, qu'unissait une fraternelle ivresse: "Ecoute mes paroles, ô mon peuple aimé! Voici le diadème, qui déjà couronne mon front; ma main a saisi le sceptre." Et s'emparant des restes d'une chaise, il faisait le geste de la projeter sur les auditeurs; mais l'un d'entre eux, très prompt, lui lança une lourde cruche de terre cuite sur son chef qui se trouva très endommagé. Il ajouta pompeusement, à la suite de l'aimable agression: "Je suis le premier à obéir aux ordres de Sa Majesté Abou Moustafa." L'eau ruisselait sur la tête et le corps de ladite Majesté. Tous partirent d'un gros rire, et l'un après l'autre, ils lancèrent sur lui, à tout hasard, les chaises et objets divers qui leur tombaient sous la main. Son sang ruisselait.

62 - TELLE EST LA FIN DES FIDÈLES DU HACHISCH, TEL EST LEUR SORT FUNESTE

Très amusé, je considérais ce spectacle, et si la chose eut été possible, j'aurais ri aux éclats. Mais voilà la suite. Je vis bientôt toute la clientèle tomber sur la caissette d'Abou Mahmoud et la briser; les mains hâtives se faufilèrent vers le contenu, dont elles s'emparèrent, puis tous s'enfuirent emportant victorieusement leur butin. Dans leur course précipitée, ils ne montrèrent plus leurs faces; on n'apercevait que leurs postérieurs, et ils se poursuivaient, éperdus, dans les dédales des ruelles.

Lorsque le propriétaire de la fumerie se rendit à l'évidence des faits, il ne se hasarda point à porter plainte à la police, contre les auteurs du vol, car il réalisait la lourde responsabilité qui pesait sur lui, alors qu'il offrait aux clients des joies légalement interdites. Il jeta en l'air un poing menaçant, il s'empara de ses fières moustaches, et les roulant glorieusement, il lança des

"Tout petit, tout petit, mais d'un grand crédit"
Très amusé, je considérais ce spectacle

provocations et des menaces contre les criminels qui l'avaient dévalisé, sans laisser de trace; mais à la première occasion, il se vengerait! Il en fit le solennel serment sur ses glorieuses moustaches en les tordant dramatiquement.

J'échus en partage, moi Dinar, à deux frères. Mais ils se querellèrent, chacun avançant qu'il avait été le premier à s'emparer de ma précieuse personne. Lorsque la discussion s'envenima, le plus jeune tira son coutelas et en frappa son aîné en plein cœur. L'homme tomba, se débattant dans son sang.

Une demi-heure s'était à peine écoulée, que le meurtrier se trouvait derrière les murs d'une prison fort accueillante. Il maudissait celui qui l'avait initié à l'usage du hachisch, et à ses dangereuses voluptés. Il avait maintenant perdu, non seulement un frère, mais aussi son avenir, et perdrait aussi sa vie. Il aurait souhaité, si les autorités l'eussent permis, se rendre au bouge d'Abou Mahmoud, et donner un conseil à ses copains, trop croyants dans l'efficacité des sensations paradisiaques, que provoquent ces mortels poisons. Il les persuaderait de s'en détourner, en leur exposant qu'ils risquaient d'y perdre leur honneur, et d'y trouver la ruine. Maintenant, ce qui était certain, c'est que sa vie se trouvait dépendre d'un mot, selon la sentence que prononceraient les lèvres d'un juge. Le bourreau pourrait d'un geste le supprimer, comme un membre indigne de la société humaine.

63 - L'AMOUR DE L'ARGENT
CONDUIT A LA PROFANATION
SACRILÈGE DE LA MORT

Sur l'injonction du gouvernement, l'homme, tué par son frère, fut livré au gardien du cimetière des indigents pour y être inhumé. Une fosse fut bientôt prête pour le recevoir, et pendant que le fossoyeur, avec l'aide de son fils, le descendait, moi Dinar, je roulais de l'une des poches. Le fossoyeur me cueillit précipitamment et, soudain attendri, il appela la miséricorde divine sur l'âme du défunt, alors, qu'un instant plus tôt, avec son fils, ils jetaient sur lui d'innombrables malédictions.

A mon grand étonnement, je vis ensuite, le père et le fils dépouiller le cadavre de tous ses vêtements, et les fouiller minutieusement, dans l'espoir d'y trouver un trésor. Désappointés, ils étendirent le corps dans sa nudité, puis ils le recouvrirent de terre, emportèrent les vêtements et s'en allèrent.

Les mains hâtives
Lorsque la discussion s'envenima…

Le matin du jour suivant, le fossoyeur se rendit chez un changeur, et lui demanda de changer le dinar d'or en monnaie égyptienne. Le changeur me déposa dans une balance très précise, pour s'assurer de l'exactitude de mon poids légal. Il me rapprocha de ses yeux, et me fixant à travers une loupe, il me retourna sous toutes mes faces; s'adressant ensuite au fossoyeur, il lui dit: "Ton dinar perd dix piastres de sa valeur normale, le cercle limé sur son contour cause cette différence." Un âpre marchandage s'ensuivit, où chacun de son côté tentait de faire triompher son argument. Le fossoyeur consentit finalement à se désister de cinq piastres, en raison de la marque faite par la lime de Gilbert. Il empocha la monnaie, quitta la boutique du changeur, et moi, j'évoquai Gilbert, le pauvre martyr de la guerre.

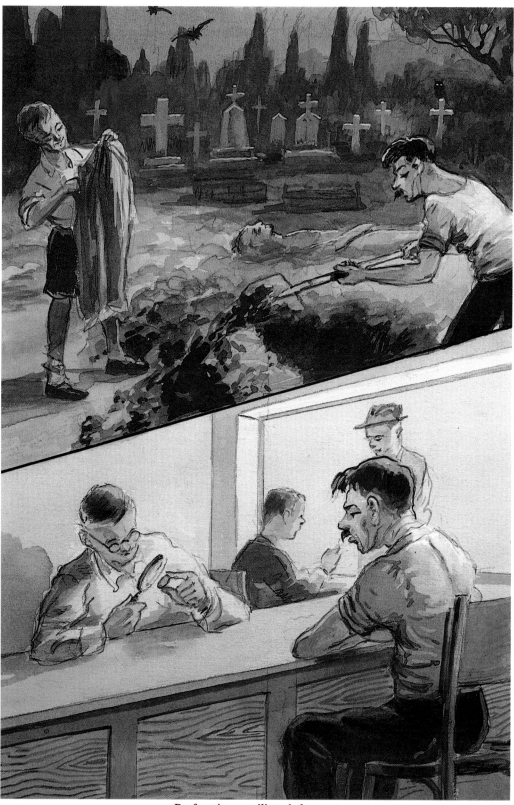

Profanation sacrilège de la mort
Un âpre marchandage s'ensuivit

64 - CE TEMPS A PASSÉ IL N'EST PLUS

Le changeur me remit à son fils le bijoutier, et lui demanda de me transformer en une bague, destinée à sa fille Aïcha, nouvellement fiancée. Je fus déposé dans le creuset, où se fondit mon coprs précieux. Je fus martelé entre les mains du bijoutier, je subis des traitements étranges et des métamorphoses étonnantes. Finalement, je devins une bague merveilleuse. Elle fut offerte à la jeune fiancée qui la passa à son doigt et remercia son frère du présent.

Dès l'instant où je fus fondu, j'apparus sous un nouvel aspect. Je perdis ma nationalité britannique, après que disparut l'effigie de Saint-Georges terrassant l'effrayant dragon, aussi bien que l'effigie de Sa Majesté, et je me dis en moi-même: "Cette métamorphose, les hommes la désignent sous le nom de 'mort.' Lorsque leur cœur s'arrête de battre, et qu'on les dépose dans les tombeaux, leur forme matérielle se transforme de la même manière que je fus transformé aujourd'hui. Le fait est identique. Je suis métamorphosé en anneau, alors que j'étais un dinar arrondi, à l'aspect très différent de ce que je suis maintenant. Si ce terrible changement ne s'était point opéré, je n'aurais pas imaginé, que cet anneau était, une heure auparavant, un dinar reluisant. Telle est pourtant la vérité. J'ai perdu la forme qui m'avait accompagné, durant de longues années. Quel sort est-il préférable pour moi, est-ce le passé évanoui, ou l'avenir? La réponse dépend d'un mot suspendu sur les lèvres du destin; il le soufflera à l'oreille du temps, qui s'avance en rampant."

65 - LA CUPIDITÉ ENTRAINE
VERS LA RUINE DÉSASTREUSE

Une sirène retentit, un navire se met en mouvement fendant les eaux. Les mouchoirs s'agitent en signe du dernier adieu aux êtres aimés qui se

"J'apparus sous un nouvel aspect"
"Cet anneau était, une heure auparavant, un dinar reluisant"

quittent. Ceux-là qui s'en vont, voguent vers une ville fameuse dont les monuments et les édifices frôlent les nues.

Aïcha se trouve parmi les voyageurs avec son mari Mahmoud, propriétaire d'une fabrique de parfums orientaux à New York. Près de vingt années les séparent. Leurs caractères sont en opposition, et leurs goûts dissemblables. Aïcha, telle une fleur à peine éclose, a dix-neuf printemps; la rosée matinale parfume encore ses frais pétales. Ce mariage s'était accompli, par suite de la cupidité de son père. La fortune de Mahmoud et son compte en banque en avaient été les courtiers éloquents. Le père rapace avait été gratifié de quatre mille et deux cents dollars. Cette somme, argument péremptoire, avait donné ses chances à Mahmoud, malgré les plaintes et les objections de l'adolescente.

Le navire atteignit le port de New York, et Aïcha s'élança sur le pont, pour en admirer le merveilleux panorama et les gratte-ciel qui portent au loin le renom de l'illustre cité.

Après y avoir séjourné quelques mois, Aïcha découvrit que son mari était un vagabond, coureur de femmes, et que ses maîtresses ne se comptaient point. Une grande partie de sa fortune le pourvoyait en gibier de cette sorte. En présence d'une situation difficile, et sous l'influence de mauvaises fréquentations, elle adopta les mœurs de son époux, et se fit de nombreux amants. Elle dilapidait, en leur compagnie, l'argent de cet homme insensé. Son mariage s'étant accompli en dépit de sa volonté, elle prenait sa revanche.

J'étais le témoin de ces mœurs conjugales et je maudissais, dans le secret de mon être, les pères cupides qui vendent ainsi leurs enfants bien-aimés, à des individus, point faits pour en assurer le bonheur, et cela moyennant une poignée d'argent qu'emporte le premier vent.

66 - DES RÊVES… LE TEMPS LES RÉALISERA-T-IL?

New York, cité du dollar! La roue du monde s'arrêterait de tourner si l'on en excluait le dollar, ce maître devant lequel tout s'incline. Il est le cœur, le nerf, et l'âme de cette ville, ville du tumulte et du bruit qui, la nuit, s'anime de lumières magiques. Son axe ne tourne qu'autour de la puissance de la matière, de la seule matière.

La valeur spirituelle n'est ici d'aucun poids. Il n'y a point de place pour elle dans cette capitale, où s'accumulent les millions. Nul ne connaît ici que la

Vers une ville fameuse — Ses maîtresses ne se comptaient point
Elle prenait sa revanche

matière. New York s'édifie sur les lourdes bases de cette vile matière; par la matière elle vit, par la matière elle meurt. Que celui, dont le destin est la souffrance, se dirige vers New York, sans avoir les poches bien munies de dollars, il réalisera la misère dans toute son étendue.

Mais il existe un autre aspect de New York. J'y ai vécu quatre années, et je remarquai qu'il y régnait une extraordinaire liberté de pensée. Tout en m'étonnant, ce fait excita grandement mon admiration. Cette liberté contraste étrangement avec les chaînes qui entravent les Indes et l'Egypte par exemple. Le plus misérable d'entre les misérables est l'égal des plus hauts personnages: il s'exprime avec la même autorité, la même indépendance. Point de seigneurs, point d'esclaves dans toute l'étendue de cette contrée. La science et la civilisation y fleurissent à l'ombre du drapeau constellé d'étoiles, que protège l'aigle aux puissantes ailes.

Quant aux journaux, il n'est aucun sujet dont ils ne s'emparent avidement, qu'ils n'analysent et ne dissèquent à la loupe. Ils critiquent les maîtres de l'heure, relevant toutes leurs erreurs, jusqu'à leurs moindres négligences. Le plus singulier, c'est que la personnalité politique, attaquée par la presse, modifie sa conduite sans protestation. Elle remercie même, celui qui la met en mesure de rectifier une faute à son avantage et à l'avantage du public.

Moi Dinar hier, bague aujourd'hui encerclant le doigt d'une jeune beauté, je souhaitais, que vint un temps, où l'Inde, ce pays de 350 millions[1] de créatures humaines, l'Egypte, qui compte aujourd'hui 18 millions[2] d'habitants, et les autres pays d'Orient, enchaînés et opprimés par la colonisation, et où la liberté de parole et la liberté d'écrire sont interdites, puissent, dans un avenir prochain, jouir d'une égale indépendance, et je songeais: "Amérique! quels que soient ton matérialisme et ton amour du dollar, quels que soient ton entraînement vers cette funeste idole, et les désastres qui en résultent pour l'âme, je t'aime, pays de la liberté, je t'aime, et souhaiterais vivre dans ton sein, jusqu'au jour où Dieu accorderait à l'Orient cette liberté sublime dont Il t'a si généreusement comblé!"

67 - FOURBERIE ET PERFIDIE DU GENRE HUMAIN

Une barque glissait, emportant, sur ses marines ondulations, Aïcha et

---

1. Population: 767.681.000 (U.S. Bureau of the Census: World Population, 1985).
2. Population: 49.133.000 (U.S. Bureau of the Census: World Population, 1985).

Liberté
Chaînes

l'un de ses amis. Ils badinaient et se taquinaient mutuellement. Plongeant sa main dans l'eau, Aïcha s'amusait à la secouer sur la tête du jeune homme, se divertissant au ruissellement des gouttes perlées sur son visage, d'autant plus, qu'elle le voyait s'impatienter de ces tracasseries réitérées. Mais il ne dissimula point sa joie lorsque, poussant un cri navré, elle lui annonça que sa bague, un présent de son frère, avait glissé dans la mer. "Tu m'as provoqué sans cause, lui dit-il, la mer a donc pris le soin de me venger."

Cet incident, parmi tant d'autres, fut bientôt oublié...

Un banc de poissons de grandes dimensions s'aventurait autour de la barque, dans l'espoir de saisir quelques restes d'aliments. Lorsque je tombai du doigt de Aïcha, moi la bague, je fus engloutie par l'un des poissons escortant la barque. De ma nouvelle résidence, j'écoutais l'écho des baisers que se dispensaient généreusement Aïcha, cette fille corrompue, et son compagnon non moins débauché.

Ce dernier, en ce matin même, jurait à son épouse le plus constant amour. Il venait à peine de la quitter, sous prétexte de se rendre à son bureau, qu'il se retrouvait bientôt avec une ancienne amie, et passait la demi-journée en sa compagnie. Il s'était ensuite rendu au domicile de Aïcha, et bientôt voguaient, tous deux, librement dans une barque aux couleurs joyeuses, poursuivant leur rêve libertin. J'ajouterai nécessairement, que la femme de ce jeune homme avait, de son côté, fait un appel téléphonique à l'un de ses amis; elle l'avait prévenu que son mari, pour des raisons d'affaires, ne rentrerait chez lui que fort tard. Il s'était donc empressé de la rejoindre.

Ainsi va l'existence; ainsi, les hommes ne trouvent plaisir qu'à se tromper mutuellement. Je maudis cette terre pétrie dans le mal, elle n'évolue que dans le crime et le péché.

"Lorsque je tombai du doigt de Aïcha…"

68 - LES GRANDS
DÉVORENT LES PETITS

Mon voyage, au fond des mers, fut étrange et saisissant. Je réalisai, que dans ces régions bizarres, même dans les profondeurs des océans, les lois de la terre étaient en cours. Le fort mange le faible, le grand dévore le petit. Je connus que la justice ne peut exister en cette planète tournante, parmi les hommes ou parmi les animaux, qu'ils soient muets ou qu'ils aient la faculté de se faire entendre.

J'examinais, de ma nouvelle demeure, les plus curieuses espèces d'animaux marins, de toutes tailles et de différents volumes. Le poisson, dans les entrailles duquel j'habitais, évita plus d'une fois divers dangers. Quelques monstres essayèrent, à plusieurs reprises, de l'engloutir, mais son adresse dans la fuite, son expérience des ruses et des périls, sa connaissance approfondie de tous les secrets de la défense et de l'attaque, le sauvèrent des perpétuelles menaces qui le guettaient.

Notre voyage se poursuivait dans une sage organisation. Mon propriétaire avait adopté la ligne droite, ne déviant ni d'un côté ni d'un autre; il échappait, de la sorte, à ses nombreux adversaires. Nous vécûmes ainsi, durant quatre semaines, courant une foule de périls. Notre hôte se nourrissait de jeunes poissons; leurs bancs innombrables grouillent dans l'immensité des mers. Mais nous n'avions pas encore dépassé la cinquième semaine, quand disparurent les petits poissons; nous n'en apercevions plus que d'assez volumineux.

Deux jours s'écoulèrent. Mon propriétaire ne trouvait point à s'alimenter. Il n'avait pas le courage d'attaquer des poissons qui le dépassaient par la taille et le poids. Mais lorsque la faim fut aiguë, il se décida à affronter sa chance en assaillant un poisson qui mesurait le double de sa propre longueur. A l'instant où il fondait sur l'adversaire, se préparant à une lutte impressionnante, nous fûmes soudain terrifiés par une effroyable rumeur. Un monstre fendit les eaux, puis entrouvrant sa gueule infernale, faucha, par milliers, tous les poissons qui se trouvaient à sa portée, y compris mon propriétaire; il

Où les grands dévorent les petits

referma ensuite ses mâchoires, et l'on entendit un formidable grincement. Je me rendis compte que je me trouvais maintenant dans les entrailles d'une baleine.

69 - ASTUCE DE L'HOMME

Grande est la différence entre ce misérable poisson et cette immense baleine. La rapidité avec laquelle elle couvre les distances les plus fabuleuses, est invraisemblable. Inutile de décrire sa force et sa puissance; il n'existe point un animal marin qui puisse lui être comparé. Les plus volumineux poissons la craignent et l'évitent; elle est, sans contestation, la reine des mers. Elle attaque impitoyablement tout ce qui tombe sur son passage; sa mâchoire dévore inlassablement. Elle se comporte ainsi, comme les grandes puissances qui, sans justice, sans pitié, absorbent les petites. Ce monstre ne craint que l'homme, ce dangereux ennemi.

Une nuit, alors que sévissait une effroyable tempête, les pluies se déversaient en torrents, les éclairs sillonnaient les nues, le tonnerre sinistrement grondait. Les habitants des mers, alarmés par la violence des éléments déchaînés, plongeaient dans les profondeurs des eaux. Sans se soucier des vagues coléreuses, une frêle embarcation bravait la tempête. La baleine qui me retenait prisonnière, la poursuivit. Protégée par les ombres de la nuit, elle fonça sous le petit bateau et le souleva de toute sa force pour le renverser; elle flairait déjà le somptueux festin que lui offrirait la chair appétissante des passagers. Mais la ruse des hommes la vainquit, en cette circonstance; elle tomba dans son propre piège, et fut fendue en deux parties par le tranchant du couteau, dont les chantiers munissent le bas de ces embarcations.

Dans cette expédition belliqueuse, ma baleine trouva la mort. L'odeur du sang attira les monstres d'alentour; quelques-uns arrivaient même de loin, prévenus par de mystérieuses antennes. De leurs dents aiguës, ils la déchirèrent sans pitié, et se nourrirent de ses lambeaux. Mon sort me poussa dans la gueule d'une nouvelle baleine qui avait eu la part du lion dans ce banquet fastueux; elle était peut-être la sœur de la première, dont la chair remplissait maintenant les entrailles des monstres marins.

70 - DES PROJETS DONT
SE RIT LE DESTIN

De longs mois passèrent. Je me trouvais toujours dans le sein de ma nouvelle baleine. Durant cette période, j'avais aperçu des milliers de

... Mais la ruse des hommes la vainquit

squelettes, victimes des bombes infernales, noyés au cours des batailles navales, en cette dernière Guerre Mondiale, et dans des époques antérieures. De même, nous découvrîmes des centaines et des milliers de navires et de sous-marins, anciennement coulés, contenant des trésors et parfois, de grandes quantités d'or, cet or pour l'amour duquel les hommes s'entretuent, alors que les animaux des mers passent suprêmement indifférents à sa présence.

Un jour, à l'heure du méridien, nous nous aventurâmes dans le voisinage du fameux Titanic, ce bateau qui jadis avait été la gloire des mers. Je fus impressionnée par ses imposantes dimensions, et surtout par la vue des squelettes que je remarquai à l'intérieur du navire géant; il avait été écrit que ceux-là périraient au fond des mers.   Mais ce que j'ai vu de plus saisissant, durant mon séjour dans le ventre de l'effroyable baleine, fut le déchaînement d'une tempête épouvantable. Elle s'attaqua à un grand navire, dont elle se joua comme d'une légère plume d'oiseau. Elle le détruisit, éparpillant bientôt ses diverses parties. Ma baleine se précipita sur les corps des noyés, les broyant, et les engloutissant dans sa gueule jamais assouvie. Des monstres nombreux, gigantesques et de toutes tailles, se joignirent à elle dans cette entreprise. Je tournai mon regard vers l'une des victimes, visiteuses si bien reçues par ces infatigables mâchoires, et je vis un spectacle qui m'épouvanta. Ici, devant mes yeux, gisait Aïcha, et près d'elle s'étendait son amoureux, celui-là même qu'elle s'amusait à éclabousser d'eau, le jour où je glissai dans la mer. J'imaginai, qu'ils avaient décidé de fuir l'Amérique, et de poursuivre ailleurs leur joyeuse aventure. Leur triste fin se présentait sous cette forme terrifiante.

La chair appétissante des passagers

71 - L'AMOUR S'ACHÈTE ET SE VEND

Finalement, ma baleine échoua sur un rivage japonais. Une foule accourut, et l'on entreprit de la dépecer avec des instruments tranchants. Hommes, femmes, enfants, affluaient de toutes parts, et il ne resta bientôt plus trace du monstre volumineux.

Mon destin était écrit irrévocablement. Un homme, du nom de Toumayaka Hourachi, avait acheté un bon quartier de chair de baleine, et l'avait emporté à son domicile. Son fils, examinant cette chair riche et graisseuse, essaya de la couper en tranches. Le couteau se heurta à mon corps résistant, et j'apparus alors, de nouveau, sous le soleil. Toumayaka Hourachi m'offrit en présent à son amie Hitsi, une fort jolie geisha, qui me passa complaisamment à l'un de ses doigts. Je ne veux point allonger le récit par la description des spectacles dont je fus témoin chez les geishas. J'y vis des centaines et des centaines de visiteurs, des différentes classes de la société. Les plus hauts fonctionnaires de l'Etat japonais, aussi bien que les diplomates étrangers, visitent les temples de l'amour, sous l'égide de la nuit discrète et protectrice. Ces maisons sont pourtant contrôlées par le gouvernement, auquel elles paient de lourds impôts qui l'aident à équilibrer son budget.

Quant à moi, la bague, je puis dire que les lèvres qui m'ont baisée, atteignirent un chiffre incalculable. Je fus grandement incommodée par ces baisers fastidieux, car ceux qui m'en gratifiaient n'étaient point nobles, point sincères, mais entachés de mauvais désirs et de sentiments corrompus.

72 - COUTUMES TRADITIONNELLES

Je devins bientôt la propriété d'un diplomate européen. Il m'acquit à un prix fort élevé, la geisha ayant trouvé son avantage à me vendre. Cet

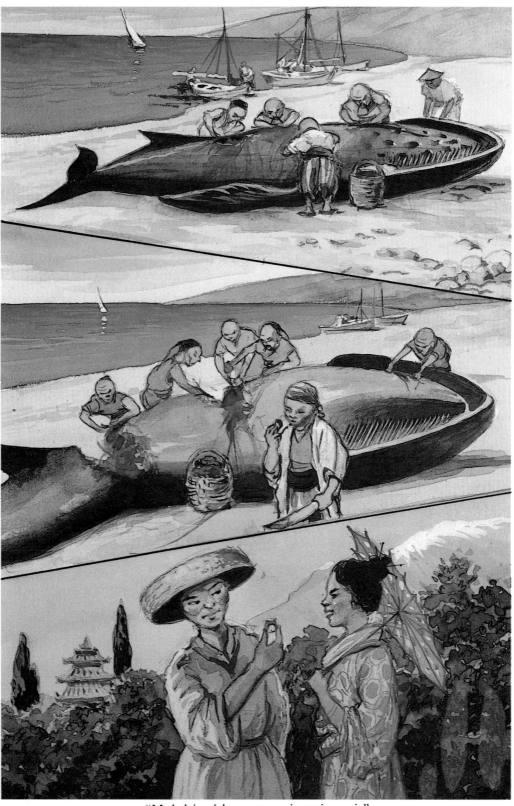

"Ma baleine échoua sur un rivage japonais"
"J'apparus alors, de nouveau, sous le soleil" — En présent, à son ami Hitsi

événement m'offrit l'occasion de connaître l'Empereur, Fils du Ciel, adoré par tous les Japonais au pays du Soleil Levant.

Ce grand diplomate obtint une audience de l'Empereur, à l'occasion d'un voyage qu'il devait entreprendre en son pays. Il partait en congé, et n'était-ce cette circonstance, il lui aurait été difficile d'être reçu par Sa Majesté. Un tel événement présente de grands obstacles; il est accompagné de minutieuses formalités, et les nombreuses cérémonies protocolaires qui s'y rattachent n'existent dans aucune autre cour au monde.

Mon attention fut attirée par des tableaux d'une haute valeur artistique, et par d'admirables panneaux décoratifs. Les peintres y avaient dépensé toute leur âme et jeté, avec les couleurs, des vibrations de vie. J'avoue mon admiration pour l'art japonais, très poussé et très délicat, mais je fus quand même surpris de le voir atteindre un aussi haut degré de perfection. J'ai admiré des merveilles d'art dans les différentes contrées d'Europe, d'innombrables chefs-d'œuvre dans les palais et les musées, mais je n'ai point ressenti l'émotion profonde qui m'a saisie, à la vue de l'incomparable collection du palais impérial. Ces chefs-d'œuvre élèvent le Japon très haut dans le monde des arts, ils immortalisent les noms de leurs auteurs, ils les placent au niveau des plus illustres artistes européens, qu'ils surpassent même souvent.

Les cérémonies protocolaires, les saluts, maintes fois réitérés, courbèrent et plièrent mon pauvre diplomate devant Sa Majesté, au point que sa poitrine faillit se coller à son ventre. Le calme figé de l'Empereur, le peu de mots qu'il daigna prononcer, la hâte que l'on mit à dépêcher la visite, tout cela, je le remarquai et l'enregistrai au compte de cet étrange pays qui demeure à l'écart, scrupuleusement ancré dans ses antiques usages et ses anciennes traditions. Mais en vérité, le Japon est un pays qui abonde en merveilles; il conserve le sceau d'un passé miraculeux.

Une audience avec l'Empereur

73 - EN LA COMPAGNIE DES ROIS
ET DES DICTATEURS

Il prit envie à ce vétéran de la diplomatie de visiter, sur le trajet du retour, les capitales où, dans un récent passé, il avait représenté son pays et conservé des amis. Il entreprit son voyage sur un immense avion qui, bientôt, plana dans les hauteurs du firmament. Il atterrit à Nankin, capitale de la Chine.

Notre séjour dans cette ville ne se prolongea guère. Les habitants ne sont point différents du peuple japonais, à part cependant une tiédeur et une paresse indéniables chez les Chinois; elles se manifestent, d'ailleurs, dans la fixité de leurs yeux au regard léthargique, contrairement aux Japonais, frémissants d'ardeur et pleins d'énergie.

Pour la seconde fois, l'avion s'éleva avec ses passagers, pour se poser bientôt à Moscou. Mon propriétaire visita Staline, le maître du Kremlin. Je fus vivement frappée par l'expression de cet homme, à la trempe de fer. Ses traits sont martelés en caractères puissants; l'énergie et la résolution se lisent sur son visage. L'éclat de son regard est rancunier, et sa volonté constamment tendue vers l'idée de vengeance. Les sentiments qui transparaissent dans ses yeux ressemblent au feu qui couve sous la cendre. Son front est, de plus, marqué par l'empreinte de la souffrance, suite de l'exil et des tourments qu'il a endurés dans les jours sombres. Mais il fut persévérant, il lutta farouchement jusqu'à ce que finalement, la victoire lui échut en partage. Je déchiffrai sa pensée, claire autant que le soleil en son midi, elle signifiait: malheur à mes ennemis, le temps est proche… Malheur à ceux-là qui m'ont opprimé et tyrannisé!

Le lendemain de l'entrevue avec Staline, nous reprîmes l'avion, et nous faisions bientôt escale en Iran. Au palais du Shah à Téhéran, je me trouvai face à face avec Sa Majesté Riza Khan Pehlavi, cet homme qui s'éleva par sa seule volonté, et s'empara du sceptre impérial. Nous passâmes un jour à Téhéran, et le lendemain matin, l'avion nous enleva sur ses vastes ailes.

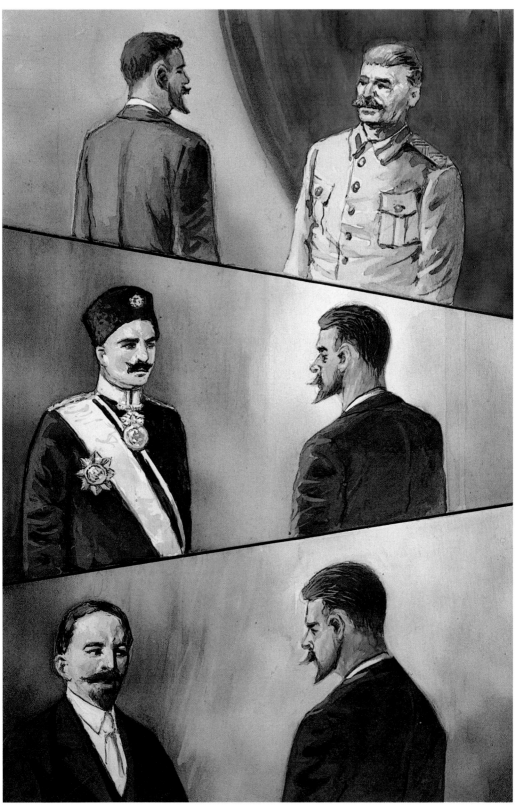

En la compagnie des rois et des dictateurs

Nous voilà maintenant à Bagdad, ville de Haroun Al-Rachid, Calife des musulmans, Emir des Croyants. Le roi Fayçal[1] nous accorda une aimable audience, et la simplicité de son accueil m'emplit de contentement. Sa Majesté vit à proximité de son peuple dont il est le père, le fils, et le frère; c'est un véritable démocrate. Ce roi, joint à la grandeur de l'âme, les plus hautes qualités de l'esprit. Tous les cœurs lui sont acquis. Il circule librement parmi la population, sans qu'il soit nécessaire de l'entourer de gardes, parce qu'il ne connaît pas un ennemi dont il craint pour sa vie. Cette vie est précieuse à tous les Arabes.

Alors que Sa Majesté conversait avec mon diplomate, un fin sourire relevait le coin de ses lèvres. Son beau visage rayonnait d'un rayonnement serein qui ajoutait à la noblesse de sa prestance. Je souhaitai ceindre l'un de ses doigts en m'offrant à lui. Oui, tous les êtres se courbent en présence de la noblesse, même ceux-là qui, par leur essence, sont fixés comme moi dans l'immobilité.

Dieu te protège, roi des Arabes! Que ta démocratie est magnifique! Elle conquiert les cœurs.

---

1. Fayçal I (1883 - 1933)

74 - J'ÉTAIS BRITANNIQUE
ET ME VOILA FRANÇAIS

Notre voyage s'acheva, par l'arrivée de mon propriétaire dans sa patrie française. La famille nous réserva un très affectueux accueil. Les accolades furent longues et chaleureuses; puis ce fut le retour au logis. Deux autos transportèrent tout notre petit monde dans un flot de paroles que j'écoutais tranquillement.

Le lendemain de notre arrivée, le diplomate, selon l'usage protocolaire, visita officiellement le Siège du Gouvernement où les honneurs militaires lui furent rendus. Il visita également tous les ministres, particulièrement celui des Finances dont il était l'ami et le compagnon de jeunesse. "Et mon cadeau japonais, plaisanta le ministre, as-tu donc oublié ton ancien ami?" Avec une hâte appropriée, mon propriétaire me retira de son doigt: "Voilà le cadeau, dit-il, je te prie de ne point me taxer d'avarice, ce petit souvenir te dira que je ne t'ai point oublié durant mon séjour là-bas. Cette bague est en or japonais et sans alliage étranger, je l'ai achetée avec l'intention d'en faire présent à mon ami, le ministre des Finances, pour qu'elle soit transformée par l'Hôtel de la Monnaie, en dinar français; cet acte sera un symbole de l'extension future de l'influence française au Japon, et en d'autres pays; c'est le présage que je veux tirer de cette transformation."

Le ministre des Finances se laissait aller à une gaieté exubérante: "Tu es un novateur, et l'idée est ingénieuse. Plût au ciel que se réalisent tes espérances et tes ambitions pour l'amour de la France. Sois assuré que l'opération sera exécutée demain, sans retard."

Le lendemain en effet, le jour était à peine levé quand les machines de l'Hôtel de la Monnaie m'avaient déjà fondue, pétrie, et frappée en un nouveau dinar. J'apparus sous une forme arrondie dont le poids était moindre que le dinar britannique et je resplendissais d'un éclat renouvelé. Ma métamor-

"Voilà le cadeau", dit-il
Ma métamorphose se faisait dans un nouveau pays

phose se faisait cette fois dans un nouveau pays, et ma nationalité dorénavant était française.

75 - MOEURS

La vie dans la capitale française est à certains points de vue captivante, mais elle est inséparable du bruit et du tumulte. Les Parisiens exploitent tout ce qui rapporte. Leurs passions sont insatiables, et il leur faut les satisfaire par tous les moyens. Lorsque Paris, la grande cité, a fermé ses usines et ses magasins dès sept heures du soir, l'on s'étonne de voir hommes et femmes, la jeunesse surtout, se diriger en processions vers les divertissements bruyants qui surexcitent l'imagination.

Le quartier de Montmartre, la nuit, est le synonyme de la dépravation. Les démons, les plus versés dans cette science, ne pourraient mieux organiser un centre d'impudicité et de perdition. Cafés ou tavernes, salons, hôtels ou appartements, tout dans ce quartier se convertit en foyer de libertinage. Je fus consterné, et fort scandalisé de ces faits.

Entre tant d'autres, il est un lieu d'amusements que l'on nomme Moulin-Rouge; les femmes y sont exposées comme une marchandise commerciale. Elles reçoivent la clientèle complètement nues. Tout s'accomplit avec la connaissance et l'approbation des autorités qui encouragent ces divertissements de toute leur aide.

On proclame Paris la mère de la civilisation, le berceau des arts, la déesse de la liberté. Si la liberté évolue, jusqu'à être dénaturée et transformée en libertinage, que la malédiction s'abatte sur elle! La liberté est, certes, le vœu de toute créature vivante; on la chante, on la poursuit nuit et jour, on dépense sans compter pour la conquérir, on l'achète au plus haut prix; mais, lorsqu'elle dépasse les limites de l'honnêteté, et tombe dans la dépravation, cette liberté change de signification, et se transforme en un dangereux abus. L'honneur et l'humanité prescrivent à ceux qui tiennent en main les rênes du gouvernement, de mettre fin à telle liberté outrancière et scandaleuse qui est en vérité, un péril pour la société, un désastre pour la moralité publique, un coup cinglant pour la civilisation.

Les hommes de ce siècle ont rejeté toute pudeur; ils vivent dans un océan de vices, sans éprouver ni honte ni remords. Si mon destin m'en donnait la possibilité, moi Dinar, nouvellement métamorphosé, maintenant français, j'aurais été l'apôtre de la vertu et de l'honneur, ralliant à ma sainte croisade, tous les partisans de la noblesse et de la dignité humaine.

Les hommes de ce siècle ont rejeté toute pudeur

76 - LA FEMME EST LA FEMME
EN TOUT TEMPS EN TOUT LIEU

Le ministre des Finances m'offrit à son amie Madame Yolande Bidou, après qu'il lui eut narré mon histoire. Le présent l'enchanta, et elle me plaça soigneusement dans son sac à main en cuir.

J'y demeurai quatre mois et demi, l'accompagnant dans ses déplacements, écoutant les entretiens et les bavardages des dames qu'elle visitait. L'habillement et la mode les intéressaient prodigieusement. Les coiffures et les chapeaux leur offraient une source infinie de verbiage, elles y attachaient une importance extraordinaire. Ces questions semblaient être pour ces commères les bases de l'édifice mondial. Chaque tête ou chaque visage réclame, paraît-il, une adaptation particulière. Il existe pour les femmes toutes sortes de différences: type oval ou figure arrondie, type photogénique qui s'accomode de toutes les fantaisies, ou réfractaire à certaines modes. Il y a la brune, la blonde, la rousse; celle dont la taille est élancée, la moyenne ou la petite. Il faut prendre en considération toutes ces particularités dans l'élection d'un chapeau, dans le choix d'une coiffure, ou d'un vêtement. Le charme mystérieux, le succès de la femme, en dépendent grandement, paraît-il. Cela est d'une importance capitale, hélas!

Madame Bidou et ses amies étaient très prodigues de leurs paroles. Leurs langues allaient toujours leur train, et lançaient leur venin sur telle ou telle de leurs connaissances. Elles raillaient Janar de Valnan, l'attaquaient, lui imputant des dérèglements honteux. Elles flétrissaient telle ou telle, irrévocablement; déchiraient à dents empoisonnées une voisine, une amie. Les absentes étaient dénigrées impunément, et je pensai que si l'on exprimait franchement une vérité à l'une des personnes présentes, le tumulte s'élèverait dans l'assemblée, une impitoyable guerre serait déclenchée.

Ces réunions mesquines me désespéraient, les papotages de ces femmes m'impatientaient. Je souhaitais être la propriété d'un homme, si borné fut-il, car mes oreilles étaient lasses des éternels commérages féminins.

"Les papotages de ces femmes m'impatientaient"

77 - LE DICTATEUR ET MAITRE
TOUT-PUISSANT DE L'ITALIE

Le ministre des Affaires étrangères désigna Monsieur Bidou comme ambassadeur à Rome. Dès que le décret de sa nomination eut paru, Monsieur Bidou partit pour la ville papale, accompagné de sa femme Yolande. Après y avoir séjourné quelque temps, ils ressentirent un vif attachement pour cette cité lumineuse et en apprécièrent l'existence heureuse et facile. Les jours y sont resplendissants; aussitôt que s'étend la sombre nuit, le firmament se constelle d'étoiles, et sur terre, l'électricité magique joue de tous ses ressorts, et jette tous ses feux.

Cet ambassadeur se lia d'amitié avec le dictateur de l'Italie, Signor Mussolini. J'épiais ce dernier, quand les deux amis se rencontraient. Mussolini semblait fier et dédaigneux; il relevait hautement la tête lorsqu'il s'exprimait, appuyant sa parole de l'éloquence de l'attitude et du geste. Son caractère, d'une trempe inflexible et forte, a pétri l'Italie à son image: il l'a fondue et moulée dans un moule d'acier.

En tous lieux foisonnent les portraits et les statues de Mussolini. L'Italie entière est maintenant fasciste; elle est courbée devant ce chef dont l'influence et la popularité se propagent sans cesse. Cet homme extraordinaire m'a grandement étonné, il a conquis mon admiration. Moi Dinar, dont la sensibilité frémissante ne laisse pas échapper la moindre nuance, j'ai remarqué que ses partisans, ceux-là qui l'avaient aidé dans les premières étapes de sa carrière et de ses luttes, depuis le moment où il marcha sur Rome à la tête des Chemises Noires, ceux-là n'ont rien de son intrépidité et de son audace, mais ils tâchent pourtant de l'imiter.

Que réserve le temps à venir à ce dictateur qui, par sa volonté active, a transformé l'Italie, la revêtant d'une armure renouvelée de force et de jeunesse, qui a animé de son dynamisme, les âmes craintives et indécises? Cette situation durera-t-elle longtemps, ou bien le feu de l'exaltation s'éteindra-t-il au fil des jours?

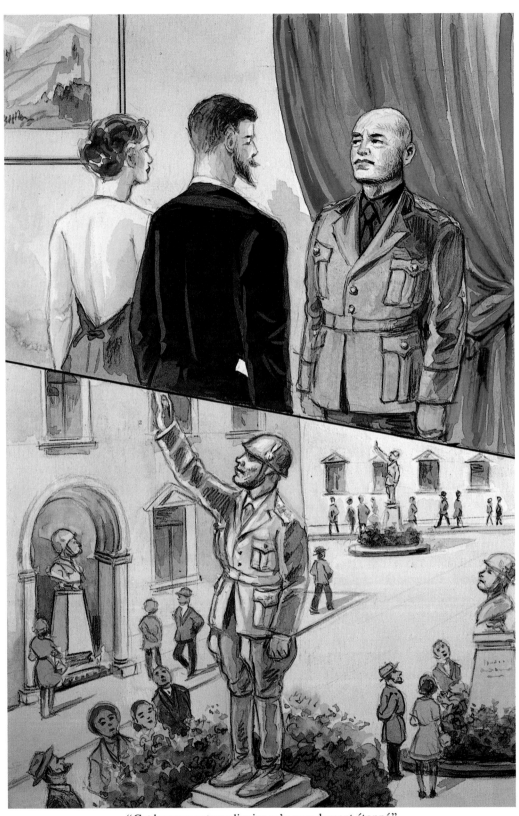

"Cet homme extraordinaire m'a grandement étonné"
L'Italie entière est maintenant fasciste

78 - LE FÜHRER

Monsieur Bidou, chargé d'une mission officielle et secrète, eut l'occasion d'effectuer un voyage en Allemagne. Il rencontra son collègue, l'ambassadeur de France, avec lequel il s'entretint longuement, et fut présenté par lui au dictateur suprême, Hitler.

Je saisis la chance qui me favorisait si heureusement, et du portefeuille de Monsieur Bidou, où je me trouvais confiné, je tendis l'oreille pour écouter chaque parole que prononcerait l'homme célèbre qui mène aujourd'hui des millions d'êtres, parmi les plus civilisés de l'Europe. Il les électrise, il les embrase de l'amour de la patrie; il a supprimé tous les partis, toutes les divisions qui entravaient l'unité de l'Allemagne.

Exposant ses idées, il a déclaré nettement, ne point reconnaître les conditions de l'armistice et de la paix imposées à son pays qui succombe sous le poids tyrannique de l'oppression. Le plus grave est le fait qu'il met toujours en exécution ce qu'il proclame dans ses discours enflammés.

Il s'est fait restituer les terres arrachées à l'Allemagne par les Alliés. Outrepassant ces mesures, il a occupé plusieurs pays adjacents; il a réorganisé le service des armements malgré l'interdiction du vainqueur, le mettant soudain devant le fait accompli. Aucune nation ne risque de s'opposer à ses desseins, car elle est assurée qu'en les contrecarrant, elle déclencherait une guerre mondiale et destructrice qui faucherait des millions de vies humaines. Les nations demeurent donc prudemment à l'écart, d'autant plus, que le dictateur de l'Allemagne cherche à les provoquer et à les irriter, pour les amener à déclarer une guerre, à laquelle elles ne sont point préparées. Par ailleurs, les fabriques d'armements allemandes fonctionnent, tout le long des nuits et des jours. La production ne s'interrompt point, et cela depuis l'an 1933, époque où Hitler prit en main le pouvoir.

Les paroles du Führer, alors qu'il conversait avec mon propriétaire, ressemblaient à des bombes foudroyantes, menaçant tout ce qui entraverait ses desseins. Monsieur Bidou était saisi par cet accent impératif, il n'était point accoutumé à entendre un tel langage, même de la bouche d'un souverain.

Le Führer lui demanda à un certain moment de noter une remarque. L'ambassadeur se hâta de retirer son portefeuille pour en extraire un carnet. A cet instant, moi Dinar, je fis un bond imprévu et tombai sur le bureau privé de Hitler. Il me prit entre ses doigts, me considéra attentivement, et dit: "Les Anglais voudraient avoir la suprématie sur ce précieux métal; ils voudraient

Le Führer frémissait, sous l'empire d'une révolte intérieure
"Le peuple allemand ne souffre plus d'être frustré de ses droits"

l'accaparer et l'enfermer dans leurs coffres; mais je leur révélerai bientôt quelles sont mes possibilités d'action; je dévoilerai tous mes plans, je mettrai un frein à leurs ambitions démesurées, et je les dompterai. Le peuple allemand s'impatiente et ne souffre plus d'être frustré de ses droits et dépossédé de ces espaces vitaux dont se sont emparés les Anglais. Ceux-là, sont atteints de la folie de l'orgueil et veulent dominer toute l'étendue de la terre."

Le Führer frémissait sous l'empire d'une révolte intérieure. La visite s'acheva et nous quittâmes cet homme prodigieux. J'en conclut qu'il n'y aurait point de juste milieu dans les événements de l'avenir: Hitler conduira son pays au triomphe le plus éclatant ou à la défaite la plus terrifiante.

79 - LA GARDE DES LIEUX SAINTS

L'ambassadeur Bidou relata à sa femme l'épisode du dinar, son bond imprévu sur le bureau du Führer et les réflexions de Hitler qui l'avait un moment recueilli entre ses doigts. Sa femme lui dit alors: "Ce dinar est donc historique, je le réclame, car un don se reprend, et je le conserverai précieusement." L'ambassadeur sourit et le restitua à sa femme.

Une année s'écoula, et une autre année s'acheminait dans son sillon éphémère, quand Madame Bidou quitta Rome en compagnie de sa mère, dans la pieuse intention d'effectuer la visite des Lieux Saints. Depuis bien longtemps elles désiraient fouler la terre qui avait été le berceau de Notre-Seigneur le Christ, où Il avait grandi et vécu la courte vie qui s'était achevée si douloureusement sur le Calvaire, teignant la terre de Son sang pur et précieux.

Dès leur arrivée à Jérusalem, Yolande et sa mère se rendirent au tombeau de Notre-Seigneur le Christ, dans l'église de la Résurrection. Elles s'agenouillèrent devant le très saint Sépulcre, et versèrent des larmes de joie, car il leur avait été donné de voir ces lieux bénis, où était mort et ressuscité le Sauveur du monde.

Leur foi se fortifiait dans la méditation des mystères de la Rédemption, dans l'espérance de l'éternité bienheureuse. Elles remirent à un prêtre un don généreux et poursuivirent toutes deux, le tour de l'immense église. Elles découvrirent bientôt ce même prêtre en compagnie d'autres compères; ils mangeaient et jetaient sur le pavé de l'église, les noyaux d'olives, les pelures d'œufs, de fruits et de légumes. Ce spectacle porta à Yolande et à sa mère un coup en plein cœur.

Lorsque les prêtres remarquèrent les regards indignés des deux femmes, leurs mâchoires se tendirent dans un ricanement moqueur. De plus en plus révoltées, elles portèrent plainte contre ces hommes sacrilèges qui

"Ce dinar est donc historique, je le réclame"
Indignes dépositaires du temple de Dieu

s'étaient voués à la garde des lieux dont ils violaient la sainteté. Il était du devoir des autorités de prévenir de tels abus.

Indignes dépositaires du temple de Dieu, chargés de veiller à sa sainteté, ces misérables prêtres sont eux-mêmes les premiers à le profaner. Ils méritent d'en être chassés comme les marchands à qui Notre Seigneur avait dit: "Ma maison sera appelée une maison de prières, vous en faites une caverne de voleurs."

Des milliers et des milliers de chrétiens accourent chaque année en pélerinage, vers la patrie terrestre de Notre Seigneur Jésus-Christ. Ils ne doivent point être témoins de tels scandales. Non, ces fidèles ne doivent point venir de toutes les contrées du globe, pour être offensés dans leur croyance et, peut-être, ébranlés dans leur foi.

80 - LA RANCUNE ET LA TERRIBLE PASSION DE LA HAINE

Désirant noter quelques souvenirs, Yolande retira son carnet de son sac. Mon sort me fit choir à terre, elle n'y prit point garde. A ce moment même, un homme vil, qui avait été témoin de l'incident de ma chute, vint à passer par là. Il se nommait Abdel Rahim Al Charif[1]. L'honneur et l'honnêteté lui imposaient l'obligation de me restituer à ma propriétaire Yolande, mais il me retint honteusement, comme sa légitime propriété.

J'assure le lecteur, que si moi Dinar, j'étais doué de possibilités humaines, j'aurais étranglé ce voleur infâme, d'autant plus que je remarquai ses vêtements somptueux, à l'instar des privilégiés de la fortune. J'observai son visage et j'aperçus que ses petits yeux de singe ne se fixaient nulle part. Cela signifie, au dire des physionomistes, que le propriétaire de tels yeux est traître de par son essence, indigne de la moindre confiance.

Ce voleur poursuivit sa marche en ma compagnie, jusqu'à ce qu'il parvint à un premier, puis à un second tournant. Il arriva alors en face d'une porte en bois, il en tourna la clef et pénétra dans une pièce où se trouvait un homme qui semblait l'attendre. Ce dernier salua le nouveau venu et lui dit:

— Quelles sont les nouvelles, Al Charif?

— Rien, mon ami. Pourtant, la chance m'a conduit vers une chasse intéressante. J'ai trouvé ce respectable dinar; je l'ai aperçu à l'instant propice, alors qu'il tombait justement du sac à main d'une dame étrangère, il me semble. L'étourdie ne s'en est même point doutée. Je me suis donc empressé de le recueillir; il nous sera utile dans notre campagne d'attaque contre notre ennemi Shehad.

— Abdel Rahim! J'ai un conseil à te donner, sincère autant que gratuit, au nom du Dieu Généreux.

— Parle, ce conseil quel est-il?

— Je t'observe depuis dix longues années, et j'atteste que tu as vendu

---

1. Al Charif: l'honnête

ta conscience et ton âme pour te venger de ton ennemi. Tu as dépensé, dans ce but, la plus grande partie de ton temps et de ton argent. Mais, le pire en ceci, c'est la perte de ta réputation et de ta situation, à la suite des publications et des révélations faites, par cet ennemi, à ton sujet. Tes aventures sont tristement célébrées et ridiculisées parmi ceux de ta bourgade. Tu te fourvoies dans un dédale inextricable; tu t'égares dans un labyrinthe où surgit à chaque tournant, un démon ironique qui persifle et te nargue.

Et les jours accumulent ta soif de la vengeance. Ils attisent les tisons de la colère qui mord et ronge ton cœur, remue ta bile et s'acharne contre ton corps amaigri. Ta chair se fond, ta graisse se dissout, tes os se dessèchent. Ton poids baisse, comme ton esprit, tu te réduis à un fantôme, tu n'es presque plus un homme, mon ami. Et ce qui ajoute à mes alarmes, c'est que le sommeil de ta couche s'enfuit. Tu marmonnes le nom de ton ennemi, tout le long du jour, que ce soit à l'état de veille, ou durant ton sommeil. Tu inspires de vives inquiétudes à tes amis, car ta raison chancelle.

Les coups, trop bien portés de ton adversaire, ont ébranlé ton équilibre dans ses fondements. Ils t'ont visé et soudainement atteint, et tu as versé des larmes de rage et de désespoir, et tu t'es lamenté sur ce qui fut et n'est plus. Le passé est donc trépassé, ô mon frère insensé!

Tu déclares que tu étais jadis l'humble serviteur de cet ennemi d'aujourd'hui; tu t'agenouillais et lavais ses pieds, tu les séchais et les mouillais de pleurs. Tes paroles sont étranges, et pourquoi cette comédie singulière? Reprends tes sens ou plutôt quitte la Palestine; tu es ici la risée de ta famille, de tes amis, et que dire des étrangers? Tu t'écartes des voies de l'intelligence, tu périclites et tu glisses dans les abîmes de l'inconscience; la preuve c'est que tu ne te retiens point d'amener à ta sœur des hommes qui te promettent de dénigrer ton ennemi.

Allège ton fardeau et tes soucis, mon Al Charif! et ne t'attache plus aux événements qui ont causé ta perte. Si, pour excuser ta conduite d'autrefois, tu allègues ton jeune âge en ce temps-là, cette excuse ne plaide point en ta faveur aujourd'hui. Tu m'as toi-même confié, que tu as dérobé un dinar dont tu connais la propriétaire. Ce procédé est vil et le fait d'un scélérat. Hier encore, l'un de tes proches m'a rapporté ta coupable traîtrise envers un ancien ami. Cette conduite n'est-elle point révoltante? Elle te flétrit irrémédiablement, et les plus abjectes créatures te condamnent avec horreur, déclarant unanimement, que ta traîtrise dérive de celle de l'Iscariote.

Tu as attiré sur toi les calamités et les malheurs; tu y es encore plongé, et ils t'enseveliront sous leur poids. Pourquoi n'avoir point sagement évité telles conséquences désastreuses, ô misérable Al Charif! mon triste ami? Ta situation est fort affligeante, et je me lamente sur toi. Mais, quel moyen aurais-je pour te secourir, alors que ton châtiment est un châtiment mérité?

Quant à ton indomptable, infatigable et redoutable ennemi, tu n'es point de taille à lutter contre lui. Il voit quotidiennement sa force s'accroître et son activité ne connaît point de bornes. Il a fait de toi un sujet de moquerie, et l'on se divertit à tes dépens, le long des jours et le long des nuits joyeuses, alors que le triomphe accompagne celui-là à qui tu cherches à nuire depuis si longtemps. Renonce donc à lancer tes flèches insensées contre celui que tu as pris pour cible; tu te dissimules dans ta tanière, pour le viser en tapinois, mais il te renvoie ces flèches, avant même qu'elles ne l'atteignent. Il décoche contre toi ses traits rigoureusement précis, qui frappent mortellement. Et voilà que, prématurément, tu soupires après la mort; n'est-ce point là un signe de faiblesse et de désespoir? Si tu veux écouter mon conseil, pour vivre en paix dans la tranquillité, abandonne l'impossible.

Abdel Rahim répondit: — Je ne puis me résoudre à une telle proposition, ceci ne se réalisera point. J'ai voué ma vie et mon sang, j'ai consacré chacune des minutes de mon existence, à la vengeance contre celui qui a transformé ma lumière en ténèbres.

— Quels sont tes projets?

— Je désire préparer mon plan.

— Tu as déjà entrepris une campagne de presse contre lui.

— En effet, ce que tu dis est vrai.

— Je suis tout disposé à te donner mon aide dans ce but.

— Merci, tu es un ami sincère.

— Mais cela nécessite des frais d'argent.

— Je suis prêt à payer tout ce que je possède, et jusqu'à la dernière piastre, pour le triomphe de mon idée.

— Donne-moi d'abord ce dinar comme un premier versement au propriétaire d'un respectable journal, qui jouit d'un grand crédit auprès de nombreux lecteurs.

— Le voici, que le Ciel lui accorde sa bénédiction et son assistance. Aussitôt que le premier article aura paru, un autre dinar lui sera versé.

— Fort bien, il en sera selon ton désir, quoique je sois persuadé, que cette conduite te mènera à la misère totale sans te procurer les satisfactions que tu envisages.

— La mort ou la vengeance! La mort ou la vengeance!

Il répéta cela puis éclata en sanglots et en lamentations amères tout en se rongeant les ongles… puis se remit à se frapper la tête avec les poings jusqu'à en faire couler son sang souillé.

81 - LE CORRESPONDANT DU JOURNAL
LE DIABLE MAUDIT

Le correspondant du journal *Le Diable Maudit* se trouvait en la ville de Jérusalem. Il était venu de Beyrouth pour une affaire concernant la presse, et sa mission achevée, il s'installa dans une auto qui devait le reconduire dans la capitale du Liban. Mais avant que la voiture ne se mit en marche, quelqu'un s'avança vers lui, et le questionna:

—N'êtes-vous point le correspondant du journal *Le Diable Maudit?*

— Je le suis, et que désirez-vous de moi?

— Prenez ce dinar d'or et publiez cet article dans votre feuille populaire, si appréciée du public. Celui dont le journal porte un tel nom ne craint rien.

— Ce que vous dites est vrai, mon ami, mais je remarque que cet article est injurieux, provocant et particulièrement outré. Je ne crois point que mon *Diable* consente à répéter ces expressions grossières, ce langage dégradant. Un tel article salirait mon journal et nécessiterait un autre dinar pour le purifier et le rendre à son premier état.

— Je te jure, ô correspondant du *Diable Maudit!* que je ne possède, pour l'instant, que ce dinar résonnant. Interroge ton démon, à qui rien n'est caché, il te confirmera cette vérité. Mais je te promets, dès maintenant, aussitôt ce premier article publié, de t'envoyer le frère de ce même dinar qui se trouve actuellement en sécurité et à l'abri de tout danger dans ta poche, citadelle imprenable; oui, d'autres dinars l'y rejoindront ensuite, avec de nouveaux articles. Alors sommes-nous d'accord?

— L'accord est fait en principe, mais seulement par l'intermédiaire des dinars, qui seront le lien très saint et le pacte de l'alliance entre nous.

Le bruit du moteur couvrit les voix et la voiture démarra, roulant à toute vitesse, elle se dirigea vers la ville de Beyrouth.

"Tu t'agenouillais et lavais ses pieds"
"Ta raison chancelle

L'accord est fait en principe, mais seulement par l'intermédiaire des dinars

82 - BÉCHARA ET LAURE

Satan, le damné, a maudit mon sort néfaste, moi Dinar, il a juré mon malheur dès l'instant où je me trouvai sur cette table verte.

Tous les yeux, brillant de convoitise, se dirigeaient vers la roulette qui tournait. Elle s'arrêta bientôt en face du numéro 456, et la personne, favorisée par la chance, récolta un amas d'argent. Les dinars ne se comptaient point. Et quand apparut l'aurore, une dizaine de joueurs se lamentaient sur les pertes qu'ils avaient éprouvées entre le couchant et l'aube, maudissant le destin dans le secret de leur cœur.

Les clients s'avançaient vers la maîtresse de maison, Laure, et payaient le tribut coutumier qui leur donnait le privilège de se réunir sous son toit pour jouer, boire et tramer leurs combines malhonnêtes. Pendant ce temps, son mari Béchara, stupide, épais et ventru, plongé dans un sommeil béat, faisait entendre des ronflements grotesques qui agaçaient les nerfs les plus paisibles; il imitait en cela les braiments de l'animal patient. Sa femme, incommodée, le réveilla par une gifle retentissante, accompagnée d'un coup de poing. L'étonnement des clients ne connut point de bornes et il s'ensuivit un tumulte de voix et de rires moqueurs.

Le vénérable mari, apathique et inerte, ouvrit les yeux lentement, tout ébahi; sa grosse main indolente se dirigea vers l'emplacement de la gifle, un petit massage s'ensuivit, puis il dit: "Méchante femme, pourquoi m'as-tu réveillé et frustré de la douceur des rêves?"

"Que Dieu t'anéantisse, masse ambulante et nauséabonde, avec tes songes creux! Ne me suffit-il point de t'avoir supporté, durant tant d'années? Tu ne te préoccupes que de rêves, et point de réalités. Tu t'imagines t'élever à la plus haute des situations, mais tu n'es en réalité, qu'une quantité fort négligeable; et si l'on t'amalgamait aux ordures, elles seraient certainement corrompues par ton corps volumineux, flasque et pourri."

Elle dit, puis me retirant de son sein, moi Dinar, perdu à son profit par le correspondant du journal *Le Diable Maudit*, elle m'exhiba, bientôt radoucie, devant son mari: "Que penses-tu de ce noble dinar, lui dit-elle?"

Sa femme incommodée, le réveilla par une gifle retentissante

"Chère Laure, répondit-il, récolte tant et plus de cette marchandise, sans t'arrêter aux moyens. A bas les grands mots d'honneur, auxquels se cramponnent ceux qui jouent la comédie de la vertu et de la pudeur. L'argent, ma chère femme, n'a point d'odeur; il nous aidera à atteindre le but auquel nous visons sans succès depuis une vingtaine d'années."

Elle lui répondit: "Compte sur mes charmes et sur ma ruse, ils nous feront parvenir à la situation, après laquelle nous soupirons depuis si longtemps!"

83 - LES GARDIENS DE LA JUSTICE
SONT LES PREMIERS A LA VENDRE

Le juge Youssef dit à Laure: — Je te confesse, d'après ma connaissance très approfondie des femmes, et j'en fréquente un très grand nombre, que tu as remporté la palme sur elles toutes, par les subtils procédés de ta coquetterie. Oui, je t'affirme cela, avec certitude. Je ne puis que m'incliner devant cette science consommée dans l'art de jeter tes diaboliques filets qui réveilleraient les passions et les convoitises de l'ermite le plus résolu dans les voies de la chasteté et de la vertu. Et que dire d'un homme terre à terre, comme moi, qui ne dédaigne point ces badinages? Et maintenant, pour que je puisse dans la prochaine semaine, donner un jugement en ta faveur, et t'acquitter de l'inculpation d'avoir employé ton domicile à des usages prohibés, sans t'être munie d'une licence de la police, tu me remettras dix dinars en or. Tu sauvegarderas, de la sorte, ta réputation et celle de ton mari, avant qu'elles ne deviennent la proie des langues venimeuses.

Laure — Ne suffit-il point que je me sois donnée à toi, pour encore ajouter à ce privilège une demande d'argent?

Le juge Youssef — Si tu t'étais offerte uniquement à moi, et cela sans partage, j'aurais très volontiers renoncé à la somme que je réclame pour ton gracieux service. Tous connaissent ta libéralité: tu offres généreusement ce don de ta personne, à chacun qui y met le prix. La chose se présente donc ainsi, et je maintiens ma demande. Si tu prétends jouer à la pudeur, et te travestir en femme vertueuse, retire ce masque, et n'essaye point de te justifier. Hier encore, l'un de tes clients me rapportait les paroles que t'adressait ton honorable mari, lorsqu'il te stimulait dans la voie de l'immoralité: "Ne te laisse point émouvoir, disait-il, par les mots d'honneur et de noblesse, ce sont des expressions, dont s'auréolent ceux-là qui jouent gratuitement à la vertu et à l'honnêteté; l'argent, ma femme, n'a point d'odeur."

Laure — Voilà déjà de longues années que je poursuis un but unique. Tous mes efforts sont dirigés, en vue de permettre à mon mari, d'accéder à la plus haute situation, et de s'emparer des rênes du gouvernement. J'y emploie tous mes avantages, aussi bien que mon esprit, et j'ai foi en ma volonté de réussir. J'atteindrai ce but un jour prochain, et tu m'obligeras à la vengeance, si tu ne renonces pas à ta honteuse requête.

Le juge Youssef ricanant — J'aurais tout attendu de toi, Laure, mais point ces conceptions chimériques. Si ton homme n'était point celui que nous connaissons, tes prétentions seraient permises, mais ton mari est un être stupide, et tu fondes sur sa tête vide une espérance puérile. Pourtant, supposons l'impossible, et croyons au miracle, cet individu sans honneur, qui t'a déléguée vers moi, osera-t-il m'attaquer ou me nuire, alors que je possède les armes qui divulgueront son déshonneur, et le dégraderont aux yeux du public? Quoiqu'il advienne, n'anticipons pas, et rappelle-toi le proverbe: "Quand naîtra le garçon, nous lui donnerons un nom." Pourquoi devancer l'avenir problématique? Tu es pourtant rusée, plus qu'un renard. Je te certifie cependant, que si mes maigres appointements suffisaient à mes besoins, je n'aurais point eu recours à ton argent. Je ne trouve donc point le moyen, pour toi, d'échapper au paiement de cette somme peu importante, qui te sera remboursée, aujourd'hui même, par un seul amant à qui tu accorderas une demi-heure de chance. Et que dire alors, quand les amateurs de tes charmes sont plus nombreux que les soucis du cœur?

Laure — Prends donc, voici ce que tu demandes, mais un jour prochain nous réglerons nos comptes.

Elle jeta devant le juge les dix dinars, parmi lesquels je me trouvais moi, Dinar français. Je fus heureux de quitter la main de cette femme mauvaise, car, en vérité, je n'ai point connu sa pareille. Par son immoralité et ses dérèglements, elle a même surpassé la terrible Ketty qui, autrefois m'ayant eu en sa possession, m'avait grandement scandalisé.

Cette épouse se retira donc dans son indignation et son déshonneur, mais cette fois, elle avait été dupée et doublement exploitée.

84 - SAINTETÉ ET NOBLESSE DE LA MAGISTRATURE

Le premier juge — Mon cher Nadim, voici les six dinars que tu m'avais avancés il y a deux semaines.

Le deuxième juge — Tu m'étonnes, mon ami, d'où te vient cet argent?

Son mari Béchara, stupide, épais et ventru, plongé dans un sommeil béat

Le mois est encore loin de sa fin, tu n'as donc pas encaissé tes émoluments.

Le premier juge — Ceci est mon secret, je ne t'en ferai point la confidence, cher ami.

Le deuxième juge — J'ai bien compris, tu es sans doute tombé sur un gibier de choix parmi les personnes qui attendent ton verdict très équitable.

Le premier juge — Tu es un démon malin, tu as deviné et bien visé.

Le deuxième juge — Comment l'as-tu déniché ce gibier gras? Que ne puis-je tomber sur son équivalent! Tous ceux qui s'adressent à moi confidentiellement accusent la misère et le dénuement.

Le premier juge — Quel serait ce gibier si ce n'était Laure! Je te supplie pourtant de ne point divulguer cette confidence auprès de nos confrères, gardons-la entre nous deux.

Le deuxième juge — Laure! cela est étrange. Je la connais généreuse de sa personne lorsqu'elle désire réaliser ses ambitions; il ne me vient pas à l'esprit qu'elle est aussi libérale de son argent que du reste. Si depuis quelques mois j'avais été informé de cette particularité, j'en aurais tiré profit, alors que j'ai laissé l'occasion s'échapper. J'avais donné un jugement en sa faveur, dans une affaire qui l'intéressait grandement, et je fus rétribué par une nuit de plaisir. Il m'eût été possible de mieux faire, mais, que me rapporteraient de tardifs regrets? Je vais te conter à cette occasion, que je recevrai demain une femme charmante. Le propriétaire de la chambre où elle habite, lui intente un procès réclamant l'évacuation du local. J'exploiterai donc cette circonstance pour m'enrichir un peu, contre la sentence que je prononcerai selon ses vœux. Les femmes, comme tu le sais, cachent toujours des économies, en vue des heures de besoin. Demain, peut-être, ma chance balancera-t-elle la tienne avec Laure.

Il dit, et les deux confrères se séparèrent fort gaiement.

Quant à moi, Dinar, je frémissais d'indignation. Ces juges infâmes utilisent leurs fonctions, comme autant de pièges pour soutirer l'argent. Il est pourtant de leur devoir de veiller à l'honneur et à la sauvegarde des biens des citoyens. Ils sont plus coupables, me dis-je, que les voleurs et les assassins sanguinaires.

Ainsi s'effectua mon déplacement; je fus remis par le juge vendu, à son confrère, non moins corrompu.

85 - UN SCÉLÉRAT

— Une femme à la porte demande à vous parler, Monsieur le juge.

Ces juges infâmes!

— Introduis-la dans la salle d'attente, Philippe, et vaque ensuite à tes occupations.

— A vos ordres, Monsieur le juge.

Quelques minutes plus tard, le juge se rendit dans la salle d'attente. Lorsque la pauvre visiteuse l'aperçut, elle se leva et le salua humblement:

— Je suis venue, selon votre désir, dit-elle, pour vous exposer mon affaire. Le propriétaire de la chambre que j'occupe me réclame mensuellement cinq livres d'augmentation; il prétend qu'il dispose de locataires prêts à payer tout ce qu'il exigera. Je suis une pauvre veuve dans la gêne, et ne puis consentir à ses prétentions illégales. Il a porté plainte contre moi, sous le prétexte qu'il revendiquait cette pièce pour y habiter lui-même, cherchant par ce moyen à vous induire en erreur et obtenir gain de cause.

— Ecoute, femme, je ne veux point perdre vainement un temps précieux; s'il est dans tes moyens de me payer une honnête rétribution, je te garantis le succès de ta cause.

— Monsieur le juge, je suis une pauvre veuve, Dieu est témoin de la vérité que j'avance. S'il était dans mes moyens de vous payer quelque argent, je me serais rendue aux exigences du propriétaire de ma chambre, sans recourir à l'obligation d'un procès.

Le juge répondit en riant: — J'ai voulu m'éclairer et connaître tes intentions. Puis il se rapprocha d'elle, et lui saisissant la main il ébaucha un geste qui la fit sursauter. Vivement, elle s'élança vers la porte de sortie, mais il s'empressa de la retenir, en disant: — Que t'arrive-t-il?

— Monsieur le juge, dit-elle, je suis une femme respectable, je travaille pour subvenir à mon entretien et je mange le pain de mon labeur. Je ne suis point de celles qui manquent de dignité et d'honneur. Si j'avais connu vos misérables desseins, je ne serais pas ici. Vous êtes le représentant de la justice, et c'est ainsi que vous outragez cette justice dans l'exercice de vos fonctions?

Notre ami présuma qu'elle feignait habilement la pudeur pour l'exploiter, il me retira de sa bourse, moi Dinar, et me jeta devant elle. Mais il demeura sidéré, et ses yeux bleus s'écarquillèrent lorsque, se redressant de toute sa taille élancée, la femme se dirigea vers le lieu, où j'étais tombé, et me foula d'un pied courroucé. Aussi prompte que l'éclair, elle gratifia le juge, à la conscience morte, d'une gifle qui résonna joyeusement à mes oreilles comme résonne la voix de la justice, puis elle lui cria à la face: — Vous n'êtes qu'un ignoble pourceau!

Elle se retira dans sa fierté, plus grande et plus magnifique que toutes

"Je ne suis point de celles qui manquent de dignité et d'honneur"

les majestés: — La richesse dépourvue d'honneur est une misère pouilleuse, dit-elle, mais la pauvreté dans la vertu est un habit de noblesse.

Pour moi, je fus bien aise de la dure leçon infligée à ce misérable juge. Je ressentis, en même temps, une vive admiration pour cette femme, et je baisai le pied qui me foulait avec colère pour exprimer le mépris au juge, qui avait entrepris de la séduire. Cette leçon est éloquente certes, mais justement méritée, pensai-je.

86 - POÈME DÉDIÉ A LA VERTU

L'enfer plutôt que l'infamie,
O dinar d'or!
J'aime mieux l'indigence,
La faim et son tourment,
Plutôt que l'abondance et l'opulence,
Dans le déshonneur et la perte de l'innocence.
O petit astre scintillant!
La moquerie, la raillerie, et le mépris
Des vicieux odieux!
Un loup vorace, affublé d'un masque de juge,
S'attaque à l'agneau sans défense.
Sa dignité et ses fonctions,
Sont le traquenard où il l'attrape,
Pour le broyer de ses dents,
Et laper son sang innocent.

Justice! Il souille ton nom,
Il profane ton sceptre,
Il raille ton très saint symbole.
Justice! Tu n'es qu'un moyen,
Pour atteindre de misérables fins.

Un scélérat entreprend de corrompre la pauvreté,
Mais il se heurte au bastion de l'honneur,
A la dignité, à la fierté.
Il se heurte à la haine et au mépris.
Petit dinar, pourquoi demeurer en sa compagnie?
Pourquoi habiter sous son toit impur?
Pourquoi te constituer son prisonnier?

L'or s'amalgame-t-il, de préférence, aux êtres vils,
Plutôt qu'aux êtres d'essence honnête et noble?
Dinar! Ton or complote contre la vertu,
Il stimule le commerce du vice,
Il arme les riches opulents,
Pour la tentation des pauvres déshérités.

Dinar ensoleillé et toujours lumineux!
Je te conterai une petite histoire,
Qui te ferait pleurer si tu pouvais.
J'avais une amie, très pauvre et démunie,
Elle vendit sa vertu, intacte, pour un dinar,
Semblable à tous les autres dinars, tes frères.
A peine l'eut-elle conquis,
Ce petit astre arrondi,
Qu'elle le perdit.

C'en est trop, ô petit dinar!
Cela révolte et fait crier,
Vers le Dieu de vengeance.
Approuves-tu que les infortunés
Soient ainsi accablés?
Une trop dure condition,
Engendre les révolutions.

Elle n'avait point encore empli son regard,
De sa vue rayonnante,
Qu'il s'évada d'entre ses mains,
Les laissant vides.
Elle l'avait échangé contre des aliments,
Ou bien des vêtements,
Après l'avoir acquis,
Au prix d'un lys immaculé.
Mais le maintien de l'existence, m'est avis,
Ne vaut point cet holocauste impie.

O Providence divine!
Pourquoi ne point appesantir ton juste courroux,
Sur cette humanité méchante?

Pourquoi ne pas la frapper de ta colère sainte,
De tes foudres consumantes?
Pourquoi ne pas anéantir,
Ses palais, ses trônes, ses tyrans,
Et ses autels souillés?
Dieu n'est point un Dieu sourd,
Patience, petit dinar, patience!
Attendons son heure, elle viendra sans doute.
Pour l'instant, c'est ton règne qui domine les âmes viles,
O petit dinar miraculeux, et désastreux!

87 - HUMANITÉ CRIMINELLE

— Le tribunal s'est prononcé contre vous. Vous êtes dans l'obligation de livrer, à son propriétaire, la pièce qui vous est louée. La loi est claire, elle conclut en faveur du propriétaire, s'il se trouve dans la nécessité d'habiter personnellement sa propriété.

— Je vous certifie, Monsieur le juge, qu'il la louera et ne l'habitera point.

— Nous ne pouvons pas nous prononcer sans preuve. Nous ne jugeons point un futur incertain, d'après des suppositions et des imaginations. Nous n'avons pas la possibilité de lire dans les pensées, pour nous assurer de l'exactitude de vos prévisions. Il vous sera loisible de porter plainte, aussitôt qu'il aura loué sa propriété. Pour l'instant, trêve de discussions inutiles, le tribunal équitable a prononcé sa sentence.

— Que s'accomplisse donc votre volonté, Monsieur le juge, mais Dieu, soyez-en certain, protège les malheureux.

Le juge Nadim, au visage boursouflé et congestionné par la colère:

— Renvoyez-la, chassez-la, elle insulte le tribunal.

Quelques jours plus tard, le jugement était mis en exécution par le propriétaire, qui jetait dans la rue tous les effets de la pauvre femme. Le passant aurait pu la voir, debout devant une porte, immobile dans la contemplation de ses meubles indigents, de ses humbles petits paquets. Elle se lamentait et criait sa plainte, accusant à Dieu, l'homme sauvage, tyran de son frère l'homme.

"Renvoyez-la, chassez-la, elle insulte le tribunal"

88 - CHEZ L'OCULISTE

Le juge Nadim — Je vous prie d'examiner minutieusement mes yeux, ma vue faiblit depuis quelque temps, et réclame l'aide de lunettes bien choisies.

L'oculiste — Tranquillisez-vous, Nadim, vous ne trouverez, chez aucun autre oculiste, les lunettes que je vous livrerai.

Le juge Nadim — Faites-m'en donc essayer quelques-unes, qui me permettraient de lire sans fatigue.

L'oculiste — Il en sera selon votre désir.

Après de nombreux essais, le juge Nadim fit son choix, et remit à l'oculiste un dinar d'or, puis attendit que lui fut rendu le reste de sa monnaie. Mais, l'oculiste expliquait déjà: — Votre épouse vous a précédé d'une heure, ici-même; elle a également acheté des lunettes, et m'a prié d'en passer le montant à votre compte. Vous êtes donc quitte envers moi, et je vous remercie.

Je fus très heureux du changement qui survenait dans mon existence, car j'étais enfin délivré du juge Nadim, aussi méprisable que son confrère Youssef, tous deux hommes d'élite, préposés à la garde de la justice.

Le juge venait à peine de quitter, quand je vis, à mon grand étonnement, le noble oculiste m'accabler des baisers de sa bouche pâteuse. Il me pressa contre sa poitrine, et n'eut point de termes assez glorieux à ma louange. Il énuméra mes titres de noblesse et dans son délire, m'adressa une harangue amoureuse où il donna libre cours à ses sentiments enflammés.

PRIÈRE D'UN AVARE

Tu es l'espérance de mon âme,
Tu es l'élu de mon cœur,

"Tu es l'espérance de mon âme"

Ta présence fait ma gloire,
Et ma force et mon crédit!

Par ton absence je suis honni;
Ton doux attachement surpasse
Celui de la plus tendre mère.
Tu as le dévouement du père le plus aimant,
Tu es le brillant symbole
Des grandeurs et de l'opulence,
Tu es le signe de la magnificence!

Par le contact de ton image,
Justement célébrée,
Je sens frémir en moi la vie.
Mais si tu disparais,
Je veux te suivre jusqu'à mourir,
Et rejoindre mes aïeux à tout jamais.
Ton scintillement illumine mon esprit embrumé;
Il transporte mon âme.
Je suis épris, séduit par ta beauté,
Tu es l'idole et la divinité,
A qui j'ai voué mon cœur,
Et mon amour passionné!

J'accueille les nuits en t'exaltant,
Par les louanges et par l'encens.
Mes serments les plus solennels,
S'appuient sur ton être immortel.
Tu es le premier en dignité,
Parmi les dieux universels.
Tu es la divinité adorée,
De toute éternité.
Sur les mers et les continents,
Ton sceptre domine les puissances,
Royautés et éminences.
Tu es un témoignage, et tu es un garant,
Tu es un gage de vie aimable,
Tu es un songe suave,
Tu escortes les rêves les plus délectables,
Et tu chantes la joie, et tu chantes l'amour!

Fut-on civilisé ou barbare,
Citadin, bédouin, nomade,
Ou paysan dans son village,
Tu chantes à chaque oreille,
La plus belle chanson,
Tu réveilles les plus attrayants mirages!

O mon divin dinar!
Au coloris tant séduisant!
Tu resplendis de feux étincelants.
Viens, rangeons-nous dans le groupe des dinars,
Tes frères éblouissants,
Immaculés et bien-aimés!

89 - CE QU'APPORTE LE VENT
L'OURAGAN LE REPREND

L'oculiste cupide avait à peine achevé son invocation au dinar, quand la porte fut heurtée. Il bava dans la joie de recevoir un nouveau client. Avant de procéder à l'examen des yeux du nouvel arrivant, il le prévint de la sorte: — Connais-tu le tarif de la visite? — Non, Monsieur le Docteur. — Observe, et lis donc là-bas. Et joignant le geste à la parole, il montra du doigt une petite pancarte, où le tarif se trouvait inscrit. En cet instant, l'habile escroc, profitant de ce que le regard du médecin se posa au loin, tendit une preste main vers le petit portefeuille où je me trouvais, moi Dinar, avec mes compagnons les autres dinars. Je ne sentis ce qui se passa que lorsque je me trouvai déjà dans sa poche.

Je fus stupéfait de son adresse, et mon allégresse était sans bornes. J'aurais dansé de joie, si je possédais des membres appropriés à de telles évolutions. On ne pouvait vraiment trouver une occasion plus réjouissante, pour gambader en folles cabrioles, et si j'avais eu la possibilité de m'exprimer, j'aurais engagé ce coquin, à mettre en sûreté un aussi important magot, avant que ne survint quelque déplorable désagrément.

Ce voleur, à la main experte et leste, se leva, s'excusa de ne point être en mesure de payer pour l'instant, puis, vivement, il fila, non sans promettre à l'oculiste dépouillé, de revenir le consulter lorsqu'il serait à même de s'acquitter.

Lorsqu'il arriva à son logis, le malin pria sa digne mère de lui apprêter

Ce qu'apporte le vent, l'ouragan le reprend
"J'espère que tu n'as point repris ton ancienne coutume de pickpocket"

quelques mets appétissants, et avant qu'elle ne répliqua, selon son habitude, qu'il n'y avait rien à manger, il déposa entre ses mains quatre dinars en or. La femme le fixa avec des yeux interrogateurs et tristement étonnés: "J'espère que tu n'as point repris ton ancienne coutume de pickpocket, cause du malheur de maintes personnes, lui dit-elle." Et comme il ne répondait pas, elle ajouta: "J'ai fait le vœu d'offrir un dinar aux saints de notre église, et je voudrai aujourd'hui accomplir ma promesse, mon fils, car le bien mal acquis ne porte point de fruits, il s'évapore et laisse le remords."

90 - LA RAISON S'ÉGARE
QUAND IL S'AGIT DU VENTRE

La femme — Mon révérend père, je désire avoir une entrevue avec Monseigneur Mabrouk; j'ai une affaire particulière à lui communiquer.

Le prêtre — Prenez patience, ma fille, en attendant qu'il ait achevé ses oraisons et ses méditations; il est plongé dans l'extase de la prière. C'est un saint, qui vit en perpétuel contact avec le Ciel; il est le lien qui nous unit à Dieu. La plus grande partie de ses jours s'écoule dans la récitation des psaumes et des orémus, dans les suppliques et les litanies. Ainsi, il détourne des hommes la colère divine, il attire sur eux les bénédictions du Ciel.

La femme — Oui, c'est un pur ascète qui comprend la vanité de cette terre du péché. Mon père, que ne suis-je l'humble poussière qui se dépose sur ses sandales!

Le prêtre — Notre très saint évêque, Monseigneur Mabrouk, souhaite-rait offrir à Dieu, en holocauste, son âme ardente, la faire fondre sur l'autel du sacrifice, pour le rachat de cette humanité noyée dans le mal.

La femme — Mon père, puisse le Très-Haut, en sa miséricorde infinie, entendre ses supplications!

Le prêtre — J'irai et j'unirai ma prière à celle de Monseigneur, pour que le Ciel ait en pitié les fils de la terre, qui ne connaissent plus que les voies du vice.

La femme — Priez, mon révérend père, pour que soit exaucé le vœu qui a conduit mes pas en ces lieux.

La femme attendit longtemps, et comme l'évêque n'apparaissait pas à l'horizon, non plus que le prêtre au teint reluisant et vermeil, elle fut prise d'inquiétude, et se dit en elle-même: "Ils sont peut-être tombés d'inanition, par suite de tant d'excès spirituels: jeûnes, oraisons...; ils sont peut-être ravis en esprit."

Fort soucieuse, et en proie à l'émotion, elle partit à leur recherche à travers les pièces de l'évêché. Et tout à coup, elle s'arrêta, immobilisée par le spectacle imprévu qui s'offrait à sa vue. Elle demeura là, consternée et figée. Ses yeux s'écarquillèrent, et de stupeur sa bouche s'entrouvrit. Ses regards, sidérés, étaient tombés sur le prélat qui, par son obésité exubérante, était semblable à une sphère gonflée, prête à crever. Il se tenait assis, son ventre proéminent s'étalait complaisamment devant lui. Sa sainte Grandeur engloutissait, goulûment, le contenu des plats alignés devant elle. Autour des mets, se dressaient les bouteilles; elles contenaient les vins précieux les plus anciens: vins de messe, vins de gourmets sacerdotaux. Dinde et poulets rôtis, dorés à point, attendaient leur tour d'être engouffrés.

Le compagnon de ce festin, se trouvait être le digne prêtre qui avait rejoint le saint évêque pour ajouter ses prières aux siennes. Oui, celui-là même, qui avait décrit l'austérité, l'ascétisme secret, les jeûnes, les luttes contre le démon, et le silice qui, nuit et jour, transperce la chair de son Mabrouk sacré. Elle se frotta les yeux, pour s'assurer qu'elle ne rêvait point, mais elle ne pouvait nier l'évidence dont elle était témoin.

En cet instant, s'écroula le monument de la foi qui l'avait habitée dès l'âge le plus tendre. L'hypocrisie des hommes de religion, leurs odieux mensonges, lui apparurent dans leur réalité. Sur la pointe des pieds elle revint hâtivement en arrière pour ne point trahir sa présence, alors qu'ils étaient absorbés dans les délices du repas pantagruélique, ingurgitant, sans arrêt, ne faisant même point grâce aux os qu'ils suçaient avec voracité.

Lorsqu'elle se retrouva, comme préalablement, dans le parloir de l'évêché, elle réfléchit longuement, puis, prise de scrupules, elle se dit en elle-même: "Patience, attendons leur venue, avant de les juger trop précipitamment. Qui me dira, si le prélat, à bout de jeûnes, n'a point ressenti le besoin de restaurer, par un plantureux repas, sa santé quelque peu altérée?"

Elle attendit une heure entière, puis elle vit apparaître le digne évêque à l'extrémité du corridor. Il s'avançait gravement, son ventre le précédant, aussi rondelet qu'un veau engraissé, tout le long de l'été. Il s'arrêta un moment, demanda au prêtre qui l'accompagnait, quelques informations au sujet de la visiteuse, puis il continua d'avancer de sa marche onctueuse et imposante, jouant ainsi le rôle d'un habile comédien. Il abaissait légèrement les paupières, laissant errer ses pensées, dans des méditations, qui semblaient l'élever jusqu'au-delà des lointaines étoiles, échelonnées dans l'infini.

La femme, impressionnée par cette mise en scène, s'empressa d'aller à sa rencontre, et lui baisant respectueusement la main, elle m'y déposa, moi

"Il est plongé dans l'extase de la prière"
Leurs odieux mensonges lui apparurent dans leur réalité

Dinar, en disant: "J'ai fait le vœu d'offrir ce dinar à notre sainte église, et je vous prie, ô respectable pasteur! de l'échanger contre de l'huile; elle brûlera devant la Vierge, à l'intention de mon fils, afin qu'il se repente, et abandonne le triste métier qu'il exerce. C'est un voleur de profession; plaise à Dieu qu'il renonce à l'escroquerie, et revienne au droit chemin!"

Dans la simplicité de son cœur, elle semblait avoir oublié tout ce qu'elle avait aperçu, une heure plus tôt; mais, la mémoire lui revint soudain, et s'adressant au prêtre: "Vous êtes-vous souvenu de moi dans vos oraisons?" Il répondit vivement, et sans la moindre hésitation: "Très certainement, ma fille, j'ai également prié Monseigneur de participer à mes prières; cela fut la cause de notre retard prolongé." Et se tournant vers l'évêque, il le fixa d'un regard significatif, auquel Mabrouk acquiesça d'un geste de sa tête épaisse.

La femme s'exclama alors, dans un mouvement d'indignation: "O Dinar! je ne regrette point, je t'ai sacrifié, pour connaître la vérité. J'ai découvert, par toi, l'hypocrisie de cette criminelle engeance. Ta perte est un bénéfice inespéré, et telle était la meilleure façon de t'employer. A moi maintenant de divulguer la fourberie de ces bandits, travestis en prêtres, qui se jouent des naïfs, tels que moi. Ils ébranlent la foi des croyants, ils sont vendus au diable, ils sont les porte-drapeaux des enfers. Malheur à vous, hommes de religion! Malheur à ceux, par qui le doute et le scandale arrivent!" Puis, leur jetant un regard lourd de haine et de colère, elle disparut précipitamment.

91 - ON FUT INJUSTE
ENVERS TOI PAUVRE RENARD

Le prêtre — Grand Dieu! Lorsque ces terrifiantes idées me traversent l'esprit, une froide sueur transperce mon corps, et m'inonde tout entier, Monseigneur.

L'évêque Mabrouk — Quelles idées? Sois donc plus explicite dans ton langage.

Le prêtre — La seule idée qu'on pourrait surprendre nos bonnes parties de cartes, alors que nous cherchons à nous dépouiller mutuellement, toi, moi, et le père Kaddache, cela suffit à me bouleverser.

L'évêque Mabrouk — Tu es un lâche en vérité. Suppose que l'on nous découvre inopinément, jouant aux cartes, ne pourrais-tu improviser quelque harangue, appropriée à la circonstance? Ton esprit, ne pourrait-il accoucher,

"O Dinar! je t'ai sacrifié pour connaître la vérité"

"La seule idée qu'on pourrait surprendre nos bonnes parties de cartes…"

par hasard, d'une pensée sublime qui te fournirait l'occasion d'une très honorable sortie?

Le prêtre — Je confesse mon impuissance. Toi-même, pourrais-tu te tirer d'embarras, s'il t'arrivait de te trouver dans telle situation critique?

L'évêque Mabrouk avec un geste de mépris — Fi donc, mon ami! Cela est très simple, et j'ai souvent joué cette comédie.

Une rumeur arrivait, et l'on entendit des pas qui se hâtaient. L'un des pères apparut bientôt: — Avez-vous donc oublié Monseigneur, dit-il, que ce jour est un dimanche? C'est votre heure de célébrer le service de la messe, et de prêcher le sermon de la semaine.

L'évêque Mabrouk — Maudit soit le diable qui m'a distrait de ces obligations!

Il dit, puis se levant en toute hâte, il fit glisser le jeu de cartes dans la poche secrète de sa large manche qui s'entrouvrait comme une gueule. Elles s'en furent rejoindre certains bijoux que lui avait remis, l'avant-veille, une servante, l'une de ses parentes; elle les avait dérobés à son maître.

L'évêque Mabrouk, de la chaire de la cathédrale, haranguait les ouailles muettes et attentives. L'immobilité et le silence régnaient sous les hautes voûtes de ce lieu saint. Seule, la voix de l'évêque s'élevait. Il tonnait contre le jeu et le vol, qu'il associait au vice, comme étant d'une même famille. Il dépeignait le jugement de Dieu et les supplices d'un enfer embrasé qui attendent les damnés, s'ils ne s'amendaient de leur vivant.

L'exaltation religieuse du prélat atteignait son paroxysme. La parole de Dieu le soulevait dans l'ivresse de l'apostolat. Il menaçait, joueurs et voleurs, de son poing magnifiquement tendu, qui tournait comme un moulin à vent. Ce poing, pris de vertige, ne s'arrêtait plus dans son mouvement rotatoire, déclenché, semblait-il, par quelque mécanique invisible, ou quelque esprit malin. Le bouton, qui fermait la poche secrète, se détacha soudain, les cartes de jeu s'éparpillèrent dans l'air de la sainte cathédrale, et les bijoux furent de même projetés sur les assistants, complètement ébahis.

Un tumulte général s'ensuivit, surtout lorsque l'un des auditeurs, voisin de la chaire, s'était écrié, en ramassant un bijou: "Il m'appartient, ces joyaux m'appartiennent, je fus volé, il y a de cela deux jours." Et tout en bousculant les assistants, il entreprit de récolter les objets qui étaient en effet sa propriété.

La stupéfaction était générale et l'aventure sensationnelle. Je poussai un cri muet, moi Dinar, témoin de ce coup de théâtre imprévu. Quel destin railleur te frappait ainsi mortellement, ô le plus menteur des évêques! J'étais

Il tonnait contre le jeu et le vol, qu'il associait dans le vice

très intéressé, et tout yeux, tout oreilles. Mais, sa présence d'esprit sauva l'infâme brigand Mabrouk. Un choc faillit rompre et disjoindre mes éléments, lorsque je vis ce diable se tourner vers les fidèles qu'il affrontait en souriant. Le triomphe et la satisfaction rayonnaient dans ses yeux, double foyer de l'enfer.

Il parla:

Mes très chers fils! Vous serez pesés, vous et vos actes, et si vous êtes trop légers dans la balance divine, Dieu vous jettera dans les flammes de l'enfer, aussi sûrement que furent jetées ces cartes du haut de cette chaire. Vous tomberez, telles des feuilles mortes, tels des épis sans blés. Renoncez donc au jeu criminel, et au vol infâme. Grand sera l'opprobre qui couvrira vos faces devant le trône du Juge Suprême. Le châtiment vous attend, pécheurs damnés, si vous persévérez dans votre attachement à ces deux vices; ils conduisent irréparablement à l'éternel abîme.

Afin de vous démontrer les funestes conséquences du péché, afin de frapper votre imagination par une image qui en facilite la compréhension, afin de vous pénétrer de la crainte du feu éternel, j'ai voulu joindre, à la parole, un exemple réaliste. J'ai donc placé les cartes dans la manche de ma soutane, avec ces bijoux, qu'un certain voleur m'avait remis après sa confession et sa contrition, pour les rendre à leur propriétaire. Je l'ai donc appuyé de mes conseils, et réprimandé pour son action blâmable. Il s'est repenti et il expie.

Je dégagerai maintenant, de ce sermon, la conclusion que vous attendez sans doute. Que chacun d'entre vous s'imagine être à ma place, point dans la chaire de l'église, mais comme un réel voleur qui, distraitement, laisse s'éparpiller ce que contenait la manche de son habit, en présence d'une foule, parmi laquelle se trouve le propriétaire de ces objets. Quelle serait la situation du voleur? Il deviendrait la proie de la honte et de la confusion, il souhaiterait que la terre s'entrouvrît pour l'engloutir. Sachez donc, que Dieu est le témoin constant de votre vie, et que vous serez rétribués selon vos actes.

Tous s'écrièrent alors d'une voix, qui semblait jaillir d'un seul gosier géant: "Tu as dit vrai, ô saint prélat! Tu as dit vrai, ô philosophe! Nous témoignons de ta sublime éloquence. Entre tous ceux qui parlèrent du haut d'une chaire, pour le bien et l'édification de leurs ouailles, nul n'a pu concevoir tels procédés, qui laissent la plus saisissante empreinte sur les âmes. Ils portent au repentir et à la vertu."

Sous l'empire de la plus vive exaltation religieuse, le propriétaire des bijoux se fendit un chemin parmi la foule. Il s'avança vers le zélé prélat, et lui dit: "Je me désiste de ces bijoux, qui ont provoqué une si heureuse influence sur tant d'âmes égarées. Je les offre à Votre Grandeur, pour qu'elle en use, selon sa volonté, au profit de ses bonnes œuvres." L'évêque éleva sa main, et bénit le donateur: "Que ma bénédiction paternelle vous enveloppe, mon fils!"

Si les personnes présentes possédaient une vue spirituelle, elles auraient aperçu, avec effroi, le prince des démons entourant, de ses bras, l'énorme corps sphérique de ce fourbe prélat, et le gratifiant d'une pluie de diaboliques baisers; il y ajoutait sa bénédiction satanique.

92 - ENTRE UN ÉVÊQUE ET UNE RELIGIEUSE

L'évêque Mabrouk — Voici, ma chère amie, un dinar en or. Une femme indigente me l'a remis dernièrement, pour qu'il soit échangé contre de l'huile, à brûler devant la mère du divin Sauveur, à l'intention de son garnement de fils. C'est un voleur professionnel, qui fait œuvre pie, ma foi! Puisque nous y trouvons profit, la sainte mère de Dieu peut donc le laisser à son métier, sans prendre la noble initiative de le convertir; aussi, ai-je retenu le prix de l'huile. Suis-je donc assez simple d'esprit, pour transformer ce beau dinar en feu sacré?

Son gros rire obscène résonna à mes oreilles, moi Dinar, et l'aimable religieuse donna également libre cours à sa gaieté.

La religieuse — En vérité, Mabrouk, tu es aujourd'hui dénué de tout sentiment. Tu ne me prêtes nulle attention, et tu te tiens à distance froidement. Tu m'avais accoutumée à plus de tendresse. Tu connais cependant mon attachement, et l'immensité de mon amour pour toi. Quand je dédaigne risques et difficultés, pour te retrouver ici, tu demeures solennel et tu t'éloignes. En dépit des conséquences, qui peuvent surgir, si les religieuses découvrent jamais mes fugues secrètes, j'ai consenti à toutes les suites possibles, pour être payée d'une heure de joie en ta compagnie. Et voici que je te retrouve différent, transformé par quelque sorcellerie mystérieuse. Mes soupçons ne sont-ils point mérités? Je souhaite vivement d'être dans l'erreur.

L'évêque Mabrouk — Ta folle imagination te trompe, ma chère Halima. Où trouverais-je une petite religieuse plus séduisante? Tu combles

"Si les personnes présentes possédaient une vue spirituelle!"

mes vœux et mon amour. Rassure-toi donc, assez de suppositions et de suspicions, n'as-tu pas compris la cause de mon éloignement momentané? Tu m'as prévenu, dès ton arrivée, qu'une indiscrète éruption de gale envahissait ton corps béni. Je ne crains pas la contagion en elle-même, mais ses conséquences. Tu serais trahie, et notre liaison divulguée, si tu me communiques ton mal. Notre mutuelle sympathie est connue, les yeux sont vigilants pour épier nos rendez-vous et crier au scandale. Je ne veux point, dans ton propre intérêt, confirmer les soupçons des langues venimeuses. Halima, ma chère, pour guérir promptement, fais-toi examiner par un spécialiste des maladies de la peau. Alors les distances seront abolies entre nous, et tu me reviendras, sans plus d'obstacles, comme précédemment."

93 - ROC CONTRE LEQUEL SE SONT ÉCRASÉES LES ALLÉGATIONS MENSONGÈRES

La religieuse se rendit, en hâte, à la clinique du Docteur Georges Khabsa, spécialiste des maladies de la peau, dont la réputation, justement méritée, s'étend dans tous les pays d'alentour. Elle se présenta à lui, en disant: — Notre vénérable supérieure vous fait parvenir ses compliments les plus sincères, elle vous prie de m'examiner avec toute votre attention, et Dieu vous récompensera certainement. De plus, elle se souviendra de vous dans ses prières.

Le Docteur — Je comprends par ce langage, que vous n'avez pas l'intention de régler les honoraires de la consultation, qui se montent à un dinar d'or.

La religieuse — Juste Ciel! que dites-vous, un dinar d'or? Supposez-vous que je possède un trésor ambulant, Monsieur le Docteur?

Le Docteur — Ce que vous dites est la vérité. Il n'est point nécessaire que ce trésor se transporte, il existe en permanence dans le superbe palais, où vous demeurez à l'abri de tout souci; un parc spacieux l'environne, avec ses fleurs, ses fruits, son potager, ses vergers; les oiseaux chantent sur les branches, et dans l'onde des bassins, voguent les poissons aux chatoyantes couleurs.

La religieuse — Vierge Marie! ne lui imputez point ces paroles criminelles. O grande Sainte Anne! plaidez son pardon, car il ne sait ce qu'il dit. Il nous accuse de richesses, alors que nous avons fait les plus stricts vœux de pauvreté, autant que de chasteté, afin de servir l'humanité souffrante et

"Fais-toi examiner par un spécialiste des maladies de la peau"

indigente, dans la mesure de nos possibilités. Si je possédais un dinar d'or, je ne vous aurais point supplié de me venir en aide. N'avez-vous donc point pitié des pauvres et des misérables? N'avez-vous point pitié de celles qui, à mon exemple, se sont consacrées, dès la fleur de l'âge, au service de Dieu et au service de l'humanité?

Le Docteur — Je comprends mon devoir, et l'accomplis avec joie dans le cas d'une malade besogneuse. Les actes de l'homme ne sont connus que du Très-Haut. Pour l'instant, vous vous trouvez dans une clinique, et non point dans un établissement où l'on s'assemble pour débiter discours et harangues, en glissant sous les mots un venin dissimulé. De nombreux malades m'attendent impatiemment. Je m'excuse donc auprès de votre chaste et digne personne.

La religieuse réalisant à la suite de cette comédie qu'elle se bute vainement contre une volonté de fer: — Je ne nie point, que je possède un dinar d'or, c'est un dépôt que m'a remis un malade agonisant. Si le sort décrète sa mort, je devrais le faire parvenir à sa famille absente. Mais, puisque le paiement est inévitable, voici le dinar, à la condition que vous m'examiniez minutieusement, durant une demi-heure pour le moins, et que vous me fournissiez le remède.

Le Docteur — Adieu donc, ma vénérable sœur, que la paix vous accompagne, et que Dieu me donne la chance de vous revoir en joie et en santé.

La religieuse — Votre entêtement est inébranlable, que soit faite votre volonté.

Le Docteur — J'ai déjà diagnostiqué la gale pernicieuse; son éruption sur votre corps, et ses symptômes, sont apparents et nets. Quant au traitement, voici mon ordonnance, vous trouverez le remède dans toutes les pharmacies de la ville.

La religieuse — Pourquoi cette persécution, Docteur, êtes-vous donc l'ennemi de l'humanité que nous symbolisons, nous les sœurs?

Le Docteur — Vous avez votre conviction et j'ai la mienne, et nous sommes d'accord, pour ne jamais nous entendre. Vous m'avez fait perdre un temps précieux par un bavardage inutile.

La religieuse me posa, moi Dinar, sur le bureau du Docteur, s'empara vivement de l'ordonnance, et se précipita vers la sortie. Lorsqu'elle fut dans la rue, elle se dit à elle-même: "Depuis que j'ai revêtu cet habit de l'hypocrisie, ce médecin excepté, je n'ai point connu un être, qui ait découvert la vérité sur nos institutions. Il ne ménage point notre orgueil, nos prêtres, et

287

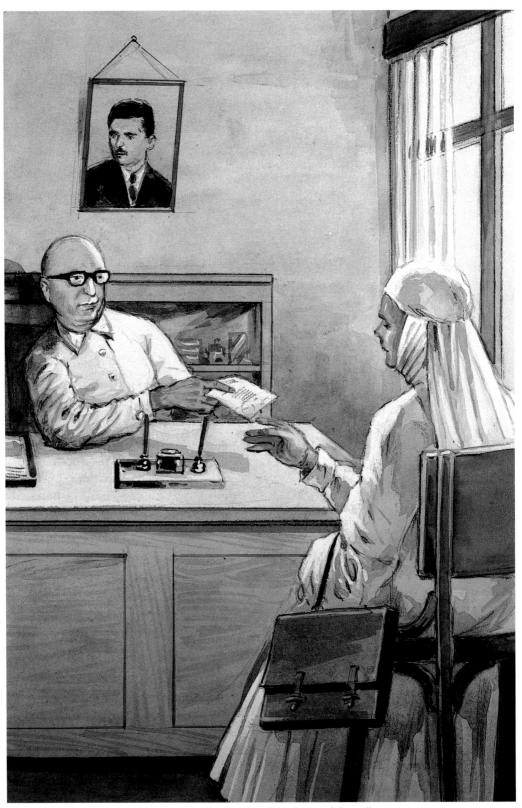

"J'ai déjà diagnostiqué la gale pernicieuse"

nos religieuses. Cet homme est un danger pour nous, surtout s'il entreprenait de propager ses idées parmi le peuple, dont l'âme et les yeux sont encore recouverts d'un voile épais."

94 - BASSESSE ET NOBLESSE

La sœur Halima arriva en haletant à son couvent; dans sa hâte, elle avait marché à un rythme très accéléré, comme si une multitude de démons la poursuivaient joyeusement, depuis sa sortie de la clinique du jeune médecin.

Une femme toute en larmes s'avança soudain, et la religieuse s'informa de l'objet de sa visite. "Je suis une indigente, dans le dénuement le plus extrême, dit-elle. Mon mari, se trouvant dans l'impossibilité de subvenir aux besoins les plus pressants de notre famille, se vit dans l'obligation d'emprunter deux dinars et demi de la banque Michel Fanrou', à un intérêt d'usure très élevé, pour une période de deux mois. Ce temps est écoulé, et mon mari, toujours sans ressources, n'a point réglé son dû. La banque a porté plainte, et dès demain nos tristes hardes seront vendues aux enchères, pour que puisse être réglés notre dette ainsi que les frais du procès. Je suis mère de six enfants, dont le plus jeune n'a que trois ans et demi; notre situation sera terrible, si la vente s'accomplit. J'ai donc eu recours à ce couvent pour proposer à la supérieure, et à vous qui la représentez, de servir ici durant une année, si vous m'avancez la somme de trois dinars."

La religieuse se dit en elle-même: "Que le diable emporte les dinars d'or, qu'ont-ils donc à me poursuivre, et à troubler ma quiétude en ce jour?" Puis s'adressant à la femme: — Vous rêvez sans doute; nous, les religieuses, nous ne connaissons point l'or, ni de pile ni de face. Parlez-moi d'un autre sujet, qui n'ait point de rapport avec l'or et ses dérivés maudits, tous sources d'ennuis. Mais, qu'est-ce donc que cette éruption qui s'étend sur toute la surface de votre peau, comme s'étend le feu sur la paille?

La femme — C'est la gale, ma très respectable sœur.

La religieuse — La gale? Dieu nous vienne en aide! Et pourquoi ne point laver les souillures qui provoquent cette terrible maladie?

La femme — Si vous m'accordiez le savon, je n'y manquerais point, ma sœur.

La religieuse — Et quelle impertinence! Suis-je donc la mère qui vous a donné le jour?

La femme — Excusez-moi, ma sœur, mais votre question a donné suite à ma réponse.

"Je suis une indigente, dans le dénuement le plus extrême"

Et maintenant, le diable aidant, et la poussant vers un zèle malintentionné, la religieuse, encore sous le coup de la déception et de la colère contre le Docteur Khabsa, eut l'idée de jouer un mauvais tour à la pauvre femme. Elle souhaitait, voir une autre, subir le même traitement qui lui avait été infligé, et l'occasion se présentait bien à propos: — Avez-vous entendu le nom du Docteur Georges Khabsa, lui dit-elle? Il est spécialiste des maladies de la peau.

La femme — J'ai entendu ce nom.

La religieuse — Je vous conseille donc de vous rendre à sa clinique, il vous donnera un remède, pour guérir cette gale pernicieuse, et, peut-être, vous aidera-t-il mieux encore?

Elle avait spécifié les mots "gale pernicieuse", qui lui avaient été imputés à elle-même, pour se venger, et se décharger sur une autre personne de cet opprobre. Elle n'avait trouvé, comme cible, que cette pauvre femme. Elle réitéra ses encouragements, et cela semblait alléger son âme. "Ce médecin, reprit-elle, est fort compatissant, il ne se contente point de donner, gratuitement, soins et remèdes, il y ajoutera quelque argent et, qui sait, peut-être même un dinar d'or." Et elle partit d'un long ricanement nerveux.

La malheureuse, tout étonnée, se rendit en hâte à la clinique indiquée. Il était une heure de l'après-midi, et le Docteur Khabsa s'apprêtait à se rendre au restaurant, pour y déjeuner, lorsqu'il aperçut une humble femme, tout en pleurs. Répondant à ses pressantes questions, elle l'informa de la saisie prochaine de ses pauvres effets, et que le jugement serait immédiatement mis en exécution; mais elle ne le mit point au courant de sa conversation avec la religieuse. Il puisa dans sa poche trois dinars, et avec une simplicité, empreinte de pitié, les posa dans la main de la femme, toute tremblante d'émotion. Elle considérait cet argent dans le doute, ne pouvant croire qu'il lui appartenait.

Lorsqu'il l'eut apaisée et examinée, il ajouta, au prix du remède, un surplus de numéraire; elle le conserverait pour ses propres besoins, après avoir réglé sa dette au banquier cupide, qui vivait certainement aux dépens des larmes des indigents. Elle considérait le Docteur, stupéfaite, et pleurait encore dans son trouble, en songeant: "Existait-il une telle noblesse, une telle charité parmi les hommes?" Dans sa reconnaissance, elle se penchait pour baiser ses pieds, mais il l'en empêchait, tout en la réconfortant: "Tel est le destin que nous avons tous mérité, avec ses misères et ses douleurs, lui dit-il. Chacun d'entre nous paie ce qu'il doit à la justice, dans les temps qui lui sont fixés de toute éternité."

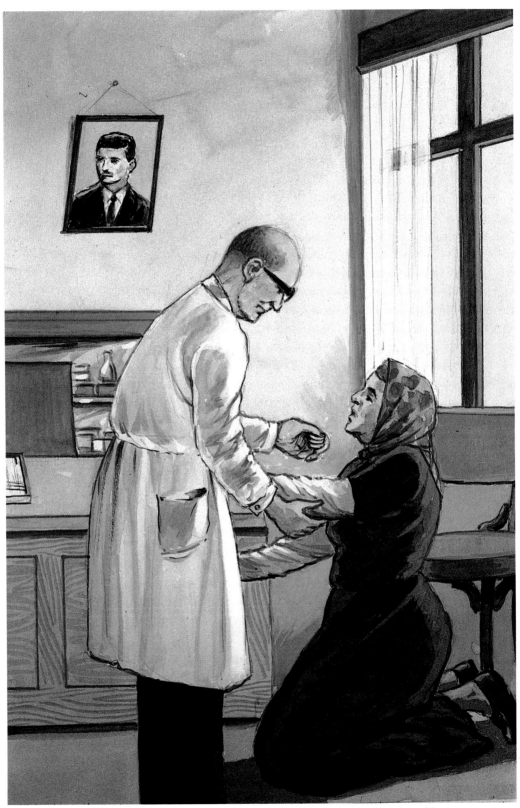

"Existait-il une telle noblesse, une telle charité parmi les hommes?"

95 - LUTTE ET CHATIMENT

La sœur Halima reçut la pauvre femme, dès son arrivée, à la porte du couvent, et lui dit: — Je suppose, que le Docteur Khabsa vous a gratifiée d'une poignée d'or, n'est-il pas vrai? Et un méchant ricanement jaillit de cette bouche infernale.

La femme protestant — Pourquoi ce rire moqueur, sans cause aucune?

La religieuse — Parce que ce médecin, s'il pouvait dépouiller les morts, n'y manquerait point, et qu'en serait-il des vivants? Je me réjouissais à l'idée qu'il a pu vous accueillir, comme une pêche miraculeuse et s'imaginer que vous le paieriez en or sonnant. Et vous-même pauvre insensée, étiez convaincue qu'il vous ferait le don de quelques beaux dinars!

Un autre ricanement, plus farouche que le premier, empêcha la femme de répondre, alors qu'elle désirait remercier son interlocutrice de l'avoir orientée vers l'ange de charité, qui l'avait si généreusement comblée. La religieuse l'avait interrompue sans rien entendre: — Votre espoir a été déçu, acheva-t-elle, vous avez dû maudire l'heure qui vous a conduite vers cet homme cupide.

La femme — Que dites-vous? Je ne vous permettrai pas de dénigrer celui dont l'âme est l'emblème de la noblesse, alors que toutes les religieuses assemblées de votre couvent, n'en peuvent posséder une infime parcelle. Cupides, vous l'êtes vous-mêmes, et de quelle sordide cupidité! Oui, vous n'êtes que des hypocrites déguisées sous le voile de la chasteté; vous prônez les vertus que vous ne pratiquez pas. Toutes vos paroles sont fourbes, et vos actions portent le sceau de l'enfer. Vous dépouillez pour accaparer. Je vous avise et vous certifie, que je me vengerais, et de la pire vengeance, si vous faites encore jaillir, de votre gueule venimeuse les scorpions de la haine, contre cet homme, dont la grandeur d'âme et la générosité s'expriment, non point par de vains mots, mais par des actes.

La religieuse en courroux - Je vous confirme et réitère, mot par mot, ce que j'ai avancé.

La femme, hors d'elle-même, se jeta sur la religieuse, et saisissant sa coiffure, la tira avec violence. Une tête chauve émergea, pareille à une grosse courge, et les coups de poing s'abattirent sur Halima, maintenant chancelante et trébuchante, sous le choc des taloches vengeresses.

Leurs voix, s'élevant outre mesure, on accourut au secours. Les sœurs se précipitèrent à la suite de leur supérieure; leurs yeux flamboyant, comme les tisons de l'enfer, se dilatèrent, ahuris devant l'étonnant spectacle. L'habit déchiré de la religieuse laissait tomber à terre un petit sac de toile, d'où s'échappaient des dinars de toutes les nationalités. La convoitise s'alluma dans le regard des religieuses, puis, leurs mains, avec une sainte ardeur, se mirent à la poursuite des dinars fascinateurs; elles abandonnèrent les deux femmes à leur bataille, et à leur sort, s'écroulant et se relevant tour à tour.

Les vêtements de sœur Halima étaient en lambeaux; son corsage venait de se déchirer, et de l'échancrure s'évadaient, à la suite des dinars, quelques photos, représentant les traits du prélat Mabrouk, en différentes attitudes. Les religieuses poussèrent un cri d'effroi devant l'étalage scandaleux, et se rapprochant, l'environnèrent avec mépris: "Vous êtes une créature vicieuse et corrompue, la honte de ce couvent!"

"Vous êtes des femmes chastes et vertueuses! ... répliqua la sœur Halima, avec colère. Laquelle d'entre vous pourrait soutenir qu'elle n'a pas un amoureux, qu'elle retrouve secrètement? Et laquelle d'entre vous ne marche sur la voie, que j'ai suivie à votre exemple, dès la première semaine où mon funeste destin m'eut conduite en votre couvent, ou plutôt en votre repaire. Dieu seul, et vous-mêmes, connaissez les scandales qui se déroulent en ces lieux, salis par vos mœurs abjectes! Et puisque telle est la situation, puisque vous m'accusez de ce que vous-mêmes pratiquez, à tout instant, je vous déclare une guerre sans merci. Je publierai, avec éclat, les secrets que vous dissimulez, mes très chères sœurs, ô vierges pures qui avez prononcé solennellement les vœux les plus saints, pour les violer chaque jour!

Quelle est donc la cause de votre présence en ce lieu? Un drame d'amour, une déception cruelle, ou un revers qui vous a frappées de ses conséquences malheureuses. Vous vous êtes retirées dans la solitude pour y guérir vos blessures empoisonnées. Mais, ce n'est point la vertu qui vous a poussées à la vie religieuse, vie hypocrite s'il en fut, et je suis la première à le proclamer, pour vous confondre. Moi-même, je ne me suis ralliée à votre communauté, qu'à la suite d'une traîtresse déception d'amour. Les raisons qui nous réunissent, se ressemblent donc, et notre situation est analogue. Vous me raillez et me jetez la pierre, quand vous devriez commencer par vous condamner vous-mêmes. Vous dénoncez la paille dans l'œil d'autrui, alors que vous négligez la poutre, qui se trouve dans votre œil!"

Après qu'elle les eut fortement tancées de la sorte, la sœur Halima s'apprêta au départ; mais ces charitables sœurs, usant de sagesse, lui prodiguèrent leurs cajoleries et l'amadouèrent, pour l'engager à demeurer, et ne point s'exposer à devenir avec elles toutes, la risée du public, si la vérité était divulguée. Et comme les supplications ne produisaient point de résultat, sur

"Vous n'êtes que des hypocrites déguisées sous le voile de la chasteté"

un geste de l'honorable supérieure, les sœurs, quoique à regret, lui resti-
tuèrent son or. Les traits de sœur Halima se détendirent enfin: "Je vous fais
grâce maintenant, dit-elle." Puis, couvant l'or d'un œil vainqueur, elle
songea: "Tout est bien, puisque tu m'es rendu, ô source de mes joies! ô soleil
de mon cœur!"

"Tout est bien, puisque tu m'es rendu, ô source de mes joies!"

96 - LA GUERRE MONDIALE HITLÉRIENNE

La Seconde Guerre mondiale atteint son développement suprême. Des millions d'hommes se battent sur les champs de guerre, armés de terrifiants engins de destruction et de mort. Dans les mêlées infernales, l'ont est prodigue de vies humaines; aussi, les cadavres recouvrent-ils plaines et montagnes, collines et vallées.

Les bombes fauchent à un rythme démoniaque, elles mugissent nuit et jour, sans interruption; les fondements des montagnes en sont ébranlés, et leurs échos répercutent de sinistres grondements. Au-dessus des plaines, où sont massées les innombrables armées, des milliers d'avions vrombissent dans les vastes étendues du ciel, déversant sur la terre des flots de feu et de colère.

Le tonnerre des canons géants gronde et menace. Ils lancent des torrents de projectiles, dont les vagues ininterrompues rasent et anéantissent. Leur violence déchire et meurtrit les oreilles de l'espace et du temps. Le cauchemar de l'angoisse et de l'épouvante oppresse le monde entier. Les chars d'assaut blindés roulent et attaquent impétueusement; puis ils rampent, escaladant les cadavres déchiquetés. Les plus monstrueux démons, convoqués pour présider à l'extermination du monde, ne sauraient être plus versés dans la science infernale du carnage et du massacre.

Les gémissements et les spasmes, de milliers et milliers d'agonisants, montent vers les cieux. Les corps gisent dans une mêlée indescriptible, et se débattent dans les dernières convulsions de la vie. Toutes les malédictions s'abattent sur la terre maudite. Le monde, dans sa totalité, est noyé dans la guerre; il est enfiévré par les ondes envahissantes et tumultueuses de ce funeste fléau. Les peuples fondent les uns sur les autres, le frère entreprend d'anéantir son frère.

Et les chefs religieux n'ont point élevé la voix, pour rappeler à l'humanité le commandement de Dieu: "Tu ne tueras pas." Par leur attitude

Les bombes fauchent à un rythme démoniaque

servile, ils ont encouragé la guerre. Tout cela, dans le but de maintenir leurs privilèges et profits terrestres, en évitant de mécontenter les gouvernants. En agissant contrairement aux lois divines, et aux préceptes de Notre Seigneur le Christ, les chefs religieux ont péché envers Dieu et envers les hommes.

Tant de siècles se sont succédés, épuisant ceux qui ont édifié le monument d'une civilisation humaine qui a atteint son apogée. Cette guerre infernale, d'un souffle, détruira leur œuvre! Les royaumes s'effondreront dans la tempête; les villes seront de vastes décombres; les hiboux hululeront sur les ruines des palais et des jardins, et les renards rôderont autour de leurs vestiges; les loups habiteront parmi les cadavres dont ils dépèceront les membres.

Hitler a allumé la guerre la plus atroce, la plus terrifiante qu'ait enregistrée l'histoire depuis que la terre fut créée par la Volonté divine. Le Führer a fait lever, à son appel, des millions de jeunes gens, dans la fleur de la jeunesse. Il les a plongés dans les abîmes de la terreur et de la mort. Ils sont tombés, comme tombent les feuilles de l'automne, quand les secoue la tourmente, et que les arrachent les vents déchaînés.

Témoin des victoires de son allié le Führer, qui avait conquis les plus fameuses capitales de l'Europe, Mussolini, le Duce d'Italie, participa à ce soulèvement contre les nations alliées. Il jeta également son pays dans l'enfer de cette guerre. La première grande puissance subjuguée, fut la France. Mussolini, craignant de perdre les avantages d'une victoire, pour lui certaine, attaqua à son tour sa voisine blessée. Elle répandait son sang et se convulsait. Exploitant sa blessure, il la poignarda dans le dos.

97 - LA CHARTE DE L'ATLANTIQUE

La guerre, entre la vie et la mort, se prolonge d'année en année. Des plaines, sans fins, sont inondées du sang précieux des martyrs. Les chefs des gouvernements et les politiciens, dans leurs plus éloquents discours, font entendre leurs appels à la jeunesse. La radio diffuse partout leurs voix qui sonnent l'alarme; les ondes les propagent jusqu'aux champs de bataille, pour enflammer l'ardeur des soldats, et leur insuffler le mépris de la mort.

Le Führer, dans un discours retentissant, proclame, au nom du droit et de la justice violée, qu'il a tiré le glaive, pour défendre la cause du peuple allemand, dépossédé des biens indispensables à ses besoins vitaux. Non, il ne consent point à être enchaîné par un traité de paix, édifié sur la haine, et préjudiciable à ses intérêts. Il revendique ses droits, au même titre que les

Le tonnerre des canons géants gronde et menace
Les villes seront de vaste décombres

nations les plus civilisées de l'Europe. Il s'insurge contre les volontés de la Grande-Bretagne, qui s'octroie la part du lion, en spoliant les faibles, en cherchant à dominer le monde. L'Allemagne, affirme Hitler, est supérieure à toutes les nations, elle les vaincra toutes, elle sera maîtresse du monde, et sa victoire sera décisive. Elle triomphera dans cette lutte, où elle a engagé son honneur, pour la cause de la justice et de l'égalité, violées par le despotisme de la Grande-Bretagne. Il termine son discours en ajoutant que l'Allemagne a déclaré une guerre sans merci. Elle ne jettera point les armes, quoiqu'il en soit, quoiqu'il advienne. Elle étendra sa souveraineté sur le monde, ou elle sera anéantie.

Et la voix de Churchill, l'homme de fer, et Premier ministre britannique, s'élève à son tour. Il électrise les foules par ses harangues successives, toutes imprégnées d'un souffle d'ardent patriotisme. Il accuse, il dénonce les ambitions de l'Allemagne qui vise à enchaîner les peuples, dans les liens de la plus dure servitude. Il réclame l'assistance de son peuple, il lui demande instamment de marcher à sa suite, jusqu'au bout, malgré les nombreux sacrifices, et quelles que soient les difficultés et les épreuves que lui réservent les jours à venir. Sa voix puissante retentit dans le monde entier, et il prononce ces paroles historiques: "Nous combattrons dans les plaines et dans les montagnes, dans les villes et les villages, dans l'air et sur les mers, et sur chaque pouce de terre, jusqu'à ce que soit totale notre victoire sur les forces du mal, jusqu'à ce que le monde ait conquis la tranquillité, et soit assuré d'un libre et paisible destin. Notre but est de construire, sur les ruines de ce monde mauvais, un monde nouveau dans la paix où régneront l'harmonie et la concorde."

Le géant de l'Angleterre invita son collègue, le Président Franklin Roosevelt, à une rencontre qui eut lieu quelque part sur l'Océan Atlantique, à bord d'un bâtiment de guerre. Le monde était alors plongé dans l'inquiétude et la crainte. La guerre était exterminatrice, l'avenir menaçant et sombre. Le monde fit silence, pour écouter les décisions adoptées en cette célèbre entrevue, à laquelle fut donnée le nom de Charte de l'Atlantique. Elle garantissait principalement, à tous les peuples, en cas où les Alliés seraient victorieux:

1 - La stabilité économique
2 - L'affranchissement de la crainte
3 - Les libertés de religion et de croyance
4 - La liberté de la pensée, exprimée, tant en paroles qu'en actes et dans tous les domaines.

* * *

L'Allemagne, affirme Hitler, est supérieure à toutes les nations
Une rencontre, quelque part sur l'Océan Atlantique

En vertu de cette Charte, se poursuivit et s'affermit la lutte. Les hommes aspiraient à la réalisation des promesses des Alliés: ce vœu, source limpide où s'abreuveraient leurs âmes assoiffées.

* * *

98 - ESPÉRANCES ANÉANTIES

Et finalement la guerre se termina. Elle s'était prolongée durant cinq ans et demi. Les puissances en lutte avaient épuisé tous les produits, toutes les ressources, dont disposaient leurs pays, matériellement et moralement. Le nombre des victimes s'élevait à quarante millions d'hommes qui s'étaient battus pour une noble cause, et pour le bonheur de tous les vivants.

La guerre s'acheva par la destruction de toutes les forces géantes de l'Allemagne, à qui l'on amputait ailes et griffes. L'Italie se rendit, et son fier Duce cessa d'exister; une mort humiliante mit fin à ses jours. Le Japon, également, sans aucune condition, demanda merci. Et Hitler, le grand agitateur, disparut à son tour; il était tombé dans l'arène, sans avoir réalisé ses espérances. Le destin est implacable dans ses fins.

Le monde entier attendait la réalisation des promesses de la Charte de l'Atlantique. Mais, les voies éthérées communiquaient déjà, par leurs ondes subtiles, un étrange message: elles annonçaient que le document, sur lequel avaient été tracés les principes sublimes de cette Charte, était égaré; il avait disparu aux yeux et à l'entendement des hommes. La terre, attentive, prêta l'oreille au message qui transmettait la désillusion et jetait partout le désarroi.

Brutalement, l'espérance fut arrachée des cœurs, et les yeux, d'une innombrable multitude humaine, devinrent des sources de larmes. Des millions et des millions d'êtres avaient donc péri vainement. Le monde avait été vainement noyé dans un océan de sang. Ces promesses avaient donc été, tout à la fois, un stimulant, pour s'assurer le concours des peuples dans la guerre, et un opium apaisant, pour endormir les cœurs tendus par la révolte et par la haine. Maintenant, les nations victorieuses, ayant atteint leur but, pouvaient ne plus remplir leurs engagements; elles ne réaliseraient donc point les promesses, auxquelles elles s'étaient engagées aux heures de doute, aux heures sombres de l'épreuve.

Et de la sorte, s'écroulèrent les espérances illusoires, laissant place aux indéniables réalités.

En vertu de cette Charte, se poursuivit et s'affermit la lutte

99 - SA MAJESTÉ LE ROI GEORGES VI INAUGURE L'OUVERTURE DE L'ASSEMBLÉE GÉNÉRALE DES NATIONS UNIES PAR UN DISCOURS HISTORIQUE

Le soir du 9 janvier, en l'an 1946, moi Dinar, je me trouvais être la propriété d'un grand homme d'Etat anglais. Durant de longues années, le destin m'avait fait errer et vagabonder sur la terre; il s'était joué de moi, comme les vagues se jouent d'une épave dans l'océan. J'avais visité des milliers de poches, connu des milliers de propriétaires; j'avais voyagé dans les plus importantes capitales, dans les plus petits villages; j'avais habité des palais altiers et d'humbles chaumières; j'avais connu les grandeurs et touché la misère.

Et maintenant, en ce soir du 9 janvier, mon propriétaire était convié au dîner officiel, donné au palais St. James par S.M. le Roi Georges VI, en l'honneur des plus éminents hommes d'Etat, qui représentaient 51 nations, c'est-à-dire la majorité des peuples de la terre. Ils devaient procéder à l'examen des litiges, provoqués par les suites de la guerre, et collaborer à l'établissement de la justice sociale.

Les splendeurs et les richesses de cette table royale, ajoutaient à la majesté du lieu et des circonstances. Ces hommes d'Etat, ainsi réunis, revêtaient un caractère solennel, car leur mission leur donnait autorité, pour trancher les questions politiques et sociales, desquelles dépendent le salut du monde: la tranquillité, la prospérité, et le bonheur des peuples. Et devant cette assemblée, le roi Georges VI se leva, et d'une voix forte et expressive, prononça le discours historique suivant:

LE DISCOURS DU ROI

Il est en effet en votre pouvoir, d'édifier ou de ne point édifier, le bonheur de millions de vos semblables, et de millions point encore nés. C'est à vous de poser les fondements d'un monde

306

nouveau, où un conflit, tel que celui qui a précipité notre monde jusqu'au bord de l'anéantissement, ne puisse jamais se renouveler; où hommes et femmes puissent trouver les moyens de réaliser entièrement le bien qui habite en chacun d'eux. C'est une noble tâche, et pour l'accomplir, vous avez dans la Charte des Nations Unies un noble instrument.

Dans vos discussions à l'Assemblée Générale, l'important problème de la sécurité exigera naturellement beaucoup de votre attention; mais la création du Conseil économique et social, et celle du Conseil de "Trusteeship", donneront de vastes possibilités, pour résoudre maints problèmes, de non moindre importance. Du premier dépend largement, jusqu'en des limites lointaines, le succès de votre tâche, en vue de la sécurité; tandis que, par le Conseil de Tutelle, les états qui aiment la paix peuvent activer l'extension du "Self-Government", au profit de tous les peuples du monde.

En ce qui concerne la Charte elle-même, elle réaffirme notre croyance dans les droits égaux des hommes, des femmes, autant que ceux des nations, grandes et petites; c'est une reconnaissance d'un principe vital, que nos ennemis ont vainement essayé de détruire. Mais les droits des nations et des particuliers ne peuvent exister, et demeurer assurés, à moins que les nations, et les particuliers ne soient tous membres d'une société réglementée. Ils auront la faculté de jouir entièrement de ces droits, s'ils sont reconnus comme partageant tous un intérêt commun. En outre, en face de chaque droit se pose parallèlement un devoir correspondant. Ce point capital est justement appuyé sur les obligations assumées, d'après la Charte. Les splendides récompenses maintenant offertes à l'humanité, ne seront point gagnées sans effort ni sacrifice.

Il est clair que le but évident de la Société des Nations Unies est de servir, non point égoïstement, pour la défense d'intérêts nationaux, mais de servir la communauté entière des nations. Telle est la principale force motrice, qui doit inspirer tous ses actes, et la mettre en état d'affronter chaque difficulté, dans un esprit de coopération, de compréhension et de bonne volonté.

Il est de bon augure que cet esprit ait été prévu dans les discussions du comité exécutif et de la commission préparatoire.

Nous avons bien débuté; il a été créé un instrument approprié aux graves problèmes, que vous affrontez maintenant dans l'édification d'un système de sécurité internationale.

Cet instrument vous donne la possibilité de mettre, au service de l'humanité, ces nouvelles sources d'énergie que le génie de l'homme a découvertes, de prendre des mesures pratiques, afin d'atténuer, et finalement, de vaincre la faim et la désolation, que la guerre a léguées à tant de millions de nos semblables, d'accroître et d'assurer le bien-être économique et social de tous les peuples, de sauvegarder les droits de ceux, qui ne sont pas encore en état de veiller à leurs propres intérêts.

Mais tous ces travaux ne peuvent être accomplis immédiatement, ou plutôt, ils ne peuvent point être accomplis, à moins que nous pratiquions la compréhension, la patience et la tolérance dans nos rapports les uns avec les autres. Je prie, pour que ces qualités nous soient accordées, car, en cette nuit, voici que nous nous tenons, ensemble, sur le seuil d'immenses possibilités.

Dans le courant des quelques prochaines semaines, vous pourrez déterminer si cette lumière, qui a dissipé les ténèbres et qui nous a apporté la force et l'espérance dans l'année qui s'est achevée, ira en se propageant et en s'amplifiant en une véritable aurore, ou bien, si les ténèbres devront recouvrir, de nouveau, un monde qui implore la lumière.

Si dans cette première Assemblée des Nations Unies, vous réussissez à propager cette lumière, l'histoire enregistrera, qu'une réunion d'hommes et de femmes n'a jamais accompli une plus noble tâche. C'est un devoir vers lequel, sans crainte ni hésitation, j'engage ceux-là, les seuls auxquels je suis qualifié pour m'adresser: mes peuples du "Commonwealth" britannique et de l'Empire. Ils ont combattu dans deux Guerres Mondiales, depuis le début jusqu'à l'achèvement, à travers de dures souffrances. Ils n'ont point failli à leur devoir envers l'humanité, dans l'heure la plus périlleuse et la plus mortelle. Ils ne failliront point non plus maintenant. A vous, leurs collègues dans la haute mission de la reconstruction de la paix et leurs frères dans la communauté mondiale, j'ai la conviction, qu'ils donneront loyalement cette collaboration, à laquelle, seulement, collègues et frères associés, peuvent atteindre.

100 - LE DISCOURS DU PREMIER MINISTRE BRITANNIQUE

Le lendemain de ce banquet historique, les délégués des nations se réunirent dans la matinée, et Mr. Attlee, Premier ministre britannique, inaugura la première session de l'Assemblée des Nations Unies.

Après avoir souhaité la bienvenue aux délégués de toutes les nations, et rappelé le discours, dans lequel le roi Georges VI avait souligné la nature de la tâche à accomplir, et l'importance vitale des problèmes, qui se trouvaient à l'étude, Mr. Attlee déclara, que rien ne serait épargné pour rendre heureux le séjour des délégués à Londres; qu'ils devraient s'exprimer avec liberté et franchise, comme s'ils étaient réunis dans un domaine particulier soumis à un gouvernement international. Le Gouvernement britannique aurait voulu mieux faire pour les délégués, au sujet de leur accueil, mais ceux-là réalisent, que ce n'est point l'intention qui fait défaut, car les lacunes ont pour cause le mal que l'ennemi a fait à la cité de Londres.

Nous avons écouté la veille au soir, le discours inspiré de Sa Majesté le roi, où nous furent proposés la nature des travaux à achever ainsi que le danger des questions non résolues avec les vœux profonds des peuples du Commonwealth britannique, au nom desquels il prit la parole pour souhaiter le succès de l'Organisation des Nations Unies.

L'organisation universelle:

Mr. Attlee déclara aussi, qu'il avait eu l'honneur de participer aux entretiens de San Francisco, qui ont donné naissance à la Charte des Nations Unies, et que ces entretiens s'étaient déroulés, pendant que les ennemis luttaient encore dans l'arène, d'où la preuve de la foi des Alliés dans la victoire. Il déclara que les objectifs et principes abordés durant les débats de la Charte ont reçu de la part du gouvernement de Sa Majesté le roi ainsi que de son peuple, un total support. Il ajouta, qu'il avait été, dans sa vie, deux fois témoin de la guerre, et des calamités indescriptibles qu'elle a répandues sur l'humanité, que les travaux de cette conférence devaient être couronnés de succès, car une troisième guerre mondiale amènerait, à un point mort, pendant des générations, les progrès du monde vers la civilisation.

Après avoir rappelé l'effort de guerre de la Grande-Bretagne, l'esprit de sacrifice, et la volonté dont avaient fait preuve toutes les nations unies, au cours de cette guerre, pour remporter la victoire finale, le Premier ministre déclara, que toutes ces nations devaient, maintenant, s'atteler à la tâche d'établir la paix, avec le même esprit qui les animait durant la guerre.

L'Organisation des Nations Unies, a ajouté Mr. Attlee, doit constituer, à l'avenir, un facteur primordial, dans la politique étrangère de chaque pays. Après la Première Guerre mondiale, le monde fut porté à considérer la Société des Nations, comme une institution étrangère à la politique extérieure. Les gouvernements continuèrent à employer les anciens procédés, recherchant des buts privés, ne se rendant point compte que le monde avait passé à une ère nouvelle.

La paix est indivisible:

"Il y eut dans ces mêmes îles britanniques, dans les temps anciens, de puissants nobles. Avec leurs partisans, ils déclaraient des guerres particulières, les uns contre les autres, ne tenant point compte de l'autorité du gouvernement central. Mais, vint un temps, où les armées particulières furent supprimées, et la suprématie du gouvernement, et de ses lois, s'étendit sur toutes les îles. Et ce fait, nous travaillons à le généraliser dans le monde entier. Nous devons, tous, tenter maintenant, de reconnaître la vérité proclamée à Genève, par le ministre russe des Affaires étrangères: 'La paix est indivisible.' Nous devons réaliser, que notre bien-être est lié au bien-être général, et que le problème de la paix est un fait plus important qu'il ne l'a été en aucun temps."

Les nouvelles armes de destruction:

Abordant le problème de l'énergie atomique, Mr. Attlee se félicita de la décision de le soumettre à la commission de l'Organisation des Nations Unies, et ajouta:

"La bombe atomique est le dernier avertissement à l'humanité; si elle n'oppose point une limite aux forces du mal, l'anéantissement sera le sort de la plupart des peuples civilisés. C'est aux nations du monde entier qu'il appartient, par la voix de leurs délégués, de choisir entre la vie et la mort, car la découverte de l'énergie atomique comporte de grandes possibilités de destruction, comme de grands avantages pour la race humaine."

La foi dans le succès:

Il déclara aussi:

"De notre passé, nous avons compris les fautes. L'ancienne

Société des Nations péchait par de nombreuses lacunes, dont deux très importantes: Les Etats-Unis d'Amérique et la Russie n'y étaient point représentés. Notre but n'est point uniquement la suppression des guerres, mais la création d'un monde libre, régi par la justice et les lois morales."

LA RÉPONSE AU DISCOURS

Dr. Zuleta Angel, délégué de la Colombie, et président temporaire de l'Assemblée, répondit:

Nous sommes venus dans la capitale britannique, qui porte le sceau de l'héroïsme, pour créer une Organisation des Nations Unies, et mettre en exécution la Charte de San Francisco. Nous sommes décidés à sauver les siècles à venir, des maux de la guerre, et à inculquer en nous la foi dans la liberté et la justice.

Tous ont accepté, sans réserve, cette Organisation, dans l'espoir que son but soit réalisé. Ils aspirent à la sauvegarde de la paix et de la sécurité, à l'établissement de relations cordiales et pacifiques, basées sur l'égalité dans la justice, et sur le droit des peuples à décider de leur sort.

Une voix intérieure nous dit qu'il est en notre pouvoir d'élever nos cœurs, et d'arriver à la véritable égalité entre les hommes. Nous savons cela par nos souvenirs de San Francisco, lorsque nous avons vaincu de plus grandes difficultés avec un esprit bien intentionné, éclairé par le brasier effrayant du foyer de l'Europe.

Il incombe aux cinq grandes puissances, selon les clauses de la Charte, et en rapport avec la nature des choses, de supporter les plus lourdes charges, pour maintenir la paix et la sécurité, mettant en œuvre pour cela, non seulement leurs ressources militaires, financières et industrielles, mais aussi quelque chose de plus grand encore: la bonne foi, dépouillée de l'intrigue et de la perfidie.

L'occasion sera donnée aux petites puissances dans cette Assemblée, de faire entendre, d'année en année, leurs voix dans une atmosphère démocratique, comme celle que j'ai connue à San Francisco, et que je connais maintenant à Londres. Nous ne devons pas oublier, que la force que posséderont ces voix, ne s'appuiera point sur les clauses de la Charte, autant que sur la sagesse, l'esprit de collaboration et de justice.

101 - LE GUIGNOL DE PALESTINE
ABDEL RAHIM AL CHARIF AL KHALILI

Le comité chargé des relations publiques de l'Organisation des Nations Unies décida de divertir ses éminents invités, après les allocutions de bienvenue et les discours arides, prononcés par les sommités du monde politique et les personnalités les plus importantes. Il se proposa de leur offrir un spectacle qui les égayera, et dont ils garderont un souvenir inoubliable qui leur reviendra en mémoire chaque fois qu'ils se rappelleront cette Assemblée historique.

L'un d'eux dit:

— Que diriez-vous si on amenait un de ces Hindous réputés pour leurs prodiges et leurs miracles. Il étonnera nos invités et les délassera agréablement.

Un deuxième membre dit:

— Je ne suis pas d'accord, car on pourrait amener n'importe quel charlatan européen qui exécutera ces mêmes acrobaties sans qu'on doive attendre l'arrivée du pauvre Hindou de l'Inde. Et nous voulons surtout leur présenter quelque chose de particulièrement drôle et amusant qu'ils n'oublieront pas de sitôt.

Un troisième membre s'écria (en se frappant le front comme Archimède):

— Eureka! Eureka!

Puis il se frotta les mains de joie et d'allégresse en poursuivant: "En vérité, je vous le dis, j'ai trouvé".

Tous lui demandèrent:

— Qu'est-ce que c'est? Dis-le nous. Ta mine réjouie nous laisse croire que c'est quelque chose de très drôle. Dis-nous donc ce que tu as trouvé.

Il répondit:

— En 1931, j'étais juge dans la ville de (Jérusalem) et il y avait alors auprès de la Cour un clerc qui s'appelait (Abdel Rahim Al Charif) et qui prétendait communiquer avec les esprits. Il citait les esprits qu'il pouvait évoquer, assurait qu'ils ne l'abandonnent jamais et le suivaient comme son ombre. Il y avait en premier lieu l'esprit du "tout-pur" (le Grand Ramon) puis (la Mère Immaculée), la sœur (Christine), le frère (César), le frère (Mossaf), le frère (Matta), le frère (Ga'los), le frère (Gonzoj), le frère (Zombalonogodogh), le frère (Ahouhouha-Houha), le frère (Salim Bikhor) et enfin le frère (Youssof Jabbour Kasparkhan).

Le clerc affirmait que cet esprit était son plus fidèle ami, par l'intermédiaire duquel, il avait acquis sa renommée dans le monde du spiritisme et qu'il était devenu très connu dans son village natal (Al Khalil)[1], village reculé de la Palestine, et ce, avant que ne tombent sur lui la malédiction et l'hostilité de cet esprit dont il prétendait être l'ami: (la malédiction du frère Youssof Jabbour Kasparkhan sur Al Charif).

Je fus ébahi par tout ce qui était dit au sujet de ce clerc visionnaire et j'ai voulu vérifier tout cela de plus près. Je l'ai fait venir et lui ai demandé ce qu'il en était de tous ces racontars. Il me les confirma en ajoutant:

— Je demanderai aujourd'hui à mon employeur, la permission de m'absenter afin de pouvoir venir évoquer pour vous les esprits purs, et vous verrez de vos propres yeux ces prodiges et ces merveilles dont vous ignorez l'existence, vous autres à Londres.

Je fus encore plus ébahi par sa conviction et lui demandai:

— Qui est ton employeur?

Il répondit:

— J'ai un salaire de moins de neuf guinées palestiniennes et quelques piastres dont je dois verser la moitié à ma femme Souad, la fille de l'imposteur, Cheikh Mahmoud Al Falaki, car elle avait obtenu contre moi un jugement de divorce, et je dois verser le quart du reste à ma fille Inchirah que j'ai eue d'un premier mariage auquel la fuite de ma femme avec son amant a mis fin avant que je n'épouse la fille de l'imposteur Mahmoud.

Pour subsister, je travaille chez le Docteur Dahesh. Je lui fais son marché tous les matins, je range et je nettoie les chambres et j'effectue toutes les autres choses qu'il me demande de faire. Je suis généreusement rétribué lorsque, par un état de transe hypnotique appelé (Henn) j'entre en communication avec les esprits. Quand il me voit sauter, tomber, me relever et culbuter devant lui, il est ravi et détendu. Il ébauche un sourire puis il éclate de rire, réjoui par ces transes dont je possède le monopole. Sachez, monsieur le Juge,

---

1. Al Khalil: La Galilée

que le Docteur Dahesh éprouve le plus de joie et de plaisir lorsque je hennis du nez en pratiquant le (Henn) pour communiquer avec les esprits (ramoniens). Il me lance son soulier comme je lui avais demandé de le faire, car cela fait partie du rituel spirite. Le juge se tut quelques instants puis il poursuivit:

— Abdel Rahim est revenu le lendemain tel qu'entendu et je l'attendais avec une grande impatience. Il m'avait expliqué ce que je devais faire lorsqu'il se mettrait en transe. Vous serez ébahis lorsque je vous ferai connaître ses instructions. Il m'avait demandé de lui lancer mes souliers après chaque saut. Et ce spectacle, que j'ai vu il y a 15 ans, demeure le plus drôle de tous ceux que j'ai vus depuis, et chaque fois que j'y pense je le revois tel quel devant mes yeux. Si vous aviez vu une horde de singes et un troupeau d'ours danser, se dandiner et se balancer de l'arrière vers l'avant, puis vous aviez assisté aux pirouettes acrobatiques de Khalili (le spirite), vous l'auriez sûrement préféré à tous les singes et à tous les ours du monde.

Ils s'écrièrent tous: "Tu nous mets en suspens, dis-nous donc ce qu'il a encore fait. Qu'avais-tu vu d'extraordinaire ce soir-là?"

Le juge répondit: — Je ne vous le dirai pas, vous le découvrirez par vous-mêmes. Nous allons le faire venir et ainsi je ne gâcherai pas votre plaisir. Mais je dois vous informer que, ces pirouettes khaliliennes étant devenues la risée de tous, la Cour a jugé bon, pour préserver l'honorabilité de ses fonctionnaires, de remercier leur auteur de ses services, congédiement douloureux et humiliant qui mit fin à cette comédie burlesque.

Et là, tous reprirent d'une même voix:

"Il faut amener le guignol de Palestine, il faut amener le Khalili!"

102 - AL KHALILI EST AMENÉ DEVANT LES DÉLÉGUÉS DES NATIONS UNIES POUR LES DIVERTIR

La cloche résonna d'un timbre continu. Les délégués des nations se turent, comme si un rapace planait au-dessus de leurs têtes. Puis tous regardèrent cet être au physique indéterminé: c'était un homme efféminé, de constitution fragile, les oreilles pendantes, les joues osseuses, les bras ballants, les jambes arquées, les hanches rebondies, le dos bossu, la poitrine étroite et creuse: il ressemblait à une cage osseuse recouverte d'une chair jaunâtre répugnante. Les yeux frappaient dans cette ombre longitudinale: enfoncés dans leurs orbites étroites, ils reflétaient l'inquiétude et la crainte, le regard était fuyant, apeuré, comme un singe africain pris dans le filet des nègres et qui est en proie à une grande frayeur, les yeux exorbités et les veines gonflées serpentant à travers la peau comme ces vipères qu'on trouve entre les joncs et les épines qui poussent dans le creux des vieilles tombes.

Un des membres s'avança en tenant Al Charif par le cou et le présenta à l'assemblée en lui donnant un coup de pied dans le derrière, disant: — Je vous présente Al Khalili, le spirite de grand renom qui pratique le Henn pour communiquer avec les esprits des absents et des morts.

Les regards convergèrent avec avidité vers cet être et le dévisagèrent du haut de la tête jusqu'au bout des pieds. Des sourires moqueurs et ironiques s'ébauchèrent à la vue de cet énergumène infâme et les critiques acerbes pleuvèrent sur lui et se déversèrent sur sa tête chauve. Le comité avait dit aux délégués qu'il leur offrirait un spectacle divertissant et délassant qui dissipera leurs soucis et leur ennuis. Al Khalili crut que leurs moqueries et leurs propos acerbes étaient pour lui un grand hommage, alors il prit un air humble comme si tant d'honneur le gênait; il inclina la tête avec une chasteté virginale, entrecroisa ses doigts et baissa les yeux, affectant la piété et le recueillement pour provoquer la manifestation des esprits purs. Puis il se mit à psalmodier des prières, prétendant que les esprits de Ramon et de Salim Bikhor étaient sur le point de se manifester.

103 - LES TRANSES HYPNOTIQUES DU HENN[1]

Al Khalili se redressa brusquement après avoir affecté de supplier les esprits pour qu'ils se manifestent. Puis il se mit à sautiller comme une marionnette, aucun singe n'aurait pu faire mieux. L'assistance hilare applaudit à tout rompre et siffla de joie.

Puis il se mit à danser d'une manière saccadée et désordonnée. Soudain, il se calma puis tira la langue aussi loin qu'il lui était possible, écarquilla les sourcils et étira les rides de son visage vers l'arrière: il apparut

---

1. Les transes hypnotiques du "Henn" consistent à se frapper le front, exhiber le postérieur, tirer la langue et sautiller comme un démon. Puis il faut se frapper la poitrine et se jeter à terre en hennissant du nez. C'est un spectacle burlesque qui réveillerait les plus soûls. Les journaux dévoilèrent les bouffonneries de ce pitre et tout le monde connut ses fourberies, sa traîtrise et ses plaisanteries stupides, surtout après son congédiement. Parmi ceux qui l'ont vu exécuter ces pitreries et qui peuvent témoigner de sa traîtrise et de sa démence, il y a le docteur Souleiman Salim, médecin de la contrée de Ramallah, l'évêque Yashou' qui était alors moine au monastère syriaque de Jérusalem, le professeur Khalil Souleiman qui enseignait à Nazareth, et le professeur Abdel Kader Al-Shahabi, célèbre calligraphe palestinien, et bien d'autres. (Extraits du Cinquantième Enfer du livre *L'Enfer du Dr. Dahesh*, p. 146).

comme un monstre répugnant. Puis il reprit ses bouffonneries, hennissant du nez et émettant des sons bizarres, que même les bêtes si patientes de Chypre, n'auraient pu imiter. Puis il se mit à tourner sur lui-même et à chaque tour il sortait de son nez un son qui résonnait (Henn), ensuite il se frappa le front trois fois et se roula à terre pour évoquer le frère (Ramon) et lui poser des questions, puis il se mit à se balancer de droite à gauche sans arrêt, hennissant comme des singes ivres. Finalement, il se coucha sur le dos et leva les jambes en les frappant l'une contre l'autre comme s'il applaudissait; ceci déclencha l'hilarité générale.

L'assemblée était en liesse, les cœurs légers et les visages riants. L'allégresse était générale et les membres du comité étaient ivres de joie. Enfin, ce visionnaire se mit à ramper à quatre pattes comme les chiens et il demanda aux membres de l'assemblée de se mettre à califourchon, chacun à son tour, sur son dos; ils refusèrent en lui disant que seuls les ânes avaient été créés pour être enfourchés, mais il les convainquit que c'était le seul moyen pour amener les esprits de (Ramon), de (la Mère immaculée) et de (Salim Bikhor); ceci les poussa à accepter et ils se succédèrent sur son dos par dizaines car ils avaient hâte de voir quelque esprit se manifester.

* * *

Epuisé, il se releva, se frappa le front de son poing puis demanda que tous lui lancent leurs chaussures à la tête.

Ils refusèrent...

Il leur assura que les esprits ne se manifesteraient que s'ils accédaient à sa demande; ils ôtèrent alors leurs chaussures et les lui lancèrent jusqu'au moment où il fut entièrement recouvert de souliers et où, seule sa tête et ses yeux de singe émergeaient du tas, ce qui repartit l'hilarité générale et certains crurent s'évanouir de rire.

Ainsi, ce spectacle unique en son genre dans le monde entier sema la joie et beaucoup d'allégresse.

Et moi, en toute vérité je confesse - moi Dinar - que si j'avais une gorge, je l'aurais écorchée par mes cris de joie devant le spectacle des transes et des contorsions de ce scorpion dépravé et perfide.

S'il m'avait été possible de récompenser ce que fit cette vipère folle, je lui aurais donné une gifle retentissante qui aurait ébranlé son cou d'oiseau. Cette comédie burlesque faisait de lui un pitre ou plutôt la risée des spectateurs. Il rivalisait avec les singes.

Quoiqu'il en soit, je n'aurais jamais cru qu'il puisse exister sur terre un individu qui pouvait ainsi accepter de se rabaisser et de s'humilier comme cet être sournois. Maudit soit-il!

Abdel Rahim Al Charif Al Khalili exécutant ses pitreries pour communiquer avec l'esprit de Youssof Jabbour Kasparkhan

104 - LISEZ PUIS RIEZ …!

Si les lecteurs croient que l'épisode du guignol de Palestine est le fruit de l'imagination, je m'empresse de publier cette lettre que Al Charif Al Khalili avait écrite de sa propre main à son maître et son bienfaiteur, avant que ce maître ne le répudie de la plus vile façon, écœuré par ses pitreries, ses plaisanteries mièvres et ses prétentions spirites qui s'étaient répandues et avaient soulevé une vague de mécontentement chez les Palestiniens. Suite à ce scandale, cet esclave fut à jamais banni de la société, sans aucun regret. On lui laissa l'entière liberté de se déplacer dans le vaste monde de ses esprits et selon ses fantasmes et ses charlataneries. La partie la plus drôle de cette lettre est son introduction dans laquelle il dit:

> Je suis entré dans la maison des vestiges… et je n'ai éprouvé que le besoin d'incliner la tête avec déférence… Je suis monté dans la chambre haute de la pyramide et là, je suis entré en communication… j'ai élevé ma prière devant le guide qui préparait le feu et j'ai effectué les transes du (Henn). Le vieux me regarda en ayant l'air de dire: il est fou!

Je vous assure que s'il avait été en face de moi, je l'aurais récompensé de sa bêtise en lui donnant deux coups de fouet bien placés, et j'aurais voulu le voir faire revivre par ses transes hypnotiques, non seulement les statues du musée égyptien, mais les statues du monde entier dans toute leur rigidité et leur solidité. Puisse Dieu le guérir de cette maladie qui redonne la vie aux statues de Toutankhamon, Nah Tal Ka, Ramsès et leurs frères, êtres momifiés et vestiges des siècles passés. L'ami de (l'Auguste Ramon) poursuit sa lettre disant qu'il est tout à fait normal de se prosterner et de rendre hommage aux statues puis il ajouta, sans vergogne, qu'après être entré en communication avec les esprits, ceux-ci l'autorisèrent à accomplir les transes hypnotiques du Henn. C'est pourquoi il les accomplit le sourire aux lèvres et le cœur léger. Le guide qui l'accompagnait faillit s'évanouir en voyant ce pantin de Palestine danser. Les internes des hôpitaux psychiatriques du monde entier lui auraient envié ces danses en l'honneur des statues auxquelles tout spirite doit rendre hommage.

Voici le manuscrit de son aveu.
Lisez, notez, puis maudissez-le.

أخي الحبيب

بمجمع هذاني الذي (...) ...... ذهب

ودفعت لها الأجرة ... و نفرجت علي ... فيه ولم ...

وأنا ... الى ... أعمى جبهة ... ... هاكذا ...

منبر ... ... ذهبنا للأطراف وكان (أبو الهول)

معك الى الجهة ... فقطعنا ... نقطع معا في ... وقفت

الصف أمام الريح ... ما ... ... يعطيانا ...

علاء ... طريق (...) إذ ... ...

ما شعرت به ... أعمى بنظراتك كأني به ليقول هذا الجنيه [٢]

وعلى ... السؤال ثم ... ...

ثم ... جدا ... ... أشعر بالكرم ما ذكرت ...

بالله ... ... ان ... هناك ... ...

وكله ...

أجبارعت : ... ... أنت ... لايبقي

... اعبر نفسي ...

في مصر

ابرهيم

Photo de l'ignoble voleur, le traître répudié

L'honorable spirite, le fourbe Abdel Rahim Al Charif l'ami des esprits divins simulant la piété et la chasteté devant les deux esprits purs (Salim Bikhor) et (Youssof Jabbour Kasparkhan).

Que Dieu l'éclaire
Qu'Il le guide dans son cheminement
Qu'Il renforce sa conviction branlante
Et oriente sa foi (ramonienne) défaillante.

Lorsque Al Charif s'est repenti de ses charlataneries (comme il le dit), il a fait écrire ces vers par un poète. Puis il les a présentés à son bienfaiteur. Nous reproduisons, dans ce livre, ces vers afin de les immortaliser et dénoncer ce renard fourbe…

> O Dahesh, regarde et tu verras Abdel Rahim,
> tel une branche dans un jardin de dévouement.
> Tu l'as abreuvé de bons conseils,
> et tu l'as éduqué.
> Il est devenu fort et sans crainte.
> Le jeune homme s'est départi de ses désirs,
> contraint, les yeux égarés de frayeur.
> C'est l'image de l'homme sous son vrai jour,
> et la peine infligée reflète la vérité.
> Elle s'est présentée à vous reconnaissante
> de la part d'un repenti dévoué, à votre amour toujours fidèle.

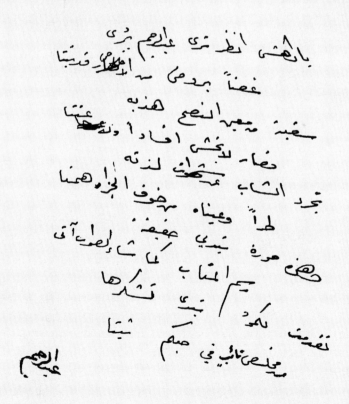

105 - DESCRIPTION GÉNÉRALE DE L'OUVERTURE DE LA PREMIÈRE SESSION DE L'ASSEMBLÉE DES NATIONS

Après le spectacle des transes burlesques khaliliennes, les délégués des nations étaient pleins d'allégresse.

Délassés, égayés, ils avaient repris leur énergie et leur verve. Ils entamèrent leur première session. Ils prononcèrent leurs discours et discutèrent des moyens pour établir la paix dans le monde.

Le 10 janvier 1946, à 4 heures de l'après-midi, les délégués des 51 nations, se réunirent dans la grande salle du Palais de Westminster et commencèrent leurs travaux, pour édifier, comme l'avait dit Mr. Attlee, un monde de sécurité et de liberté, dominé par la justice, et gouverné par les lois morales.

De son fauteuil rouge pourpre, dans cette salle comble, le Dr. Zuleta Angel, président temporaire de l'Assemblée et représentant de la Colombie, annonça la résolution d'une seconde tentative, pour établir dans le monde la paix perpétuelle, après qu'un quart de siècle se fut écoulé depuis la fondation de la première Société des Nations.

Puis, un lourd silence régna dans la salle, quand Mr. Attlee, Premier ministre britannique, se leva pour remercier le président temporaire, et féliciter les hommes d'Etat qui étaient venus à Londres de tous les coins du monde.

Mr. Vichinsky, chef de la délégation soviétique, semblait le plus en vue, parmi les 250 délégués, réunis dans cette salle bleue et or du Palais de Westminster, qui donne sur l'édifice du Parlement britannique.

La lumière étincelante jaillissait des lustres immenses, lorsque les personnes assemblées prirent place autour d'une longue table, sur laquelle étaient placés des microphones. Le président temporaire siégeait, sous l'emblème de l'Organisation des Nations Unies, et devant son siège, se trouvait la tribune des orateurs; près de lui, étaient aussi posés d'autres microphones.

Vis-à-vis du président, siégeaient les délégués de l'Afrique du Sud, de

L'ouverture de la première session de l'Assemblée des Nations

la Syrie, de la Turquie, et à leur gauche, se trouvait la délégation du Royaume de l'Arabie Saoudite, composée de cinq membres, vêtus de burnous de couleur marron, et coiffés de "kaffiyés" (genre de tissu en soie blanche) fixés par des "agals" (grosses cordelières de couleur noire en forme de cercles servant à maintenir les "kaffiyés" sur la tête). Les délégations des trois grandes puissances, Grande-Bretagne, Russie et Etats-Unis, composaient un triangle, siègeant à droite dans la salle.

106 - PREMIER INCIDENT IMPRÉVU

Le premier incident imprévu, eut lieu dans cette Assemblée, lorsque Mr. Gromyko, ambassadeur des Soviets à Londres, proposa la candidature de Mr. Trygve Lie, ministre des Affaires étrangères de Norvège, à la présidence de l'assemblée, alors que tous comptaient, que Mr. Spaak, ministre des Affaires étrangères de Belgique, serait élu à l'unanimité à ce haut poste.

L'allocution de Mr. Gromyko fut courte: "La délégation soviétique, dit-il, trouve que le choix du président revêt une grande importance, et après avoir étudié cette question, il m'est apparu, que le meilleur candidat à ce poste est Mr. Trygve Lie, ministre des Affaires étrangères de Norvège."

Cette candidature fut soutenue par les délégués de l'Ukraine, de la Pologne, du Danemark. Le chef de la délégation de l'Ukraine, Dimitri Maniolsky, proposa que l'élection du président fut votée publiquement, mais cette proposition fut repoussée à la majorité de 15 voix contre 9. Lorsque le vote secret fut terminé, Mr. Spaak l'emporta par 28 voix contre 23 à Mr. Trygve Lie et fut donc élu. Il devint le premier président de l'Organisation des Nations Unies. Toutes les délégations avaient voté.

Dès que le résultat du vote fut annoncé, Mr. Spaak occupa le siège présidentiel, et s'exprima ainsi: "Je suis très fier et très ému, pour le grand honneur que vous m'avez accordé, ainsi qu'à mon pays." Il ajouta, qu'il prononcerait le jour suivant son discours officiel. Puis, la séance fut remise au lendemain matin, à dix heures et quart.

107 - LE DISCOURS DE MONSIEUR SPAAK

Les délégués des nations se réunirent le lendemain, et tinrent leur seconde session dans la grande salle du Palais de Westminster, pour entendre le discours officiel d'ouverture, que prononcerait le président élu, Mr. Spaak. Son discours dura vingt minutes; il le prononça en français, avec éloquence.

"C'est avec un grand sentiment d'espoir, que le monde nous a confié ces travaux"

Il déclara notamment:

"Les intérêts particuliers doivent être dirigés sur un plan plus général, et au-dessus de ces intérêts, nous devons avoir conscience des intérêts supérieurs du monde et de l'humanité. Nous devons faire des efforts, pour oublier nos préférences personnelles, nos sympathies et nos antipathies."

Après avoir rendu hommage à la mémoire du Président Roosevelt, au milieu des applaudissements chaleureux de l'Assemblée, Mr. Spaak poursuivit:

"Peut-il être téméraire de rappeler, que notre expérience, commencée hier, n'est pas la première et que la première ne fut pas un succès. Il y a 25 ans, l'idéal proposé était un noble idéal, et ceux qui le défendaient, étaient des hommes de bonne volonté; mais il y a quelque chose que nous n'avons pas réussi à créer entre les deux guerres: c'est un véritable esprit international. Nous pouvons obtenir cet esprit international, et si nous pratiquons les deux vertus cardinales, qui sont la bonne foi et la bonne volonté, ainsi que l'observation de quelques règles simples, mais importantes, nous devons réussir."

Mr. Spaak conclut ainsi son discours:

"C'est avec un grand sentiment d'espoir, que le monde nous a confié ces travaux, et je fais des vœux pour leur succès."

Lorsque Mr. Spaak eut achevé son discours, il jeta un coup d'œil général sur l'Assemblée, puis il se leva dans un tonnerre d'applaudissements.

108 - L'OPINION DU GÉNÉRAL EISENHOWER

A l'occasion de l'ouverture du Congrès des Nations Unies, le général Eisenhower prononça un émouvant plaidoyer, en faveur de la collaboration internationale après la guerre:

"La coopération est plus nécessaire que jamais, dit-il. Les nations qui s'unirent pour abattre des ennemis implacables, doivent, à plus forte raison, demeurer unies pour régler pacifiquement les différends, afin que de nouveaux Hitler ne puissent jeter le monde dans un chaos plus effroyable que celui où nous voyons aujourd'hui les pays mutilés de l'Europe.

Il ne faut pas perdre de vue, que la négligence à régler un seul d'entre les litiges, qui demandent une solution pacifique et sincère, se compare à la menace du feu qui couve sous la cendre et brille dès qu'il est ranimé. Il n'existe point dans le monde de petites affaires et de grandes affaires, toutes sont égales par la gravité et l'importance. C'est à l'Assemblée des Nations Unies de travailler à les résoudre, prenant pour base les principes de la justice et de l'égalité entre les nations grandes et petites indistinctement. Il n'y aura point alors, ni oppresseurs, ni opprimés, affamés ou gorgés; de cela dépend la paix du monde.

Les peuples ont lutté pour la victoire de la justice sur l'iniquité, et pour conquérir une paix basée sur la confiance et la prospérité; ils n'ont point lutté pour que des convoitises succèdent à des convoitises, et qu'une nouvelle oppression soit édifiée sur une ancienne oppression.

Alors que nous souhaitons un véritable succès à ce congrès, duquel dépend l'avenir du monde, rappelons-nous les paroles du roi d'Angleterre, dans son discours de bienvenue aux délégués des nations: "Si vous réussissez, l'histoire dira de vous que jamais une plus noble tâche ne fut accomplie."

109 - LE DINAR PRONONCE LE DISCOURS
DE LA RÉVOLTE

Aucune des brillantes réunions du congrès ne m'échappait. Je fus très attentif, moi Dinar, à chacun des mots que prononçaient tous ces hommes éminents. Je méditais sur la portée de leurs harangues, j'examinais les exposés des matières, qui devaient être étudiées par ces leaders, dont dépendaient les destinées des nations. Je m'insinuais jusque dans leurs pensées, je m'amalgamais à leurs esprits.

Je me fondis bientôt dans leurs âmes, et je surpris l'abomination des terrifiantes dispositions de leurs consciences. Je déchiffrai leurs secrètes ambitions, comme dans un livre ouvert, où s'inscrit la vérité, telle qu'elle est, et non telle que la masque la fourberie humaine. Je m'insurgeai, lorsque je découvris ce qui d'abord semblait invisible, et je songeai: "Plût au Ciel que je n'eusse rien vu!" Et dans le soulèvement de mon être frémissant, je me dressai dans cette assemblée, et j'exprimai les paroles de la révolte:

Pourquoi applaudissez-vous, et pourquoi vous réjouissez-vous? Serait-ce d'entendre les vains mots d'une éloquence vaine? Vous vous réunissez en ce congrès, par suite de hautes et graves pensées, de nobles visées, qui exigent de vous des réalisations et des actes, plutôt que des paroles. Etes-vous convaincus de la réussite de ce congrès? Ses conséquences pèseront lourdement sur les épaules des temps à venir.

J'ai prêté l'oreille à tous vos discours. Lorsque vous vous succédez à la tribune de l'éloquence, chacun besogne pour lui-même, chacun plonge son seau parmi les seaux. Quelques-uns parmi vous le retirent plein et débordant, d'autres le retirent et trouvent qu'il ne contient que du vent. Messieurs les diplomates! Le premier seau est tiré et soutenu par des bras puissants et forts; le second n'a d'autre appui que de faibles serviteurs et des esclaves.

Pourquoi vous réjouissez-vous? Et pourquoi applaudissez-vous cette éloquence futile?

* * *

Jetez maintenant les yeux, là-bas, vers ce coin écarté. Un politicien rusé qui puise sa force dans son grand et dangereux pays, se tient modeste-ment assis sur un petit siège. Il se masque d'innocence; son apparence timide, son humilité voulue, sont jouées pour vous impressionner et vous donner l'illusion qu'il vous traite d'égal à égal. Mais quand sonnera le temps, quand sera l'heure de l'action, alors, de son glaive, il vous montrera le tranchant.

Avez-vous donc perdu de vue, que ce siècle est celui de la vitesse, le siècle de la violence, et de la force toute-puissante, le siècle des armes meurtrières, le siècle qui a engendré tous les maux criminels? La justice est dans la force, avec tout ce qui en dérive, moralement et physiquement. Si vous oubliez cela, Messieurs les diplomates, je vous prédis, dès cet instant, que vous vous réveillerez un jour prochain, au redoutable grondement des bombes atomiques; elles vous emporteront avec votre progéniture dans la tempête et l'anéantissement.

Pourquoi applaudissez-vous celui dont la force est apparente et qui, pensez-vous, détient en son bras l'omnipotence?

* * *

Je possède, moi Dinar, ce que vous ne possédez point:
La faculté de percevoir. Je découvre, et connais ce que vous ne connaissez point.
O maîtres de la diplomatie!
L'invisible m'a révélé ses formidables secrets.
L'inspiration a projeté sur moi ses plus éclatantes lumières.
Je frémis, à la suite de ce que j'ai entrevu.
Je redoute et crains, à la suite de ce que j'ai connu.
Plût au Ciel que vous fussiez prévenus pour vous garantir!
Plût au Ciel que vous vissiez pour croire!
J'ai vu le joug du plus fort vous dominer.
J'ai vu les épées du fort museler vos bouches, et les fermer.
J'ai vu les bombes destructrices démolir vos demeures, et faucher vos vies.

Qu'est-ce donc ce congrès, si ce n'est un complot? Son but est d'introduire le puissant intrus dans le sein de vos pays, au cœur de vos patries, et vos âmes assujetties seront offertes en holocauste, sur l'autel de ses convoitises. Si les intentions étaient loyales, les desseins honnêtes, point n'était besoin de votre convocation à ce congrès, de ces difficultés et de ces complications.

Je vous l'affirme, et déclare hautement à votre assemblée, ce congrès est organisé, pour insensibiliser vos nerfs et paralyser votre volonté. Les intentions ne seront point droites, les desseins ne seront point justes, tant qu'il existe sur la terre des mines, d'où surgissent le diamant, l'or, l'argent, le platine; les visées ne seront point honnêtes, puisqu'il se trouve, là-bas, des puits de naphte et de pétrole.

Oui, Messieurs les diplomates, les conceptions demeureront ce qu'elles sont: intéressées, égoïstes. Le congrès ne les transformera point, il ne les reformera point, tant qu'il se trouve, là-bas, des colonies qui déversent l'abondance et les richesses, comblant de leurs dons le colonisateur, insatiable et rapace.

Pourquoi donc vous réjouir, et applaudir ces lâches politiciens?

* * *

Et la Charte, la Charte de l'Atlantique, qu'en avez-vous donc fait, vous les puissants?! Pourquoi avez-vous aboli ce document qui vous accuse? En quel lieu l'avez-vous enfoui? Vous protestez: "De cela, nous n'avons nulle connaissance, dites-vous; sommes-nous donc la sentinelle préposée à sa garde?"

— Caïn, Caïn, où est ton frère Abel?

— Je ne sais, et suis-je donc le gardien d'Abel?

Vous contractez des engagements, vous signez des pactes, et puis ensuite, vous les abrogez, ô trompeurs décevants! Et ceux-là qui ont eu foi en vos serments, la main de la mort les a moissonnés.

Pourquoi applaudissez-vous, et pourquoi ces transports et cette joie, sous le charme de cette maléfique éloquence?

* * *

Vous, qui tenez en main le sceptre des forces matérielles,
Vous, qui déclenchez les explosions atomiques, et
protestez de votre amour pour l'humanité…
Si la paix est votre ambition,
Si la justice est votre religion,
L'équité votre espérance…
Confirmez, par des preuves, la vérité de vos résolutions.
Rendez son droit à chacun qui a subi un préjudice;
Libérez l'esclave de ses chaînes;
Délivrez la victime de son tyran;
Affermissez le seigneur de la maison sous son propre toit,
Il est plus à même que vous de gouverner chez lui,
Il connaît mieux ce qui se trouve à l'intérieur de sa demeure, le visible et l'invisible.
Mais vous avez renversé l'argument par des arguments contradictoires et, opposés à la vérité, vous avez fait prévaloir l'intérêt, et le maître de la maison, sous le joug, est condamné à payer son tribut à la force armée.
Quant à vous, les puissants, vous usez et abusez, en jouissant de l'abondance des richesses.

Pourquoi vous réjouir, et pourquoi applaudir aux bruyantes paroles d'une funeste et pernicieuse éloquence?

* * *

Vous déclarez que l'ennemi allemand avait subdivisé les hommes en catégories et en espèces, et qu'il considérait publiquement, comme des êtres tarés, ceux qui n'étaient point de sa race supérieure. Cet ennemi a subi les vicissitudes de la défaite, il est désormais abattu et perplexe. Avez-vous

330

traité, comme vous-mêmes, ceux-là qui avaient été classés, si ignominieuse-ment, par l'ennemi que vous accusez? Les avez-vous élevés à votre rang, vous, les maîtres arbitraires de ce temps? Avez-vous retiré vos armées de leurs pays, et cessé de les exploiter? Avez-vous réalisé leurs aspirations et leurs justes ambitions? Pourquoi vous attaquer à l'inviolable liberté que la Providence leur a généreusement octroyée? Qu'il y consente, ou qu'il s'y refuse, l'homme est le frère de l'homme.

Pourquoi applaudissez-vous, et pourquoi vous réjouissez-vous à la vue des grands de ce siècle?

* * *

Vous êtes réputés pour d'habiles politiciens, et vous avez perfectionné l'art de la ruse dans vos rapports avec les capitalistes roués. Il est certes aisé de faire des promesses, mais combien difficile de les réaliser! O diplomates de toutes les parties du globe ici réunis! Si vous étiez judicieux et sages, vous vous dresseriez à la face des tyrans, maîtres du monde; vous déclareriez à ces despotes, que l'expérience des âges, et un long passé, autant que les symptô-mes de l'avenir prochain, vous interdisent de gaspiller les jours en de telles assemblées, dont les conséquences futures ne produiront que des déceptions, et seulement des déceptions!

Si vous étiez des diplomates avisés, vous exigeriez, de la part du fort, la preuve positive qui confirmerait ses bonnes intentions, puisqu'il prétend tout sacrifier au service de l'humanité. Vous le placeriez, de la sorte, en présence de faits rigoureux; il se trouverait contraint d'exécuter ses engage-ments, car il vous a convoqués pour en organiser la réalisation, et la Provi-dence répandrait ainsi ses bénédictions sur lui. Dans le cas opposé, les dispositions perfides, dont il est animé, lui feraient découvrir des dents menaçantes, et retirer l'épée de son fourreau; alors chacun d'entre vous se trouverait dans l'obligation de revenir en son pays. Tout serait dévoilé, et les faits mis en lumière.

Seuls, les vils esclaves se plient, et consentent aux chaînes. Seuls, les lâches savent se courber sous le joug. Non, l'histoire n'a point enregistré un aussi burlesque congrès; il n'engendrera que des désastres!

Pourquoi vous réjouissez-vous, pourquoi applaudissez-vous celui-là qui gesticule, déclame, et débite une kyrielle de mots trompeurs?

* * *

331

Les nobles sentiments, ô vous qui parlez de nobles sentiments! sont en vous des ouragans violents, qui déchaînent contre vous-mêmes leurs pernicieuses tempêtes.

Puisque vous êtes ici assemblés, pour édifier la citadelle de la paix universelle sur les fondements d'une justice universelle, dites-moi, pourquoi donc aiguisez-vous vos glaives? Chacun d'entre vous tient une branche d'olivier dans sa main droite, et de sa gauche il dégaine un poignard tranchant, guettant l'instant, où il pourra le plonger dans le dos de son collègue assis près de lui.

Moi, je vous l'affirme, ni les congrès, ni les engagements, ni les intrigues, ni les machinations, n'empêcheront l'explosion d'une troisième guerre, encore plus anéantissante que les précédentes. Puisque les démons de vos ambitions continuent à habiter les fonds de vos cœurs, et sont amalgamés à votre être depuis l'heure où vous fûtes engendrés, puisqu'ils enveloppent vos âmes et vous suivent comme votre ombre jour et nuit, elle n'est pas éloignée l'heure terrible où vous aurez à organiser les préparatifs de nouveaux armements. Alors ces démons infernaux s'évaderont de leurs liens, et les malheurs qui leur font cortège éclateront soudain, pour que soit détruite cette terre et ce qu'elle contient, et que périssent ses habitants!

L'épée, ô maîtres de la guerre! est plus véridique dans son langage que les écrits. Dans son tranchant, se trouve ce qui peut être contestable ou certain. Quant à cette heure terrible, elle est plus proche que vous ne l'imaginez, et presque à portée de votre regard!

Pourquoi donc applaudissez-vous, et pourquoi vous réjouissez-vous?

Ceci est une prophétie… et j'ai parlé…

110 - UN PROPHÈTE N'EST POINT HONORÉ DANS SA PATRIE

L'horloge atomique marque l'an 1995 de l'ère chrétienne, depuis que Notre Seigneur le Christ, a proclamé son impétueuse révolution, contre les lois hypocrites de cette humanité corrompue.

Et voici que 1995 années s'étaient achevées sur ce même cri qui n'avait cessé de retentir depuis que l'avait lancé le Seigneur de la Sainte Révolution, en vue de briser les chaînes de l'injustice et de la crainte, d'abolir l'esclavage et la servitude forgés par la haine impie, de réaliser le rêve d'or auquel aspire l'humanité plongée dans l'inquiétude, et par sa propre faute, tristement désemparée.

L'écho n'a pas cessé de répercuter ce cri audacieux, ces mêmes paroles vibrantes à travers plaines et montagnes, cités et villages. En ce temps-là, ces paroles ne trouvèrent point une terre prête à les féconder, et jusqu'à ce jour l'humanité est demeurée dans l'avilissement et la désillusion, comme maudite et frappée d'anathème.

Oui, un seul homme, divin par Son essence, a défendu la justice dont Il fut le symbole sublime, sans autres armes que la foi et l'espérance. Il lutta pour cette justice, Il lutta contre les forces du mal, les attaquant, tel un lion, dans leur repaire. Sans se garer du périlleux danger, sans tenir compte de la puissance de l'ennemi, ce géant l'assaillit dans son enceinte fortifiée; Il entreprit de le réduire à néant, pour le salut de ceux qu'Il était venu sauver.

Indomptable, Il lutta 33 années, se raillant de la mort, appelant tous les hommes à se soulever contre les lois de la force et du despotisme, sans que la crainte ne vint effleurer Son âme, ni paralyser Son ardeur. Ses genoux ne savaient point fléchir. En face de la Nation romaine, ombrageuse et souverainement omnipotente, Il éleva la voix. Il ne fut écouté que par quelques hommes simples, séduits par Ses hauts enseignements. Leurs cœurs droits furent éclairés par les lumières de la Connaissance divine.

333

Le Fils du Ciel ne faiblit ni ne chancela. Il ne rendit point les armes; Il déclara la guerre au César de Rome, en la personne d'Hérode le tyran de Palestine, et finalement, consomma le grand sacrifice de la Rédemption. Oui, ce grand Révolté sacrifia Sa vie, pour la liberté de la race humaine asservie et souffrante. Mais cette humanité aveuglée par les passions, et dont la raison s'était tristement égarée, L'offrit en holocauste, sur l'autel de sa criante ignorance. Elle Le suspendit au bois de la croix, pour prix de Ses luttes et de Ses souffrances, le payant ainsi pour Son amour. O crime infâme!

Les conséquences de ce crime odieux furent terrifiantes et ses suites lointaines. Depuis cette sombre époque, l'humanité qui n'avait point consenti à conquérir la couronne de laurier des triomphateurs, est demeurée dans les chaînes de l'opprobre.

Ce tragique événement ne causa aucun mal à Notre Seigneur le Christ, à Lui soit la gloire! Le Fils du Ciel reprit le chemin du Ciel. Le Fils du Paradis retourna en Son Paradis, après une courte période passée parmi les fils de la terre, cherchant à les élever avec Lui. Ils L'ont renié et chassé; ils L'ont humilié et méprisé; ils L'ont expulsé et martyrisé; et finalement, ils L'ont pleuré et se sont lamentés. Conduite insensée fausse et contradictoire, entendement dévoyé!

Les suites malheureuses de cette terrible tragédie retombèrent sur les misérables mortels. Les regrets tardifs envahirent leurs cœurs, et le remords obscurcit leurs esprits. Ils gémirent, mais après que l'Homme-Divin se fût élevé vers les célestes paradis, et qu'Il eût disparu à leurs regards. Et maintenant, ils lancent vers Lui leurs prières, ils ont recours à Lui aux heures de souffrances, ils vénèrent Ses préceptes, et bénissent Son héritage. Ils sanctifient Son souvenir, répètent les admirables récits de Ses miracles, et célèbrent Ses prodiges.

Maudits, soyez-vous, hommes mauvais et déments qui persécutez les Prophètes et les Envoyés! Lorsqu'ils demeurent avec vous, vous transformez leur vie en amertume, vous leur imputez les plus cruelles accusations, vous les déchirez avec les lames de vos langues aiguisées et venimeuses, et vous les chassez avec l'ignominie que vous envieraient les filles de la traîtrise. Et lorsqu'ils abandonnent votre misérable terre, vous laissant à votre vivant cadavre, vous réalisez alors leur valeur sublime. Votre félonie et votre opprobre demeurent. Malheur à vous au jour du Jugement!

N'avez-vous point, de même, persécuté le prophète Mahomet? Vous l'avez contraint à la fuite, vous l'avez exposé aux plus dures difficultés de l'existence. Comment n'avez-vous pas été séduits par ces versets sublimes

Ils l'ont renié et chassé, ils l'ont humilié et méprisé
… et finalement, ils l'ont pleuré et se sont lamentés

qui, s'ils avaient été adressés aux rocs les plus durs, les auraient touchés et remués? Oui, les rocs eux-mêmes se seraient courbés, avec émotion, pour exprimer leur foi en sa grande mission. Il vous a transmis tant d'admirables versets, empruntés au langage des anges. Les étoiles sont émerveillées par leur beauté, leur charme subtil, leur suave harmonie. Voici l'un de ces versets[1]:

> Dieu est la lumière des cieux et de la terre;
> Sa lumière est un foyer rayonnant, sur la
> cime d'une haute montagne;
> Elle resplendit, tel un lustre de fusées, aux
> facettes de cristal;
> Cette lumière, semblable à un astre étincelant,
> Puise ses feux dans un arbre béni,
> Un olivier céleste, qui n'est ni d'Orient,
> ni d'Occident,
> Dont l'huile illumine, sans même être effleurée
> par la flamme;
> Lumière émanée d'une lumière.
> Dieu conduit à Sa lumière, ceux qu'Il Lui plaît
> d'y conduire,
> Et Dieu offre des paraboles aux hommes,
> Et Dieu est en toute chose savant.

* * *

Moi Dinar, j'ai parcouru votre terre misérable durant une période de 90 années. J'ai maudit l'instant où j'abandonnai la patrie de la paix, pour votre monde perfide et vil. Je me suis souvent risqué à me mêler de choses qui ne me concernaient pas, et ce que j'ai découvert, m'a le plus souvent révolté. J'ai acquis la certitude, que votre cupidité dépasse en intensité le désir ardent de Satan, le maudit, d'atteindre le paradis céleste, et que vous vendriez le ciel et vos âmes, pour me conquérir. Et qui donc plus que moi, posséderait l'expérience des hommes dans leurs différentes classes sociales? Moi qui ai surpris, de leurs vices et de leurs convoitises, ce qu'il est permis de rapporter, et ce qu'il est interdit d'énoncer. Moi qui ai lu en leurs consciences, comme en un livre ouvert!

---

1. Le Coran: Sourate de la Lumière, verset 35.

Le dernier d'entre vous, qui fut mon propriétaire, était un diplomate, et cela en l'an 1946. J'avais assisté, en sa compagnie, au Congrès des Nations Unies, dont la séance d'ouverture s'était déroulée à Londres, en la date du 10 janvier 1946. Le roi Georges VI avait prononcé, la veille, au banquet offert aux délégués des nations, un discours mémorable.

Les peuples avaient été convoqués, pour collaborer à l'édification d'un monde nouveau, dont les fondements se baseraient sur le rocher inébranlable de la "Justice": mot illusoire et magique, que redisent les siècles depuis l'aurore des âges, et qu'ils répètent sans interruption.

Mais, lorsqu'une nation puissante, désire étendre sa domination sur une nation moins forte, elle ruse et la trompe par des paroles chimériques; elle la fascine, comme le charmeur fascine le serpent qu'il veut dompter; elle la fait plier de bon gré à sa volonté, pour réaliser ses égoïstes desseins; et quand cette faible nation, leurrée et faussement persuadée qu'elle jouira de la justice, se rend compte enfin qu'elle est tombée dans les filets du mensonge, elle est déjà livrée à l'esclavage de l'étranger, à la honte et au déshonneur.

111 - LA PERSONNIFICATION DE L'AVARICE

Lorsqu'au début de l'année 1946, le Congrès des Nations à Londres fut clôturé, les délégués avec leurs nombreuses suites, se dispersèrent sur les voies du retour, en la morne compagnie des déceptions et des désillusions. Ils emportaient avec eux, enracinées dans leurs cœurs, des rancunes, que ni traités ni engagements ne pouvaient dissiper.

Le jour de la dernière séance du congrès, mon propriétaire, le rusé diplomate, qui s'appelait Mr. Arthur Lie ("Lie" signifie mensonge en anglais) eut un fils. Il lui donna le nom de Doll ("Doll" signifie jouet en anglais). Je ne sais si Mr. Arthur Lie donna ce nom à son fils, pour dire que le jeu était terminé, et la comédie bien jouée. Moi Dinar, je trouve que "Mensonge et Vérité" marchent de pair avec ces maudits humains; ils les utilisent, à tour de rôle, selon les circonstances, pour leurs égoïstes intérêts et leurs ambitions démesurées.

La naissance de cet enfant fut pour moi une malédiction, comme on le verra par la suite. Pour fêter son nouveau rejeton, le docteur Arthur Lie me retira, moi Dinar, de la forteresse, où il me gardait avec vigilance, forteresse de fer, munie de quatre battants blindés, où je demeurais en compagnie de nombreuses rangées de piles d'or et de pierres précieuses. Il m'examina avec intérêt, Dieu le maudisse! puis il me plaça dans l'intérieur d'une tirelire, au nom de l'enfant qui, à ce moment, emplissait la maison de cris ininterrompus.

Cet enfant grandit, et le diable aidant, il devint l'homme le plus avare de l'Angleterre. Son père, en saluant sa venue au monde par une tirelire, avait bien auguré de la rapacité de sa progéniture. Il ne me permit jamais d'entrevoir la lumière; il appréhendait de jeter un coup d'œil sur mon visage par crainte que je ne prisse soudain des ailes pour m'envoler.

Sur la fin de ses jours, il subit de grands revers de fortune. La douleur de ces pertes cruelles le fit penser sérieusement au suicide, car son âme noire était pétrie dans l'amour de l'argent. A maintes reprises, il décidait de mettre fin à sa macabre existence, en arrachant la vie à son triste corps. Mais, par la force de l'habitude, il y eut toujours mésentente avec les divers marchands, au sujet d'un penny qu'il voulait rabattre du prix de la corde. Le marchandage laborieux demeurait sans succès, et l'achat de la corde ne se concluait point. Cela sauva sa vie de la pendaison que je lui souhaitais sincèrement, pour conquérir ma liberté.

Le destin me délivra à son heure. Une forte commotion, motivée par une nouvelle perte d'argent, qui s'élevait à seize dinars, causa son trépas. Il était mort depuis dix jours, quand je passai d'un monde à un autre monde, après avoir séjourné durant une période de cinquante années, dans la plus noire obscurité.

L'horloge atomique marquait alors l'an 1995, selon le calendrier de l'ère chrétienne. Mon propriétaire n'avait point de postérité; il n'avait jamais consenti à se marier, par crainte d'avoir à entretenir une femme; ses vieux parents étaient morts depuis un très long temps. Le gouvernement s'empara donc de sa fortune, et la versa dans ses coffres.

Je devins la propriété d'un savant géologue, qui me reçut sous forme d'appointements, en sa qualité de fonctionnaire de l'Etat. Il possédait à fond les sciences naturelles, et spécialement celle qui traite des couches terrestres.

112 - EN TOUT LIEU EN TOUT TEMPS
LES AMBITIONS DES HOMMES
SONT TOUJOURS LES MÊMES

Je me sentais las de l'existence; le constant spectacle des hommes me répugnait. Toujours les mêmes, insatiables dans leurs ambitions; toujours dissimulant leurs convoitises, toujours attendant l'heure de fondre sur une proie. Ils ressemblent au loup sibérien qui, après une longue abstinence, alors que la faim et le froid ont mordu ses entrailles, est prêt à déchirer la chair d'une victime, et à se désaltérer de son sang.

Les inventions atomiques étendent leur puissance suprême sur l'humanité, et dans tous les domaines. Elles impriment leur sceau sur toutes les entreprises. Quant aux bombes, moi Dinar, j'ai entendu des histoires terrifiantes à leur sujet, capables de jeter l'épouvante dans les cœurs des démons eux-mêmes. Celles, qui furent lancées en 1945, sur les malheureuses villes japonaises Nagasaki et Hiroshima, sur l'ordre de Truman, alors président des Etats-Unis d'Amérique, sont considérées comme des jeux d'enfants, relativement aux bombes diaboliques dans leur actuel perfectionnement.

Toutes les puissances du monde possèdent d'impressionnantes quantités de ces bombes, depuis que leur secret, universellement connu, n'est plus la propriété privée de l'Amérique, comme au temps de Truman… Que Dieu lui fasse miséricorde à l'occasion de l'exhumation de son souvenir, s'il en est jugé digne!

Comme les événements le font prévoir, la plus grande menace d'un danger réel, terrifiant, pèse sur le globe terrestre, menace alimentée par les rancunes et les rivalités des peuples.

113 - L'APPARITION DU FILS DE HITLER

Parmi les nations, la plus violente dans l'idée de la vengeance, est la grande Nation allemande. A sa tête, se trouve maintenant le dictateur bien-aimé, le Führer Helmuth Hitler, fils du Führer précédent, dont on avait si âprement discuté la mort, durant le second tiers de l'an 1945, il y a de cela cinquante ans.

Quand disparurent les traces de son père, Helmuth était à peine âgé d'un an. Il demeura inconnu des Alliés qui ignoraient son existence même. Ils ne se doutaient point, que leur grand ennemi Hitler, laissait derrière lui, un enfant, qui serait le glaive de la terrible vengeance. Il fut élevé avec amour, dans les principes nazis, parmi les plus sincères, et les plus dévoués de ses partisans. Le lionceau se développa et grandit dans son repaire et dans ses bois. Les jours s'écoulèrent, il devint un adolescent, toujours inconnu du peuple allemand, jusqu'à ce que vint l'heure, où les armées d'occupation furent contraintes de quitter le pays.

Les savants allemands, dont le génie scientifique, en chimie, se maintenait au premier plan, avaient inventé une bombe atomique, particulièrement effroyable. Elle contenait, dans son essence, une puissance de destruction foudroyante. Ils avaient, en conséquence, menacé les conquérants, s'ils ne se retiraient, dans le temps qui leur serait fixé, de mettre en exécution le principe de la sagesse de Samson, selon lequel il est dit: "Frappe, ô mon Dieu, contre moi et contre tes ennemis!"

Les conquérants comprirent donc, que cette bombe satanique n'était point un sujet de plaisanterie. Ils évacuèrent l'Allemagne, après l'avoir longtemps foulée de leurs bottes russes, américaines, anglaises et françaises.

Et bientôt, les dirigeants allemands annoncèrent la présence, parmi eux, du fils de Hitler. Ils présentèrent des preuves tangibles, qui ne souffraient aucun doute. L'allégresse éclata, le peuple entier se livra à la joie. L'exaltation fut un délire d'ivresse, lorsque les yeux tombèrent sur le jeune Führer. Il semblait que le grand Führer Hitler fut revenu, tant le fils était exactement frappé à l'image du père. Il possédait, au plus haut degré, l'éloquence et la séduction, héritage paternel. Il soulevait les foules et les animait de son souffle ardent.

Il n'existait point, dans toute l'Europe, un orateur qui put soutenir la comparaison avec Helmuth Hitler, et répliquer à ses brillants discours, magistralement improvisés. Ses arguments étaient irréfutables, d'une clarté, d'une force victorieuse. Le peuple allemand avait, pour le nouveau Führer, un culte fanatique, et lui-même tirait parti de cet ascendant, pour exalter les sentiments patriotiques de son peuple; il en faisait frémir toutes les cordes, il attisait les feux qui couvaient en lui, feux de la rancune et de la haine.

Il rappelait à la Nation allemande, ce qu'elle avait déjà souffert d'injustices et de tyrannie, lorsque les plus grandes nations de la terre s'étaient liguées, pour l'abattre et l'écraser, - il lui rappelait, que les deux plateaux de la balance n'avaient point été égaux, tant en nombre, qu'en munitions, - que c'était, par des efforts gigantesques et des sacrifices inouïs, que ces nations avaient obtenu la victoire.

Le monde entier, le souffle suspendu, le cœur en alerte, tremblait et attendait.

En cette année, Helmuth Hitler était sur le point d'atteindre sa cinquantième année. Son père avait exactement cet âge, lorsqu'il avait déclaré, en 1939, la Seconde Guerre aux Alliés. Il avait alors, dans un discours mémorable, annoncé au monde, qu'il préférait engager cette guerre d'extermination à ce moment, où il atteignait sa cinquantième année, plutôt que d'attendre cinq autres années.

Prenant la parole au Reischtag, son fils lança sa menace d'anéantissement, non seulement contre les Alliés, mais aussi contre le monde entier:

Rappelez-vous ceci, dit-il. Dans un mois et quelques jours, j'achèverai ma cinquantième année, date anniversaire du jour, où, mon père inspiré par la justice, vous déclarait la guerre. Il réclamait des droits sacrés, au nom de son peuple, et vous fermiez l'oreille à ses revendications, fondées sur l'équité. Souvenez-vous, aussi, que mon père est tombé, au début de 1945, victime de vos égoïstes ambitions.

Le jour qui commémore le souvenir sacré de cet événement, marquera l'accomplissement de ma cinquantième année. En chacun des instants de mon existence, la haine a grandi dans mon âme. Je ne l'ai point dissimulée, et vous l'avez compris, en diverses circonstances, par mes discours. A l'exemple de mon père, je me suis toujours exprimé avec clarté et franchise. Il ne se trouve point dans les concepts de ma vie, ce quelque chose que l'on nomme hypocrisie, fourberie, ou diplomatie politique, parce que je les tiens pour déshonorantes. Seuls, les êtres vils et méprisables s'engagent dans de telles voies, et je m'adresse à vous en homme d'honneur.

Je vous fais connaître, que le jour, où j'achèverai ma cinquantième année, j'anéantirai vos cités et vos populations. Ce que jadis vous nous avez donné de la main droite, vous sera bientôt libéralement rendu de la main gauche. Depuis que je connais le

Il semblait que le grand Führer Hitler fut revenu

nom de mon père, son souvenir ne m'a pas abandonné, non plus que la noble espérance de le venger. Son souvenir ne m'abandonnera pas, avant que j'exhale le dernier souffle de ma vie. Mes yeux le verront alors, dans une communion sans fin. Tel est mon plus beau rêve, telle est ma seule espérance!

Esprit glorieux de mon père! Vis dans ton monde, dans la joie des saintes demeures. Jouis de ses bosquets ombragés et de ses merveilleux bocages. Et sois assuré, que moi, qui émane de ton esprit, je me vengerai d'une vengeance, que cette terre n'a point encore connue, depuis qu'elle fut créée, par la volonté de Dieu, le Tout-Puissant! La vengeance divine et juste s'accomplira par mon bras. Je serai l'épée suspendue au-dessus de cette humanité mauvaise.

Adieu, esprit très pur de mon auguste père! Adieu, Führer! Que je voudrais bientôt être pressé sur ton noble cœur! Plaise au Ciel, que le revoir soit prochain, dans ton monde éternel!

114 - DE LA POUSSIÈRE A LA POUSSIÈRE

L'univers écouta, stupéfait, ce discours effroyable de Helmuth Hitler, que propageaient les ondes, aussi rapides que l'éclair de la pensée. Elles annonçaient la redoutable menace, qui se levait sur tous les habitants de la terre. La crainte s'appesantit sur les hommes! Ils s'effondraient sans courage. Une vague de terreur enfiévrait leurs âmes; l'effroi et l'épouvante passaient sur elles, en frissons glacés, précurseurs de la mort universelle.

Et l'on entendit le grincement des dents du lion qui rugissait, et son rugissement ébranlait la nature entière. Le successeur du dictateur Staline frémit d'angoisse: "Réalise-t-il le sens de ses paroles, se dit-il, ou bien ses menaces sont-elles de vains mots? S'aventurera-t-il dans une entreprise, tellement insensée, que l'imagination la plus folle n'oserait la concevoir? Se risquera-t-il à porter le poids d'une telle responsabilité: la ruine de la terre entière, et la mort de tous ses habitants? Ceux-là mêmes, dont la raison est égarée, ne pourraient s'arrêter un instant à de telles idées et à leurs conséquences catastrophiques!"

De toutes les nations du monde, les géologues les plus renommés furent alertés et consultés. Il leur fallait immédiatement se mettre en campagne, pour étudier les couches de la terre, et découvrir des mines profondes, des gouffres, qui seraient des abris certains, inaccessibles aux rayons "gamma", dégagés par la bombe atomique. Ces rayons mortels transpercent les corps, et dissolvent les organes, dans leurs plus profonds tissus. Aucune invention de la science n'y peut remédier ni arrêter leur action destructrice.

De même, les plus savants parmi les physiciens, ingénieurs, chimistes, se mirent en branle, pour sonder les abîmes et se protéger contre la malédiction de Hitler, personnifiée par son fils, lequel menaçait le monde de ruine et d'anéantissement.

Dans le puissant avion atomique qui le portait, le géologue qui me possédait, moi Dinar, devançait les vents. Il atteignit, bientôt, le lieu, vers lequel l'avait délégué le ministère de la Guerre atomique. Il était accompagné d'une mission, composée d'experts les plus réputés en géologie, en chimie, spécialistes de la puissance atomique. Ils sondèrent les plus intimes profondeurs d'une mine, et l'examinèrent minutieusement. Les ténèbres l'enveloppaient, et se noyaient dans ses cavités, où planait le mystère inconnu. Ce spectacle terrifiant aurait fait trembler les esprits eux-mêmes.

Les batteries atomiques projetèrent leurs plus intenses lumières. Voici qu'alors, moi Dinar, je ressentis une foudroyante commotion, dans toutes les parcelles de mon être. J'eus soudain l'impression de me dissoudre, et je poussai un cri. J'étais pris d'un saisissement inénarrable, par la soudaineté de la surprise, la plus miraculeuse qui pût être…

La mine, vers laquelle me conduisait le destin, était celle de mon pays d'origine, le berceau de mes pères et de mes aïeux. Je me trouvais de retour dans ma sainte patrie, j'y revenais après une absence qui me semblait infinie. Je songeai: "Comment trouverais-je le salut? Comment échapperais-je à cet homme maudit, fils de maudits?" Je poussai des cris de détresse, j'appelai avec toute la force que me prêtait la constitution de mes éléments, et de mon essence pesante et durcie. Je suppliai mon propriétaire de me retirer de sa poche, de me déposer sur la terre de mes ancêtres, et de m'abandonner à mon sort.

J'avais bien mérité le repos. J'avais habité loin de ma patrie aimée durant 90 longues années, et trop vécu sur la terre. J'avais fréquenté trop de créatures humaines, j'avais connu leurs âmes viles, séquestrées dans des corps non moins vils, qui ne se plaisaient qu'au mensonge, et édifiaient leur vie sur la haine mesquine et fratricide. Chacun souhaitait les calamités à son voisin, à son ami, à son parent, à son frère.

Mon propriétaire eut, semble-t-il, conscience de mon désir, et voici, qu'à la suite des pressantes instances de mon langage muet, il me retira de sa poche et se mit à m'observer. Puis, s'adressant à ses compagnons: "Qui nous dira, si l'or de ce dinar ne provient pas de cette mine même?" Il dit, et tendant sa main vers le sol, il en arracha quelques fragments rocheux, auxquels se mêlaient des parcelles d'or brut. Il les rapprocha de ses yeux, exprimant ainsi sa pensée: "Toutes les nations de la terre vivent et meurent pour ta cause, or précieux! Le peuple, comme ses chefs, comme ses rois..."

* * *

Soudain, une chaleur étrange, effroyable, de provenance inconnue, envahit les abîmes aux profondeurs illimitées. Je fus immédiatement liquéfié, et amalgamé à la terre de mes aïeux. Je réintégrai, ainsi, mon lieu d'origine, me reconstituant sous la forme primitive, comme autrefois; je n'étais pas alors souillé par le contact des hommes, et je faisais encore partie intégrante de cette terre sainte.

Mon retour, et mon incorporation au passé de ma vie, furent accompagnés de cris de terreur. Les bases du sol aimé de ma patrie en furent ébranlées. Par l'excès de l'épouvantable chaleur, les masses de métal brut de la mine, en adhérant les unes aux autres, formèrent un bloc unique, formidable. Puis, éclatèrent des voix retentissantes, qui semblaient lutter avec la mort inexorable. Elles annonçaient l'avènement de la grande calamité.

Helmuth Hitler, fils du précédent Führer, avait lancé les démons atomiques, dans toutes les régions habitées du monde, pour y jeter la destruction et la ruine, assouvissant ainsi sa vengeance. A pareille date, il y avait de cela 50 ans, se tournait, pour le premier Hitler, la page de la vie, à cette même date, Hilter fils, se dressait au dernier jour de sa cinquantième année; il vengeait son père en anéantissant la terre, et ce qu'elle contenait.

Quelques instants s'écoulèrent, et j'aperçus les corps des savants, formant la mission scientifique, se transformer en un liquide qui s'amalgama à nos éléments, puis s'évapora comme les nuages. Et l'enfer ouvrit sa gueule effrayante, et se mit à lancer, sur la planète des humains, les flots grondants de ses plus sombres malédictions. Des milliers de bombes avaient été lancées, et leurs tempêtes atomiques avaient désagrégé et annihilé les éléments du monde. Je vis les fils de la terre se jeter par milliers du haut de la mine vers le sein de ses gouffres. C'était leur dernière ruée vers l'or, mais ils étaient liquéfiés et réduits en vapeur, avant même d'atteindre les fonds, et de prendre contact avec notre brillant métal.

J'entrepris alors de les railler, et de me lamenter sur leur sort: "Voici que vous avez réalisé vos aspirations! Voici qu'est venue votre fin! Le savant géologue, mon propriétaire de la dernière heure, n'a-t-il pas déclaré, qu'on

Oui, telle fut la fin de la Terre…

vivait et mourrait pour notre cause? Et voici, que s'accomplit son espérance; il est incorporé à notre matière, à l'or, qui a précipité les hommes dans cette funeste et mortelle catastrophe. A quoi ont donc servi leurs cupides et criminelles ambitions? A les entraîner vers ce dénouement fatal!

En cet instant suprême, en l'espace d'un éclair, les atomes de la mine, toute entière, se désagrégèrent, et furent emportés en tempêtes de poussière. Les éléments de la terre furent liquéfiés, et transformés en sombres flots houleux, qui les rendirent au chaos.

Oui, telle fut la fin de la Terre. Elle était anéantie dans cet épouvantable cataclysme...

FIN

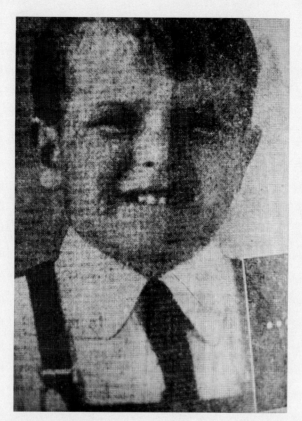

"Helmuth" - le fils de Hitler - sa photo publiée dans le journal
France Dimanche du 19 octobre 1961

Le fondateur du Daheshisme a prédit, dans plusieurs de ses livres, une guerre nucléaire mondiale qui anéantirait le globe terrestre. Mais il n'a précisé aucune date. Cependant, dans ce livre, il annonce par la voix du "Dinar", le héros de l'histoire, la date d'explosion de la guerre atomique. Cette date annoncée par le "Dinar" est-elle une prophétie réelle ou tout simplement une image littéraire? L'auteur ne le dit pas. En réalité, la prophétie du "Dinar" comprend trois étapes: la première, dit que Hitler laissera derrière lui un fils nommé Helmuth. La photo de Helmuth, publiée dans le journal *France Dimanche* du 19 octobre 1961, corrobore ce fait; à savoir que le Docteur Dahesh a écrit les *Mémoires d'un Dinar* au début de 1946 et que la première édition de ce livre a paru dans la même année. Est-ce à dire que les deux autres étapes se réaliseront et que l'on verra le fils de Hitler prendre le pouvoir en Allemagne puis déclencher la guerre dévastatrice en 1995?

Le fondateur du Daheshisme affirme que l'heure de la mort comme l'heure de l'anéantissement de l'humanité est avancée ou reculée selon la progression ou le déclin des êtres. Ces derniers se repentiront-ils de leur malfaisance et de leur corruption afin de reculer l'heure de leur anéantissement?

(L'éditeur)

O le plaisir merveilleux après la douleur,

O le repos bénéfique après la souffrance,

Est-il de meilleur plaisir

Et de plus doux repos

Après douleur et souffrance, vécues des mois et des années

Pour composer un livre ?!...

انتهى الكتاب   **FIN**

L'Argent... L'Argent...

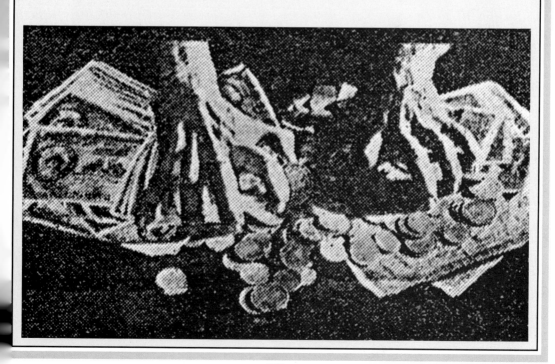

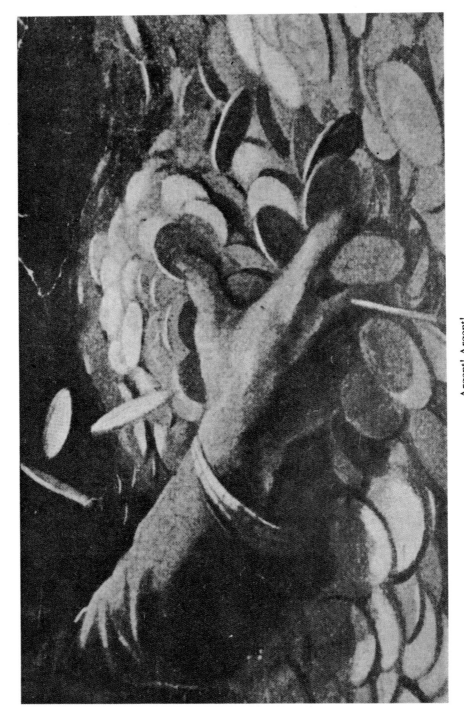

Argent! Argent!
Objet de perdition pour chaque être habitant ce monde!

L'Argent... L'Argent...

Argent! Argent!
Objet de perdition pour chaque être habitant ce monde!
Objet ignoble, vil infecte!
Source de crimes, cause de douleurs, pourvoyeur de chagrins!
O dragon meurtrier, ô bête féroce,
Toi, le puissant! l'infâme!
L'orgueilleux dont le front s'élève jusqu'aux plus hautes nues!
Tu es le maître qui commande et qui interdit,
Tu es l'impuissant, le méprisable, l'odieux, l'immonde!
Eloigne-toi, n'approche point de moi.
Dès ce jour je ne te prête aucune attention.
Détourne de moi ton hideux visage, et cache-le à l'ombre de tes
montagnes d'ordures
Qui emplissent le monde de leurs miasmes putrides, répugnants;
Ces miasmes suffocants, meurtriers, odieux à tout être humain!
Qui donc es-tu?
Tu es incapable de me séduire,
Toi, dont le nom est vénéré par toutes les nations.
Toi, devant lequel se prosternent les plus grands rois!
O force étrange!
Toi, qui étends ton pouvoir sur cette terre et sur les hommes qui
l'habitent!
O mystère des mystères, énigme de l'univers,
Tu es celui qui avilit les philosophes, abaisse les sages et dégrade
les savants!

Argent!…
Objet de perdition des petits et des grands; des particuliers et des
rois!

Tu es l'unique ambition de tout être humain vivant sur cette misérable terre.
Le grand philosophe t'a convoité!
Le savant, le sage t'ont recherché!
Le vieillard usé, décrépit, t'a imploré!
L'adolescent t'a sollicité!
Et le petit enfant t'a appelé!
L'ermite, l'ascète t'ont adoré dans la solitude de leur cellule!
A tes pieds, le vénérable moine s'est humilié!
Tous t'ont invoqué:

La prostituée, de son lit souillé;
La reine, de son palais qui touche aux nues;
Le vénérable prélat, du haut de sa chaire;
Et la belle jeune fille, du fond de sa chambre chaste et pure!
Oui, et aussi les prophètes!…

Les prophètes à l'ombre de la colline des invocations, argent!

Les saints et les scélérats, les vertueux et les méchants,
Les bons et les mauvais, les purs et les impurs!…

Tous t'ont recherché. Ils t'ont sollicité, imploré, convié,
Appelé, invoqué; tous se sont jetés à tes pieds!
Oui, tous ont été tes esclaves soumis,
Tes serviteurs fidèles, tes adeptes serviles!
Tu as favorisé les uns, tu as déçu les autres.
Les premiers t'ont réclamé davantage encore, les autres, en sanglotant, t'ont regretté!

Et qui donc es-tu, argent?
Es-tu prophète?
Non, tu ne l'es point…
Tu es plus qu'un prophète!
Les prophètes, argent, sont venus sur cette terre par dizaines, par centaines.
Ils sont partis comme ils étaient venus,
Vaincus, déçus, tout en regrettant le temps perdu, et leurs vains efforts.
Ils sont venus, ô argent, et ils sont partis comme ils étaient venus.
Ils ont été incapables de rassembler les nations sous un unique drapeau, sous un unique emblème!
Mais toi, ô (fluide) prestigieux,

tu les as rassemblés, du haut de ton trône magique, comme la poule
rassemble ses poussins;
et cela sans prononcer la moindre parole,
sans esquisser le moindre geste, sans leur accorder la moindre
attention!
O argent, tu les as rassemblés sous ton étendard matériel.
Il ne se passe qu'un instant...
Et voici, déjà, leurs croyances unifiées,
leurs penchants identiques,
et leurs buts semblables!
Un instant passe encore...
Et voici qu'ils sont en adoration, qu'ils se prosternent.
Ils se roulent dans la poussière; ils se couvrent de boue, leurs lèvres
baisent les semelles!
Un instant passe encore...
Et voici qu'ils renient Dieu,
et qu'ils s'attachent à Satan!
Un instant passe encore...
Et voici qu'ils sont tes esclaves serviles,
et toi, tu es le grand seigneur.
Assis sur ton trône prodigieux,
tu grognes du grognement des sangliers,
tu ricanes et tu railles comme les démons!
Oui, oui, argent!
Tu n'es pas un prophète, tu es un dieu!

Oui, tu es le seul dieu de cet univers, le seul dieu de cette terre, et
il n'y en a point d'autre!
Tu es le messager du malheur, tu es la source des péchés et des crimes!
Tu as triomphé.
Et ta victoire a été décisive, éclatante, entière.
Elle sera telle jusqu'au jour de la résurrection.
Tu as vaincu, argent!...
Puis tu as disparu, et dissimulé par un voile, tu as épié dans la paix
et la tranquillité, dans la joie et la sérénité, la fin de la
tragédie.
Combien l'humanité est malheureuse! Combien elle est misérable par ta
faute, argent,
Car elle s'est écartée de la voie de la raison pour s'engager dans un

Oui, tu es le seul dieu de cette terre, et il n'y en a point d'autre!

désert aride.

Toi, tu es demeuré sur ton socle,

chantant des hymnes de triomphe et de victoire,

suivis de grands éclats de rire semblables aux hurlements des loups et aux sanglots des djinns de la nuit.

O argent, combien de tragédies se sont déroulées sur ton théâtre:

La souffrance fielleuse; le calvaire d'une mère; l'espoir mort;

Le chagrin meurtrier; le remords qui tue; la brûlante tristesse;

Le doute angoissant; l'effroyable désespoir;

Le noir pressentiment; la vacillante incertitude...

Sans toi, argent, toutes ces tragédies n'auraient point été.

Par ta faute:

Plus d'une mère a perdu son unique enfant!

Plus d'un frère a abattu son frère!

Plus d'un ami a trahi son ami!

Plus d'un ennemi s'est rapproché de son ennemi!

Plus d'une amante a quitté son amant,

Plus d'un amant a oublié sa bien-aimée!

Plus d'un père a renié son enfant,

Plus d'un enfant a abandonné son père!

Tu as captivé plus d'une séduisante femme par le jaune éclatant de ta couleur;

Pour toi, elle a vendu son âme comme le bétail se vend aux enchères!

Oui, et pour te posséder, plus d'une femme, belle et indigente, a imprimé des baisers sur une bouche puante, fétide, à l'horrible haleine!

Pour t'obtenir, que de jolies femmes ont embrassé en retenant leur souffle, et sur le point de rendre leurs entrailles, des dents jaunes, hideuses, qui répugneraient même les cochons!...

Oui,

> Que de larmes ont été versées dans les sombres nuits,
> Que de sang a coulé en plein jour!
> Que de gémissements!
> Que de soupirs! Que de sanglots!
> Que de lamentations!
> Que de larmes! Que de regrets!...

Les gémissements des orphelins, les soupirs des veuves!

Les lamentations des malheureux, les sanglots des misérables!

Les larmes des désespérés, les regrets des morts-vivants!
Oui,

> Que de sentiments et de passions,
> Que d'ambitions et de désirs,
> Que d'élans et de souhaits,
> Que de visées et d'aspirations...

Sont morts de regret et de douleur entre tes mains,
et sont demeurés à terre inanimés, déchiquetés, en lambeaux!
Toi, tu les as raillés dans leur mort.
Tes yeux ne se sont point mouillés et ton cœur n'a point frémi.
Ah... et encore, s'il t'avait suffi que les passions demeurent d'un côté, et les désirs d'un autre...
Mais, par malheur, tu as embrouillé tous ces éléments:
Tu as fait du simple un composé, et de l'unité une multiplicité.
Ensuite, tu as opposé les uns aux autres ces passions et ces désirs.
Alors,

> Le fort attaqua le faible,
> Le riche dépouilla le pauvre,
> Le tuteur complota contre l'orphelin,
> Le savant railla l'ignorant,
> L'intelligent railla le sot, et le sage railla le fou.

C'est pour cela, argent, qu'il y a:

> Des rires et des pleurs;
> De l'espoir et du désespoir;
> Du bonheur et du malheur!

C'est pour cela qu'il y a:

> Celui qui repose sur un lit moelleux, sur des tissus soyeux,
> Celui qui est jeté, tout nu en pleine rue,
> sous les grondements du tonnerre,
> le corps cinglé par les rafales et les bourrasques,
> le blême visage souffleté par les fouets d'un ouragan violent!

C'est pour cela qu'il y a:

> Le noble, le riche et l'esclave.

C'est pour cela qu'il y a:

> Les cœurs haineux, brisés, consumés.

C'est pour cela qu'il y a:

> L'orgueilleux, le jouisseur, l'arrogant....

C'est pour cela qu'il y a:

> Le vil stupide, le poltron qui se dissimule.

C'est pour cela qu'il y a:

Tout ceci, ô argent... qu'il y a tout ce que nous connaissons et tout ce que nous ne connaissons pas!

Oui, argent!

Sans toi, il n'y aurait point d'imposture, de vilenie, de duperie et de rouerie!

Sans toi, il n'y aurait point de coups et de querelles, de luttes et de combats!

Sans toi, il n'y aurait point de malheur et de misère, de mensonge et d'hypocrisie!

Sans toi, il n'y aurait point de péchés et de crimes, de fléaux et de calamités!

Sans toi, il n'y aurait point de discorde et de dispute, de haine et de rancune!

Oui, sans toi, notre commencement n'aurait point été une fin, et notre fin un commencement!

Oui, oui, sans toi, ce qui est n'aurait point été.

Malheur à toi, objet néfaste et de mauvais augure!

C'en est assez, il te suffit!

Jette l'ancre, et suspends ta course.

N'est-il pas temps que le drame s'achève,

et que les humains soient libérés de ton joug?

Ah! argent!

Pour toi, des châteaux ont été détruits et des citadelles anéanties!

A tes pieds des couronnes ont roulé, et de saints pontifes se sont déshonorés!

Sur ton autel des consciences ont été immolées, et des têtes ont été brisées!

Dans les labyrinthes de ton temple des turbans sont tombés, et des calottes sacerdotales se sont envolées!

Oui, oui, dans les dédales de ton enfer,

des cœurs ont été brûlés, consumés!

Oui, dans le grondement de ta tempête,

les crimes les plus infâmes ont été perpétrés.

Oui, oui... tu es toujours là sur ton socle,

avec ta soif inaltérable, avec ta faim insatiable!

Oui, argent!

Tu es toujours là!

Par toi, la vérité est devenue mensonge, et le mensonge, vérité!

Par toi, la vertu est devenue vice, et le vice, vertu!

Par toi, la pureté est devenue débauche, et la débauche, pureté!

Oui, par toi, la chimère exaltée est devenue réalité,

et la réalité amoindrie est devenue chimère!

Oui, par toi, la plus grande stupidité est devenue sagesse,

et la sagesse avilie est devenue stupidité!

Oui, argent, oui.

Par toi, le scélérat a dominé, et le noble a été méprisé!

Oui, oui, par toi, le valeureux a reculé, et le lâche a avancé!

Oui, par toi, le vainqueur a été vaincu, et le vaincu a été

victorieux!

Par toi, l'imposteur triomphe, et le juste perd son droit!

Oui, oui,

Par toi, le savant est devenu ignorant, et l'ignorant est devenu

savant!

Par toi, l'esclave a régné, et le seigneur est devenu esclave!

Oui, par toi, un individu se rend célèbre, et des milliers demeurent

dans l'obscurité!...

Oui, argent, oui!

Par toi, des têtes se sont abaissées, et des pieds se sont élevés!

Par toi, argent, par toi...les amis se sont désavoués, et les ennemis

se sont réconciliés!

Par toi, la vérité a été dissimulée, et les secrets ont été dévoilés!

Oui, oui... par toi, l'impossible est devenu possible, et le possible

est devenu impossible!

Maudit sois-tu, ô messager de chagrin et de malheur! insensé et cruel!

Eloigne-toi de moi!

Je ne veux point voir ton visage ridé, hideux,

d'où ressortent des dents solides comme le chêne,

Des dents appartenant aux géants des époques reculées, des dents qui

jetteraient la plus grande terreur dans les cœurs d'Hercule, de

Samson, du valeureux Antar,

S'ils pouvaient revenir en ce monde!

Maudit sois-tu!...

Que faire pour te briser et t'anéantir,

et te réduire sous mes pieds en une poussière méprisable,

que les semelles piétinent, que les vents dispersent?...

Que faire?... Y aurait-il un être humain pour m'aider en cette tâche?

Mais, combien les humains sont malheureux, argent!

Car parmi eux ne se trouve que:

    Le déshérité, le délaissé, l'étranger accablé,

    celui qui erre affamé, l'inconscient, le fou, la victime désarmée

    qui ne peut se venger.

Parmi eux également:

    L'ambitieux insatiable, le rapace avide;

    Le lâche poltron, le cupide parcimonieux;

    Le perfide séducteur, l'amoureux passionné;

    Le vieillard qui se rajeunit, le sage qui feint l'ignorance.

Et encore, et encore, argent!

Se trouve-t-il quelqu'un qui puisse concilier entre elles, ces passions
dissemblables,

ces penchants contradictoires, ces tendances opposées?

Se trouve-t-il quelqu'un qui puisse m'aider à réaliser mon désir de te
briser, de t'anéantir?

Oui, un seul le peut:

Et c'est toi, argent, toi, et point un autre!

Disparais de cette terre, efface-toi,

Et le calme remplacera le tumulte, et le bonheur remplacera le
malheur.

As-tu compris, maintenant?

Pourquoi ne te suicides-tu pas,

afin de soulager l'humanité de tes méfaits,

et des pièges de ton hypocrisie?

Non, non.

Tu es bien loin de te détruire.

Ta nature, de par son essence, aime à bafouer les humains,

et elle ne peut renoncer à les railler.

Oui, tu es né pour narguer les infortunés,

et pour danser sur les cadavres des misérables...

Le temps de ta disparition de la surface de cette terre,

n'est point encore venu pour que les aspirations et les passions

humaines s'unissent pour te piétiner, pour t'oublier...

Alors, alors, seulement,

tu seras forcé, argent, de te suicider.

Les hommes seront soulagés de tes ruses, de ton hypocrisie,

et le drame s'achèvera.

Oui. Mais quand donc le drame s'achèvera-t-il? Quand?

Ce sont des rêves, ce sont des chimères!

Argent, argent!

Des yeux aux paupières irrévocablement closes demeurent sous terre, éternellement, pour toi et à cause de toi!

Ah!… et combien de paupières seront encore fermées sans miséricorde ni pitié, par ta main redoutable!

O tyran de l'humanité, depuis le commencement de cet univers jusqu'à l'Eternité,

Détourne-toi de moi.

Je ne suis point du nombre de tes fidèles.

Et je continuerai à te mépriser, à te dédaigner,

jusqu'à l'heure où ma vie s'éteindra, jusqu'à l'heure de ma mort!

Dahesh

Jérusalem, le 5 janvier 1935

Du livre de l'auteur *Le Cœur Brisé*

O tyran de l'humanité!

NOTICE

Le 1er février 1946, j'ai reçu par la poste une copie des *"Mémoires d'un Dinar"* que le Docteur Dahesh m'avait envoyée, me demandant de la conserver et de ne pas la publier.

Mais à peine avais-je terminé la lecture de ce manuscrit, qu'il me sembla pécher en privant les lecteurs de langue arabe de ce livre profond. Chaque chapitre comprend une sagesse infinie, de grande portée.

Les enseignements de ce livre me bouleversèrent et j'ai senti qu'il est de mon devoir, non seulement de publier ce livre grandiose en arabe, mais de fournir tous les efforts nécessaires pour le traduire en français afin qu'il soit plus tard traduit dans toutes les langues vivantes étrangères.

Voici la lettre que le Docteur Dahesh m'avait envoyée avec son manuscrit:

POURQUOI J'AI ÉCRIT CE LIVRE

A ma sœur dans la lutte Marie Hadad, que la divine Providence te protège, reçois mes salutations fraternelles sincères.

Je salue ta vaillance que tous les journaux d'Orient et d'Occident relatent. Je m'incline devant ton courage indescriptible et j'admire ton enthousiasme. Tu brandis admirablement l'épée de la justice pour abolir la tyrannie qui brise les mâchoires avec arrogance et bassesse. Sache, noble sœur, que toutes les forces d'oppression du monde entier réunies ne sauraient éteindre la voix de la vérité.

Sois assurée, toi qui es la plus sage des femmes et qui as de nobles principes, que la vérité triomphera, et son triomphe sera éclatant.

Malheur, ce jour-là, à tous ceux qui auront délaissé le droit chemin pour emprunter la voie de l'oppression et la vilenie. Leur jugement sera dur et sévère, et leur terrible châtiment sèmera la terreur et la crainte. Voici, noble sœur, le sort de l'humanité quels que soient les jours et les ans qui passent. Rien ne tarde à venir.

Remarque

Je t'envoie le manuscrit de mon livre *"Mémoires d'un Dinar"*. Je te demande de le conserver et de ne point le publier. En le feuilletant tu comprendras ma vision pessimiste de cette humanité, uniquement préoccupée par les plaisirs éphémères et la matérialité. Les principes nobles sont bafoués et piétinés. L'humanité s'en moque et en rit comme les diables dans leur enfer.

O effroyable terreur!... Au revoir et à bientôt si Dieu le veuille.

Dahesh
Le 1er février 1946

Les peintures qui illustrent ce livre sont l'expression artistique des événements de cette histoire. Elles sont la création de l'auteur, et l'exécution du grand artiste Koroleff.

LISTE DES INDEX

INDEX GÉNÉRAL

- A -

Américain (-ne): 113, 341

Amérique, (Etats Unis d'): 16, 218, 226, 311, 324, 340

Angel, Zuleta: 311, 322

Anglais (-se): 113, 115, 117, 121, 152, 153, 155, 156, 158,
162, 163, 167, 169, 170, 174, 182, 184, 186, 196, 197, 199,
243, 245, 306, 338, 341

Angleterre, (Grande Bretagne): 16, 86, 108, 129, 142, 150,
162, 166, 168, 169, 171, 176, 185, 186, 187, 189, 194, 199,
302, 309, 324, 327, 338

Antar: 360

Arabes: 234

Arabie Saoudite: 324

Archimède: 312

Attlee: 309, 310, 322

Australien: 113

- B -

Bagavat Gitâ: 156

Bagdad: 234

Bahadurkhan: 121

Bait Al Oumat: 180, 181

Béchara: 255

Belge: 113

Belgique: 324

Bénarès: 137

Bengale: 133

Beyrouth: 252

Bidou, Mr.: 241, 243, 246

Bidou, Yolande: 239, 241, 246, 249

Birkenhead, Lord: 166

Boers: 168

Bombay: 123, 157, 158, 161, 166, 167

Bouddhisme: 123

Brahmanes: 146, 148

Brahmanisme: 123

Britannique, (voir Anglais): 29, 108, 118, 131, 142, 144,
148, 150, 156, 157, 166, 168, 169, 171, 176, 185, 186, 187,
188, 190, 191, 192, 193, 195, 197, 214, 235, 302, 308, 309,
310, 311, 322

Brown, Mrs.: 137, 142
Bulgare: 113

Europe: 142, 143, 230, 243, 300, 311, 327, 341
Européen (-ne): 84, 119, 158, 187, 228, 230

- F -

Fanroú, Michel: 289
Fasciste: 241
Faycal I: 16, 234
Fouad I: 184
Francais (-se): 113, 117, 235, 237, 258, 324, 341
France: 16, 86, 235, 243, 300, 302

- G -

Galilée, La: 313
Gandhi: 15, 16, 127, 129, 153, 155, 157, 158, 159, 161, 162,
    163, 164, 166, 172, 173, 174, 176
Gange: 144, 146
Geisha: 228
Genève: 310
Georges V: 26
Georges VI: 306, 309, 337
Gézirah: 186, 190, 191, 194, 195
Gilbert: 86, 88, 90, 93, 94, 95, 96, 99, 101, 104, 110, 133,
    197, 201, 212
Gorakhpur: 162
Grande Bretagne: (voir Angleterre).
Grèce: 144
Grecques: 150
Gromyko: 324

- H -

Hadad, Marie: 17, 364
Halima: 283, 285, 289, 293, 294, 296
Harding, Lord: 157, 162, 168
Haroun, Al-Rachid: 234
Henri: 105
Hercule: 360
Hérode: 334
Hilda: 47, 49
Hindouisme: 123

Hindous: 118, 119, 129, 153, 161, 162, 163, 166, 168, 169, 170, 171, 176, 312
Hiroshima: 340
Hitler, (le Führer): 16, 243, 245, 246, 298, 300, 302, 304, 326, 340, 341, 344, 345, 346, 349
Hitler, Helmuth: 341, 342, 344, 346, 349
Hitsi: 228
Hourachi, Toumayaka: 228
Hudson: 115, 118, 119, 121, 129, 133, 137, 152, 153, 155, 157, 162, 174, 176, 178, 181, 183, 196, 197, 199
Hyderabad, (Rajah): 129

- I -

Inchirah: 313
Inde: 16, 115, 118, 119, 123, 127, 129, 131, 133, 137, 142, 152, 153, 155, 156, 157, 162, 164, 166, 168, 169, 170, 171, 173, 174, 199, 218, 312
Intouchables: 15, 127
Iran, (Perse): 232
Iscariote, L': 250
Islam: 169
Italie: 117, 118, 241, 300, 304
Italien (-ne): 117

- J -

Jabalah: 146
Jalliana: 169
James: 47, 49
James (le joaillier): 36
Japon: 16, 230, 235, 304
Japonais (-se): 228, 230, 232, 235, 340
Jesseb: 70, 72, 86
Jésus-Christ: 14, 16, 44, 246, 248, 300, 333, 334
Jérusalem: 246, 252, 312, 315, 362
Jomaya: 144, 148

- K -

Kaddache (père): 277
Kastorba: 164

- N -

Nadim: 258, 266, 268
Nagasaki: 340
Nah Tal Ka: 318
Nankin: 232
Nations Unies: (voir ONU).
Nazis: 341
New York: 216, 218
Nil, Le: 176, 186
Non-Coopération: 157, 158, 171, 172
Non-Violence: 166, 167, 172
Norvège: 324

- O -

Occident: 336, 364
Organisation des Nations Unies (ONU ou Nations Unies): 306, 307, 308, 309, 310, 311, 312, 314, 322, 324, 326, 327, 337
Orient: 131, 150, 218, 336, 364

- P -

Pahlavi, Riza Khan (Shah): 232
Palais St. James: 306
Palestine: 250, 312, 313, 314, 318, 334
Palestiniens: 313, 315, 318
Paris: 237
Parisiens: 237
Parsisme: 123
Paul: 61, 64, 68
Peter: 33, 34
Philippe: 262
Pologne: 324
Protectorat: 187
Punjab: 142, 159, 169, 170

- R -

Radwan, Fathi: 162
Ramallah: 315
Ramsès: 318
Raphaël: 117

Tom, (Père): 38, 40, 41, 44, 45, 49
Toutankhamon: 318
Truman: 340
Turc: 113
Turquie: 169, 324

- U -

Ukraine: 324
Union Soviétique (Russie): 311, 324

- V -

Valnan, Janar de: 239
Vichinsky, André: 322
Vierge Marie, La: 277, 283, 285

- W -

Westminster: 322, 324
Windsor, Duc de: 157

- Y -

Yashou', (l'évêque): 315
Yogisme: 123
Yougoslave: 113
Young India: 162, 164
Youssef: 257, 258, 268

- Z -

Zaghloul, Saad: 176, 178, 180, 181, 182, 183, 184, 185, 191, 192, 193, 195
Zoulous: 168

Bientôt en librairie

Les Mémoires d'un Dinar

par

Docteur Dahesh

Publié en

Anglais, Espagnol et Allemand.

INDEX DES ILLUSTRATIONS

TABLE DES MATIÈRES

INDEX DE L'OEUVRE LITTÉRAIRE DU DOCTEUR DAHESH[1]

1 - "L'Héritage du Docteur Dahesh" ou
"Les Œuvres Littéraires du Docteur Dahesh", en deux parties:
   a) - Œuvres publiées
   b) - Œuvres à paraître

2 - Les œuvres écrites sur le Docteur Dahesh et le Daheshisme, en deux parties:
   a) - Œuvres publiées
   b) - Œuvres à paraître

1. Sauf mention, toutes les œuvres énumérées dans cet index sont en origine écrites en langue arabe.

ŒUVRES PUBLIÉES DU DOCTEUR DAHESH

1 - Le Repos de la Mort	
2 - Le Repos de la Mort	Versifié par Moutlak Abdel Khalek
3 - Mots	
4 - Le Cantique des Cantiques	
5 - Le Cantique des Cantiques	Traduit en français par Marie Hadad
6 - Les Six Déesses	
7 - Les Six Déesses	Traduit en français par Docteur Georges Khabsa
8 - Ashtaroth et Adonis	
9 - Ashtaroth et Adonis	Traduit en français par Marie Hadad
10 - L'Enfer du Docteur Dahesh	(Tome premier)
11 - Eclairs et Tonnerres	
12 - Mémoires d'un Dinar	Deuxième Edition
13 - Mémoires d'un Dinar	Traduit en français par Marie Hadad
14 - Le Cantique de l'Amour	
15 - Sélections des Livres du Docteur Dahesh	
16 - Sentiments et Tempêtes	
17 - Lances et Flèches	
18 - "Un Rêve Ailé" ou "La Vie des Vivants sur la Lune"	
19 - Contes Extraordinaires et Légendes Merveilleuses	(4 tomes)
20 - Ma Main Détruite ou la Chute de la Secousse Effroyable	
21 - La Rivière des Pleurs	
22 - Mémoires de Jésus de Nazareth	(Tome premier)
23 - Les Secrets des Dieux	(2 tomes)
24 - La Lyre des Dieux	(2 tomes)
25 - Correspondance du Docteur Dahesh avec le Docteur Mohamed Hussein Haykal Pacha	

26 - Le Glas des Chagrins ou
Les Elégies de Jérémie
27 - Humbles Supplications
28 - L'Ecrivain et le Poète   (3 tomes)
29 - Le Cœur Brisé
30 - L'Enfer des Souvenirs
31 - La Lyre d'Orphée
32 - Splendeurs des Vers en Prose
33 - Mes Cantiques

Jardins des Dieux
Ornés de la Rose des Paradis

Paradis des Déesses
Sertis du Nénuphar Sacré

(10 tomes)

(10 tomes)

34 - Souvenirs
35 - Joies et Peines
36 - Cantiques d'un Amant
37 - Un Errant dans le Désert
de la Vie
38 - Le Flot des Plaisirs
39 - Sable et Mirage
40 - Ame qui Chante
41 - Poèmes Ailés
42 - La Lyre de l'Amour
43 - Cantiques d'un Adorateur

44 - L'Amant des Nymphes
45 - Nos Espoirs sont des
Illusions
46 - La Source du Bonheur
47 - Mélodies d'un Poète
48 - Hymnes des Lacs
49 - Le Mont des Joies
50 - Le Bois des Violettes
51 - Le Mélodieux
Rossignol
52 - Les Chants du
Printemps
53 - Les Chants de
Cupidon

LES VOYAGES DAHESHISTES AUTOUR DU MONDE

54 - Premier Voyage:	De l'Orient à l'Occident avec Dr. Georges Khabsa; 1969
55 - Deuxième Voyage:	Cinq voyages aux Emirats arabes, Arabie Saoudite, Rome, Malte, Lybie, Chypre et Afrique; 1970
56 - Troisième Voyage:	Nigéria, Ghana, Côte d'Ivoire, Sénégal, Rome; 1971
57 - Quatrième Voyage:	Athènes, Lybie, Egypte; 1971
58 - Cinquième Voyage:	Iran, le Caire, Istanbul, Bucarest, Vienne; 1971
59 - Sixième Voyage:	Europe; 1972
60 - Septième Voyage:	Russie; 1972
61 - Huitième Voyage:	Bulgarie, Roumanie, Pologne; 1973
62 - Neuvième Voyage:	France; 1973
63 - Dixième Voyage:	France et l'Italie; 1974
64 - Onzième Voyage:	New York; 1976
65 - Douzième Voyage:	Boston; 1976
66 - Treizième Voyage:	Maroc; 1976
67 - Quatorzième Voyage:	Montréal; 1976
68 - Quinzième Voyage:	"Disney World," Floride et Cap Kennedy; 1976
69 - Seizième Voyage:	Californie, Névada, Arizona; 1977
70 - Dix-septième Voyage:	Québec; 1978
71 - Dix-Huitième Voyage:	Virginie; 1978
72 - Dix-Neuvième Voyage:	France; 1978
73 - Vingtième Voyage:	Grèce; 1979

A PARAITRE DU MÊME AUTEUR

1 - Eclairs et Tonnerres	Versifié par Halim Dammous
2 - Mirages Fugitifs	Versifié par Halim Dammous
3 - Ashtaroth et Adonis	Versifié par Halim Dammous
4 - Une Ame qui Gémit	Versifié par Halim Dammous
5 - Le Paradis	(3 tomes)
6 - Le Paradis	Versifié par Halim Dammous
7 - L'Enfer du Docteur Dahesh	(Tomes 2 et 3)
8 - L'Enfer du Docteur Dahesh	Versifié par Halim Dammous
9 - L'Enfer du Docteur Dahesh	Versifié par Cheikh Abdallah Al Alaili
10 - Le Repos de la Mort	Versifié par Halim Dammous
11 - Mémoires d'un Dinar	Versifié par Halim Dammous
12 - Les Six Déesses	Versifié par Halim Dammous
13 - Sentiments et Tempêtes	Versifié par Halim Dammous
14 - Lances et Flèches	Versifié par Halim Dammous
15 - L'Evangile de l'Amour	
16 - Dédales	
17 - Inspiration du Bois	
18 - Livre du Guide Divin	
19 - Le Catholicisme et le Daheshisme: Différences.	
20 - Secrets de la Mort	
21 - Mes Secrets	
22 - Mémoires d'un Portefaix	
23 - Un Innocent en Chaînes ou Journal du Prisonnier de la Traîtrise et la Perfidie	(2 tomes)
24 - De l'inspiration de la Prison, du Dépouillement, de l'Exil et de l'Errance	

ÉCRITS RÉVÉLATEURS DE FOURBERIES ET CHARLATANISME

OEUVRES PUBLIÉES SUR LE DOCTEUR DAHESH ET LE DAHESHISME

1 - Prodiges du Docteur Dahesh et l'Unité des Religions

Dr. Ghazi Brax

2 - Prodiges du Docteur Dahesh et l'Unité des Religions

Traduit en français par Marie Hadad

3 - Prodiges du Docteur Dahesh et l'Unité des Religions

Traduit en anglais par Antoine Touma

4 - Le Daheshisme, Vérité Divine Appuyée sur des Miracles

Dr. Ghazi Brax

5 - Le Daheshisme, Vérité Divine Appuyée sur des Miracles

Traduit en anglais par Antoine Touma

6 - Psychanalyse Littéraire de Gibran à la Lumière du Daheshisme

Dr. Ghazi Brax

7 - La Voix de Dahesh

Elia Hajjar

8 - Le Daheshisme et l'Influence de la Morale sur la Vie des Nations

Nicolas Daher

9 - Comment J'ai Cru au Daheshisme

Majed Mehdi

10 - Je Suis Daheshiste

(en français) Antoine Issa

11 - L'Exécution de Dahesh

Pierre Roufael

12 - Magda, la Daheshiste

Karam Melhem Karam

13 - Mémoires de Magda

Karam Melhem Karam

14 - Elégies au Docteur Dahesh par les Ecrivains, Journalistes, Politiciens et Hommes de Religion

A PARAITRE SUR LE DOCTEUR DAHESH ET LE DAHESHISME

1 - Les Chroniques Daheshites (20 tomes)   Halim Dammous

2 - Dahesh le Guide Bien-Aimé:
   Sa Vie, ses Œuvres, ses Miracles, ses Enseignements
   (3 tomes)   Dr. Ghazi Brax

3 - Le Prophète et l'Annonciateur   Dr. Ghazi Brax

4 - Docteur Dahesh, Fondateur du Daheshisme:
   Son Enfance, sa Jeunesse, sa Littérature, ses Miracles,
   ses Prodiges, sa Mort et sa Résurrection   Bassil Dakkak

5 - Amis et Ennemis du Docteur Dahesh

6 - Le Docteur Dahesh entre Flux et Reflux

7 - Le Crime du Vingtième Siècle   Khalil Zaatar

8 - Les Blés
   (en français)   Zeina Hadad

9 - La Colombe Sacrifiée
   (en français)   Compilé par
        Zeina Hadad

10 - Contes de Zeina ou Voyage vers l'Inconnu
   (en français)   Zeina Hadad

11 - Eclipse
   (en français)   Zeina Hadad

12 - Feuilles Mortes et Bourgeons
   (en français)   Zeina Hadad

13 - Histoire d'une Métempsychose
   (en français)   Zeina Hadad

A paraître
dans un livre historique:
les Lettres de Laure
-Présidente de la République Libanaise-
adressées à sa sœur
- la Femme de Lettres et Grande Artiste,-
Marie Hadad Daheshiste,
demandant la Réconciliation.
Sa demande s'est vue rejetée catégoriquement.